HEYNE BUSINESS

D1865539

KOMPAKTWISSEN

SUSANNE VIESER

Telearbeit

Die Berufsform der Zukunft

Wilhelm Heyne Verlag
München

HEYNE BUSINESS
22/393

Umwelthinweis:
Dieses Buch wurde auf chlor- und säurefreiem Papier gedruckt.

Konzeption und Realisation: Christine Proske
(Ariadne Buchkonzeption, München)

Redaktion: Cornelia Rüping

Originalausgabe 03/2000
Copyright © 2000 by Wilhelm Heyne Verlag GmbH & Co. KG, München
http://www.heyne.de
Printed in Germany 2000
Umschlagillustration: ZEFA/Masterfile, Düsseldorf
Umschlaggestaltung: Atelier Bachmann & Seidel, Reischach
Technische Betreuung: M. Spinola
Satz: Schaber Satz- und Datentechnik, Wels
Druck und Bindung: Ebner Ulm

ISBN 3-453-16460-1

Inhalt

Einleitung

Eine faszinierende Vorstellung: Ein Unternehmen arbeitet erfolgreich – und keiner geht hin. Die Zentrale besteht aus einer Telefon- und Computeranlage, die eingehende Anrufe an die betreffenden Mitarbeiter weiterleitet. Diese wiederum kommen nicht mehr über Autobahnen und Straßen zur Arbeit, sondern erledigen ihre Aufträge auf dem Datenhighway. Dabei sitzen sie zu Hause, in eigens gegründeten Telezentren oder direkt beim Kunden. Über Computer und Telefonleitungen bleiben diese modernen Angestellten mit ihrem Arbeitgeber, dem erfolgreichen Unternehmen, aber auch mit ihren Kollegen und den Kunden verbunden.

Schöne neue Datenwelt – eine Zukunftsvision? Nicht mehr: Telearbeit heißt die vieldiskutierte Perspektive, für die Informations- und Telekommunikationstechnik eingesetzt werden und die in den vergangenen Jahren ganz unterschiedliche Ausprägungen angenommen hat. Telearbeit gehört für viele Menschen in beinahe allen Wirtschaftszweigen schon längst zum Alltag. Hierzu ein paar Beispiele:

Seit über zehn Jahren können Angestellte beim weltweit agierenden Computerunternehmen IBM zwischen Telearbeit und einem üblichen Büroarbeitsplatz wählen. In den deutschen Niederlassungen hat sich jeder Fünfte für die erste Arbeitsweise entschieden. Der Mitarbeiter löst seine Aufgaben mal zu Hause, mal im Büro oder direkt beim Kunden. Dafür wurde in seiner Wohnung ein Büroarbeitsplatz, ausgestattet mit Computer, Telefon, ISDN-Leitung (*Integrated Services Digital Network*) und zum Teil mit Videokonferenzsystem, geschaffen.

Auf notwendige Unterlagen greifen die Telearbeiter über Telefonleitung und Internet zurück. Im eigenen Datennetz des jewei-

ligen Computerherstellers – für Telearbeiter erreichbar über Paßwörter und Kennungen – finden sich abgespeicherte Dokumente, Formulare und Texte, aber auch Anwendungen. Hier tauschen sich Kollegen und Teams aus, geben Mitarbeiter erledigte Aufträge an Vorgesetzte weiter oder werden Reiseanträge und anderes in die entsprechenden Abteilungen geleitet. Zudem wird der Kontakt zu Kollegen und Vorgesetzten über Telefon, Fax oder E-Mail gehalten und in regelmäßig stattfindenden Besprechungen und Sitzungen vertieft.
Anders der europäische Telefonhersteller Alcatel: Der einzige Standort befand sich noch vor wenigen Jahren im Norden von Wien. Um einigen Mitarbeitern, die im Süden der österreichischen Stadt wohnten, die anstrengende Anfahrt und zudem Zeit zu ersparen, richtete Alcatel dort ein zusätzliches Büro ein. Ebenfalls via Computer und Telefonleitung verbunden, tauschen sich nun dieses Telecenter im Süden und die Muttergesellschaft im Norden aus.
Ganz ähnlich funktioniert die Programmier Service GmbH (PSG) in München: Allerdings erledigen die 150 Mitarbeiter in diesem Telezentrum ihre Aufträge für unterschiedlichste Unternehmen. Sie entwickeln beispielsweise Computerprogramme für Autofirmen, Versicherungen oder Rechenzentren. Das Bemerkenswerte bei PSG: Die meisten Telearbeiter sind behindert, einige sogar schwer. Doch die Computertechnik hilft dabei, Handicaps auszugleichen: Ob Tasten nun mit den Fingern, mit den Zehen oder über einen Stift im Mund angeschlagen werden, kann den Auftraggebern egal sein, solange die Ergebnisse stimmen. Und diese sind begehrt, was für die Leistungen und Erfahrungen der Programmierer der PSG spricht, die – und das ist praktisch für alle Beteiligten – in diesem Zentrum bei Bedarf von einem Pflegedienst medizinisch betreut werden.
Ein völlig anderes Profil erhielt die Telearbeit bei der Pariser Filiale der internationalen Unternehmensberatung Andersen: Im noblen Bürohaus an den Champs-Élysées wacht wie gewohnt eine Concierge über Kommen und Gehen. Doch im Gegensatz zu ihren Kolleginnen in der Stadt hat diese Hausmeisterin noch

weit mehr Aufgaben als allein die Kontrolle darüber, wer ein und aus geht. Ein ganzes Team organisiert die Nutzung und Ausrüstung der Arbeits- und Besprechungsräume. Hier halten sich nur selten mehrere Tage lang dieselben Angestellten und Mitarbeiter auf. Denn im Normalfall arbeiten sie direkt bei ihren Kunden, beraten vor Ort, greifen bei Bedarf über Notebook und Telefonleitungen auf das firmeninterne Daten- und Programmnetz zurück und kommen nur ins Büro, um sich mit neuen Kunden oder den Kollegen abzusprechen.
Es wäre pure Verschwendung, wenn die Firma unter diesen Umständen weiterhin für jeden ihrer 1500 Angestellten einen eigenen Schreibtisch bereithielte. Die Zahl der Büros wurde abgebaut; sie liegt heute bei nur noch 100. Im Gegenzug muß ein Mitarbeiter, der hier arbeiten will, regelrecht einchecken. Ähnlich wie im Hotel erhält er einen Schlüssel für ein Büro oder einen Besprechungsraum und zusätzlich seinen Rollcontainer mit den persönlichen Gegenständen und Unterlagen. Außerdem wird das Telefon im zugewiesenen Raum auf die persönliche Nummer des Beraters umgestellt. Dort sind darüber hinaus die technischen Vorrichtungen installiert, mit denen ein Notebook in die Computeranlage integriert werden kann (*Docking Station*). So entwickelt sich aus einem unpersönlichen Raum in wenigen Minuten der persönliche Arbeitsplatz des sonst auswärts agierenden Beraters. Das Empfangsteam sorgt dafür, daß dieser nicht nur funktionierende Technik vorfindet, sondern auch genügend Papier, Stifte und andere Utensilien.
Das alles klingt neu, ungewohnt, aber auch vielversprechend. Laut einer Studie des Bundesministeriums für Arbeit und Sozialordnung eignen sich in Deutschland schätzungsweise 2,5 Millionen Beschäftigungsverhältnisse für die Telearbeit, in der Europäischen Union (EU) kommt jede fünfte der insgesamt 140 Millionen Stellen hierfür in Frage. Noch macht der Anteil dieser modernen Arbeitsform in Deutschland nur einen Bruchteil aus – pessimistische Schätzungen gingen 1998 von 0,5 Prozent, also von 250 000 Telearbeitsplätzen aus; Optimisten schätzten die Gesamtzahl auf 100 000 bis 200 000 und höher. Trotzdem

meinen viele Wirtschaftswissenschaftler und Organisationsspezialisten, daß über kurz oder lang kein Unternehmen an der Telearbeit vorbeikommt. Sie mache Firmen und Betriebe wettbewerbsfähiger, fit für den weltweiten Markt und werde außerdem die gesamte Arbeitswelt revolutionieren. Vor allem sollen sich die Arbeitsbeziehungen zwischen einzelnen Personen, aber auch die zwischen den Unternehmen verändern. Dieses wiederum wird dann langfristig Auswirkungen auf die Gesellschaft und jeden einzelnen haben.

Dank neuer Kommunikations- und Computertechniken müssen Angestellte und Vorgesetzte oder Teams nicht mehr an einem Ort zusammensitzen, um eng miteinander zu arbeiten. Selbst kleine Unternehmen können über Ländergrenzen und Kontinente hinweg Kooperationen aufbauen – ein hoch einzuschätzender Wettbewerbsvorteil im Zuge der derzeit stattfindenden Globalisierung der Märkte.

Die allerorts geforderte Flexibilisierung von Arbeit wird durch den Einsatz von Informations- und Kommunikationstechnologie möglich. Telearbeit löst die gewohnten Arbeitsstrukturen auf; sie macht unabhängig von Raum und – in beschränktem Maße – auch von Zeit. Was bisher statisch auf einen Ort, den Arbeitsplatz, beschränkt war, gewinnt immer mehr Mobilität. »Neue Technologien schaffen die Voraussetzungen, an fast beliebigen Orten, im Unternehmen, zu Hause oder unterwegs, und zu jeder Zeit zu arbeiten«, stellt Professor Hans-Jörg Bullinger, Leiter des Stuttgarter Fraunhofer-Instituts für Arbeitswirtschaft und Organisation (IAO), fest. Seine enthusiastische Aufforderung lautet: »Arbeite mit wem, wo und wann du willst.«

Ohne den Kontakt zu Kollegen und Karrierechancen zu verlieren, können Angestellte selbst wählen, wo sie künftig ihre Aufgaben erfüllen wollen. Dank Telefon, Computer und Internet können Dienstleister oder Techniker mehr Service anbieten, wenn sie beispielsweise ohne große Umstände ihren Arbeitsplatz kurzfristig bei Kunden einrichten. Sie unterstützen diese mit ihren Serviceleistungen direkt, haben aber weiterhin auf alle relevanten Unterlagen und Arbeitsmittel ihrer Firma Zugriff. Darüber hinaus können Selbständige oder einzelne Unternehmen sich zeitweise vernetzen und für bestimmte Aufträge kurzfristig gemeinsam handeln.

Wenn Arbeitsplätze mobil werden und dort einzurichten sind, wo sie praktischer und effizienter aufgebaut werden können, dann entstehen auch soziale Perspektiven: Beschäftigung kann beispielsweise aus Ballungszentren in strukturschwache, ländliche Gebiete verlagert werden. Zur Zukunft der Arbeit schrieb der Hamburger Trendforscher Matthias Horx in der Zeitschrift *Office* (4/97): »Arbeitsplätze, dieses Wort hat sich tief in unsere Mentalität eingegraben. Im Fernsehen und in der Zeitung heißt es ständig ›wir müssen Arbeitsplätze schaffen‹. Doch da liegt schon das erste Mißverständnis: Uns geht ja nicht die Arbeit aus, aber die Arbeit der Zukunft wird nicht mehr an ›Plätzen‹ stattfinden.«

Mit Hilfe von Informations- und Kommunikationstechniken gestaltet sich Arbeit zudem familienfreundlicher: Wenn Eltern zu Hause arbeiten, stehen sie tagsüber als Ansprechpartner für ihre Kinder zur Verfügung. Längere Pausen können in Abstimmung mit Vorgesetzten oder Kollegen dann nachgearbeitet werden, wenn die Kinder schlafen oder in der Schule sind. Telearbeit integriert Behinderte ins Arbeitsleben, denn was zählt, sind die Erfahrungen eines Menschen. Nicht zuletzt schafft die notwendige Koordination von Telearbeitern neue, anspruchsvolle Stellen und Berufe – und das innerhalb der Unternehmen wie auch außerhalb in eigenständigen Geschäftsfeldern.

Unbestritten bietet Telearbeit viele Vorteile. Und dennoch hat sich diese Arbeitsform nicht in dem Maße durchsetzen können, wie es sich z. B. viele Politiker, Unternehmer, Arbeitnehmer, Umweltschützer und Wirtschaftsstrategen gewünscht haben. Ein Großteil der Chefs und Angestellten ziehen nicht mit. Das hat viele Gründe, der wichtigste ist wohl die Angst bzw. Unsicherheit vor dem Neuen und Unbekannten.

»Mit Telearbeit kann eine sinnvolle Regionalförderung betrieben werden«, meinte Kurt van Haaren, Vorsitzender der Deutschen Postgewerkschaft, in einem Vortrag, den er vor Mitarbeitern der

Friedrich-Ebert-Stiftung in Bonn hielt. Im gleichen Atemzug sprach er jedoch die Warnung aus: »Aber es kann auch ein unmenschlicher Unterbietungswettbewerb bei den Arbeitsbedingungen entfacht werden.« Wenn Arbeit nicht mehr an feste Plätze gebunden ist, können – wie bei der industriellen Fertigung – im Informationszeitalter hochqualifizierte Aufgaben per Telefonkabel in Billiglohnländer exportiert werden.
Die Hersteller von billigen, elektronischen Adressenverzeichnissen lassen z. B. schon seit Jahren ganze Telefonbuchreihen kostengünstig von chinesischen Schreibkräften abtippen. Ebenfalls um Kosten zu sparen, verlagern unter anderem Siemens und DaimlerChrysler ihre Entwicklungsarbeiten und Forschungsaufträge in die indischen High-Tech-Zentren Bangalore, Goa oder Hyderābād, wo die Arbeit der Wissenschaftler billiger ist.
Und nicht nur im weltweiten Datenaustausch gilt, was Werner Dostal, Leiter des Instituts für Arbeits- und Berufsforschung in Nürnberg, feststellt: »Telearbeit wird auch zum Dumping von Löhnen und sozialer Sicherheit genutzt.« Daher schafft die Vorstellung, zu Hause zu arbeiten, hierzulande ebenfalls Verunsicherung. Zunächst fühlt man sich abgeschoben, dann in die Scheinselbständigkeit und damit in eine ungewisse Zukunft entlassen.
Darüber hinaus setzen die banalen praktischen Alltagsprobleme der Verbreitung von Telearbeit Grenzen: Den meisten Angestellten dürfte allein schon der Platz fehlen, sich zu Hause ein Arbeitszimmer einzurichten. Zudem sind viele rechtliche Fragen ungeklärt – beginnend mit dem Status der Telearbeiter und endend mit der praktischen Frage, was passiert, wenn der Sohn den Computer des Arbeitgebers beschädigt.
Schließlich werden Telearbeiter auch ihr Kommunikationsverhalten ändern müssen – vor allem, wenn sie ihre Standpunkte in Diskussionen über Video und Telefonleitungen im Konferenzzimmer vertreten wollen. Sie sind zudem gefordert, selbst aktiv zu werden und den Kontakt zu halten statt abzuwarten. Nicht zuletzt müssen Telearbeiter ihr Arbeitstempo und ihre Aufgaben selbst organisieren, denn sie arbeiten größtenteils eigenverantwortlich und vor allem allein. Das können nicht alle, die zu die-

ser Arbeitsweise wechseln wollen, auf Anhieb. Zeitmanagement, Selbstmotivation oder -disziplin standen bisher jedenfalls nicht auf dem Ausbildungsprogramm von Lehrlingen und Schülern.
Auch Manager sind gezwungen, ihr Denken zu verändern: Manch einem, der bisher seiner Sekretärin die gesamte Korrespondenz diktierte, fällt schon die Bedienung eines Personal Computers und seiner Tastatur schwer. E-Mails zu diktieren, das ist ein Widerspruch in sich und paßt nicht zu einem Kommunikationssystem, das für Direktheit und Schnelligkeit steht.
Zudem lassen sich Angestellte, die abwesend sind, weil sie zu Hause arbeiten, nur schwer kontrollieren. Doch viel wichtiger ist: Telearbeit verlangt einen demokratisch-gleichberechtigten Umgang mit Informationen. Die Lehre von »Wissen ist Macht« gilt nicht mehr, wenn alle den gleichen Zugang zu Informationen haben und diese für eine erfolgreiche Zusammenarbeit auch brauchen. Dieser Umstand erfordert neue Führungsqualitäten.
Ein weiterer nicht zu vernachlässigender Faktor ist die erforderliche technische Ausstattung für Telearbeit. Obwohl diese gerade den kleineren und mittleren Unternehmen, die die europäische und deutsche Wirtschaftsstruktur prägen, viele Kosten- und Wettbewerbsvorteile ermöglicht, verfügten 70 Prozent dieser Betriebe 1998 noch nicht über einen Computer. Es ist daher nicht verwunderlich, wenn Bund und Länder in den vergangenen Jahren ehrgeizige Programme gestartet oder Fördersummen verteilt haben, um nicht nur Computer- und Kommunikationstechnik, sondern auch Telearbeit weiter zu verbreiten.
Das Zeitalter der Information hat längst begonnen. Wer sich auf Dauer dieser Entwicklung entziehen will, dem werden auf lange Sicht nur geringe Chancen eingeräumt. Telearbeit wird ein Teil der Zukunft sein. Sie stellt neuartige Forderungen an den einzelnen. Und deshalb entstehen rund um diese Thematik auch viele Fragen. Einige davon beantwortet dieser Ratgeber. Er widmet sich nach einem kurzen Abschnitt über die Geschichte und die unterschiedlichen Formen der Telearbeit vor allem den praktischen Details, die Sie vorab klären müssen, wenn Sie daran interessiert sind, auf diese Weise zu arbeiten. Sie erfahren hier, wie

sich Telearbeit am eigenen Arbeitsplatz durchsetzen läßt, welche Argumente dafür sprechen und wie die größten Nachteile im Vorfeld aus dem Weg geräumt werden können. Zudem erhalten Sie einen Überblick über die erforderliche Technik, aber auch über die rechtlichen Rahmenbedingungen, die Ihnen einen Mindestschutz gegen Scheinselbständigkeit und unsichere Arbeitsverhältnisse bieten. Darüber hinaus lernen Sie erste Strategien für ein optimales Zeitmanagement und die Organisation der anfallenden Aufgaben kennen.

Die einzelnen Kapitel dieses Buchs sind so gegliedert, daß Sie darin auch nachgeschlagen können, ohne das Vorherige oder Folgende lesen zu müssen. Die wichtigsten Fachbegriffe, die beim Thema Telearbeit auftauchen, erklärt außerdem das Glossar am Ende des Buchs. Zudem finden Sie im Anhang eine umfangreiche Adressenübersicht, in der Ansprechpartner, Informations- sowie Förderstellen für Telearbeit und Fortbildung genannt sind.

Wenn dieser Ratgeber die noch vorhandenen Informationslücken schließen und herrschende Unsicherheiten beseitigen kann, dann hat er viel erreicht: für die Telearbeit und für die Zukunft.

1.

Von der Ölkrise zur Arbeit der Zukunft

Der Schock kam 1973 und beinahe über Nacht: Während des vierten Kriegs zwischen Israel und den arabischen Staaten beschränkten die Regierungen der Länder, die Erdöl exportierten, die Lieferungen des »schwarzen Goldes« in die Industrienationen. Gleichzeitig erhöhten sie die Preise um ein Vielfaches. Dies war eine geeignete Methode, um politischen Druck auszuüben und die Starken der Welt in die Knie zu zwingen. Schon kurz nach ihrer Gründung im Jahr 1960 hatte die Organisation der Erdöl exportierenden Länder (OPEC) erkannt, daß die Vereinigten Staaten und auch Europa sehr stark abhängig von ihnen waren, da diese Regionen nur über wenige eigene Ressourcen und Ölquellen verfügten.

Durch Exportbeschränkungen und Verteuerungen wollten die arabischen OPEC-Länder den stärksten Helfer Israels schwächen. Sie setzten an dessen wundem Punkt an: nämlich bei der Energieversorgung. Nicht nur die Vereinigten Staaten, sondern auch Europa stürzten durch die Lieferbeschränkungen für Erdöl in eine Krise. Binnen kürzester Zeit wurde an den Tankstellen das Benzin knapp, leerten sich infolgedessen Autobahnen und Straßen; die Verbraucher benutzten ihre Autos nur noch für die notwendigsten Fahrten.

Die Ölkrise zeigte den Amerikanern und Europäern sehr deutlich ihre starke Abhängigkeit von diesem Rohstoff. Und sie führte ihnen auch vor Augen, wie sorglos sie bisher mit dieser wichtigen Energiequelle umgegangen waren. Bis dato hatte niemanden wirklich interessiert, daß Wissenschaftler die Erdölvorkommen schon zur Neige gehen sahen. Nun redete auf einmal jeder über eine effizientere Nutzung dieses Rohstoffs, der auch in der Pharmazie und chemischen Industrie Verwendung fand und eigentlich viel zu schade war, um auf den Straßen verfahren zu werden, zumal die dabei entstehenden Abgase auch noch die Luft verpesteten. Noch bevor die Ölkrise überwunden werden konnte, entstanden erste Strategien gegen Staus und zuviel Verkehr.

Während in den USA und in Europa Appelle laut wurden, kurze Wege wieder zu Fuß zurückzulegen und gelegentlich auch mit dem Bus zur Arbeit zu fahren, brütete in Kalifornien ein Wissenschaftler über einem Projekt: Der Arbeits- und Wirtschaftswissenschaftler Jack Nilles beschäftigte sich mit der Frage, »warum wir Raumfahrttechnologie entwickeln, aber nicht einmal in der Lage sind, das Problem der stetig steigenden Verkehrsdichte zu lösen«.

Durch Gespräche in seinem Freundes- und Bekanntenkreis, eigene Erfahrungen und schließlich auch aufgrund einer offiziellen Umfrage bei seinem Arbeitgeber, einem Raumfahrtunternehmen, fand Nilles heraus, daß erstens 40 Prozent des Verkehrsaufkommens auf Berufspendler zurückzuführen waren und daß zweitens die meisten von diesen in ein Büro fuhren, um dort Arbeiten am Telefon oder am Computer zu verrichten. Dies, stellte der Wissenschaftler fest, könnten sie auch genausogut, vielleicht sogar besser von zu Hause aus erledigen. Ihre Ergebnisse sollten – so Nilles' Vorstellung –, auf Disketten oder anderen Datenträgern gespeichert, in regelmäßigen Abständen zum Unternehmen gebracht oder via Fax und Telefonleitungen dorthin übertragen werden. Statt wie zuvor jeden Tag wären diese *Telecommuter*, die Telependler, dann nur jeden zweiten oder gar dritten Tag unterwegs, und damit verringere sich das Verkehrsaufkommen.

Jack Nilles suchte nach einem Unternehmen, das sich auf diese gewagte, da ungewohnte Vorstellung einließ und sie zu realisieren bereit war. Er fand eine amerikanische Versicherung, mit der er das erste schlüssige Telearbeitsprojekt ins Leben rief. Es dauerte drei Jahre und wurde 1976 umfassend von Jack Nilles und seinen wissenschaftlichen Mitarbeitern der University of Southern California in dem Buch »The Telecommunications-Transportation Trade-off« dokumentiert: »Als sich herausstellte«, faßte der Wissenschaftler in einem Interview (*Teleworx* 3/97) Feldversuch wie Standardwerk zusammen, »daß durch Telearbeit die Kosten sanken, die Produktivität der Arbeitnehmer stieg und zudem Fehlzeiten von 33 Prozent auf nahezu Null fielen, stand für mich das Potential dieser Arbeitsform außer Frage.«

Heute darf Jack Nilles den Titel »Vater der Telearbeit« für sich beanspruchen. Mit seiner Firma Jala Incorporation unterstützt er weltweit Unternehmen bei der Einführung von effizienten, flexiblen Arbeitsmodellen. In Deutschland beriet der Amerikaner beispielsweise die Deutsche Telekom, aber auch diverse Ministerien über die Möglichkeiten von Telearbeit. Noch heute hält er Vorträge, um diese Arbeitsweise zu verbreiten und ihre Vorteile darzustellen.

Allerdings standen die betriebswirtschaftlichen und sozialen Wirkungen – Motivation, Kostensenkung oder sinkende Fehlzeiten – bei diesem Projekt im Hintergrund. Noch unter dem Schock der Ölkrise betrachtete man Telearbeit anfangs und besonders in den Vereinigten Staaten als Lösung für Verkehrsprobleme und nicht als Antwort auf Organisations- und Strukturfragen. Nicht umsonst nannte Nilles diese Arbeitsform nicht *Telework* (engl. für Telearbeit), sondern *Telecommuting*, ein Kunstwort, zusammengesetzt aus *telephone* (engl. für Telefon) und *commuting* (engl. für pendeln).

In den USA werden die Telearbeiter demnach Telependler genannt. Zwar bewegen sie sich nach wie vor räumlich zwischen dem Arbeitsplatz im Unternehmen und zu Hause, doch längst nicht mehr so oft wie früher. Statt dessen ist die Arbeit in Bewegung geraten, wie Jack Nilles beschreibt: »Telecommuting bringt die Arbeit zum Arbeiter, anstatt den Arbeiter zur Arbeit zu bringen; es ist Arbeit, die periodisch einen oder mehrere Tage pro Woche außerhalb vom zentralen Büro und zu Hause oder in einem Telearbeitscenter erbracht wird.« Basis hierfür bildet der Datenverkehr, der über Computer und Telefonleitungen abläuft.

Die amerikanischen Unternehmen erkannten die Potentiale dieser Arbeitsform rasch, zumal Anfang der achtziger Jahre eine rasante Entwicklung kompakterer Computer- und Telekommunikationstechniken einsetzte. Der Mobilfunk sowie die Möglichkeit, über neue Netze auch weltweit erreichbar zu sein, eröffneten neue Perspektiven für die Telecommuter und Unternehmen. Letztere konnten mit Hilfe von Telearbeit Fachleute an sich binden, ohne diese aus ihrer gewohnten Umgebung herauszureißen. Zudem verwirklichten sie auf relativ einfache, bequeme und kostengünstige Art mehr Kundennähe. Denn auch die Fahrt- und Reisekosten sanken tatsächlich.
Vorteile für eine schnelle Ausbreitung dieser Arbeitsform bot auch der in den Vereinigten Staaten schon seit den zwanziger Jahren liberalisierte Telefonmarkt. Er befand sich in den Händen von privaten Unternehmen, wodurch das Telefonieren an sich und auch die Datenübertragung via Telefonleitung vergleichsweise billig waren. Und nicht zuletzt trug der Bundesstaat Kalifornien zur Weiterverbreitung von Telearbeit bei, indem er 1991 ein erstes Gesetz erließ, nach dem mit Hilfe von Telecommuting das hohe Verkehrsaufkommen so weit wie möglich vermindert werden sollte.
Nicht das erste, aber ein überzeugendes Argument für die Förderung von Telearbeit ergab sich für die Amerikaner schließlich 1994 nach dem schweren Erdbeben in Los Angeles. Hierbei waren die wichtigsten Autobahnen und Straßen der Stadt zerstört worden. Die einzige Alternative bot der Datenhighway. Über ihn konnten viele Einwohner und Firmen in der Stadt dennoch ihre Arbeit verrichten und die Ergebnisse an Auftraggeber sowie Kunden verschicken.
Anders in Europa: Hier brauchte es seine Zeit, bis die Telearbeit entdeckt wurde. Dies lag nicht nur daran, daß die Vereinigten Staaten bei der Entwicklung von Kommunikations- und Computertechnik gegenüber Europa ein paar Schritte voraus waren. Hinzu kam, daß die Europäer – im Unterschied zu den Amerikanern – neue Technologien im allgemeinen sehr kritisch betrachten. Auch nach dem Aufkommen der ersten Rechner und

Computer ergaben sich heftige Diskussionen. Zumal als erste Folge ihrer Einsätze nicht nur in der Medienbranche Tausende von Arbeitsplätzen zerstört wurden.
Noch feindseliger beäugten Kritiker die weiteren Anwendungsmöglichkeiten der »grauen Kisten«: Computerspiele, Textverarbeitung und schließlich das Internet – eine ganze Kulturgeschichte schien gefährdet durch dieses angebliche Teufelszeug. Die Mär vom Computer, der süchtig macht, ging um, aber auch die Furcht vor der Vereinsamung der Menschen, die vor den Bildschirmen sitzen.
Amerikanische Firmen, allen voran die Computerhersteller IBM und Hewlett Packard, importierten dennoch die neue Arbeitsform. 1988 führte IBM Telearbeit ein, zunächst nur im Vertrieb, später aber auch ausgeweitet auf die Bereiche Marketing, Entwicklung und Organisation. Wie in den USA wurden auch in Deutschland die ersten Projekte wissenschaftlich wie arbeitsrechtlich begleitet und ausgewertet. Doch sogar diese Vorreiter konnten bis heute nicht alle Fragen, die sich bei der Einführung der Telearbeit ergeben haben, eindeutig klären. Zudem wurden neben brauchbaren positiven durchaus auch negative Erfahrungen registriert.
Bei IBM hat sich nur etwa jeder Fünfte für Telearbeit entschieden, obwohl auch Walter Zorn, Koordinator und Manager dieses Projekts, als gefragter Redner und Referent gilt und ebenso wie Jack Nilles für Telearbeit zu werben versteht. Selbst ein Telearbeiter, der manchmal in der Böblinger Zentrale von IBM, weit häufiger aber von Zuhause aus arbeitet, möchte Zorn seine Aufgaben nicht mehr anders organisieren. Er freut sich wie viele seiner Kollegen über die große Eigenverantwortung sowie die ausgeprägte Selbstbestimmung. Telearbeiter, so eine seiner Erfahrungen, begännen früh damit, sich eigene Arbeitsrhythmen zu schaffen, die sich nicht mehr an einer Stechuhr orientierten. Sie entwickelten allmählich auch eine zielgerichtete Kommunikation und planten ihren Arbeitstag nach eigenen Ansprüchen.
Trotzdem bleibt Telearbeit in Europa bis weit in die neunziger Jahre hinein nur ein Randthema – und das, obwohl gerade

Deutschland im Gegensatz zu den USA über weit leistungsfähigere Glasfaserkabelnetze verfügt und damit über das schnellere, leistungsfähigere ISDN-Netz für den Telefonservice. Allerdings wurde es zunächst noch durch das Staatsmonopol der Post betreut und vermarktet, und das zu vergleichsweise hohen Preisen mit wenig zusätzlichem Service. Erst 1996 fand die Ausgliederung der Deutschen Telekom aus der Post statt. Zunächst bestand sie in Form einer Aktiengesellschaft, 1997 wurde sie dann endgültig privatisiert. Seit 1998 muß das Unternehmen mit den Preisen und Dienstleistungen von privaten Anbietern konkurrieren. Anfang 1999 fiel durch die Liberalisierung der Ortsnetze theoretisch auch das letzte Monopol: ein Durchbruch auch für die Telearbeit?

Die Antwort auf diese Frage steht noch aus. Denn bei näherer Betrachtung der Thematik werden große Hürden erkennbar. Gegen dringende Verkehrsprobleme hat man in Europa zunächst andere Maßnahmen durchgeführt, z. B. die Entwicklung verbrauchsärmerer Fahrzeuge sowie den Ausbau der Nahverkehrsnetze. Infolgedessen wird Telearbeit hier unter ganz anderen Vorzeichen diskutiert. Es sind vor allem soziale und gesellschaftliche Folgen, die im Mittelpunkt der Diskussionen stehen. Zudem waren diese anfangs deutlich von der bereits geschilderten technologiefeindlichen Sicht geprägt.

Seit den späten achtziger Jahren – angeregt durch die Versuche von IBM und anderen Unternehmen mit Telearbeit – beschäftigen sich auch die Gewerkschaften mit dieser Arbeitsweise. Ihre Überlegungen sind deutlich von der konstatierten Technologiefeindlichkeit beeinflußt. Vor allem Befürchtungen über die Auswirkungen von Telearbeit werden laut: In den Diskussionen werden die Begriffe Vereinzelung, soziale Isolation, Verdummung und Entmenschlichung genannt.

Computerfreaks werden als Einzelgänger, süchtig nach Bildschirmen und nach elektronischem Spielzeug dargestellt, als kontaktarm, ohne Freunde und ohne Bezug zum Alltag. Diese negativen Vorstellungen spiegeln das Bild wider, das von einem Telearbeiter gezeichnet wird. Nach Ansicht der Gewerkschaften sind es vor allem Frauen, denen die neue Arbeitsform Beschäftigung bringt, besonders den Müttern mit Kindern, die zu Hause arbeiten. Eine Telearbeiterin wird dabei folgendermaßen skizziert: eine einsame, ausgebeutete Frau, die zwischen Windeln und Wiege am Computer sitzt, um daran einfachste Schreibarbeiten zu erledigen, und zwischendurch ein Kleinkind stillt. Natürlich erhält sie für ihre Arbeit eine schlechte Bezahlung. Schließlich fehlen ihr als Heimarbeiterin die wichtigen Kontakte zu Kollegen und damit auch die Möglichkeiten, Solidarität zu erfahren, wodurch eine Einflußnahme auf den Arbeit- oder Auftraggeber verhindert wird.

Diese negative Diskussion und die darin geäußerten Befürchtungen, daß Telearbeit auf Dauer zu ungesicherten Arbeitsplätzen und Scheinselbständigkeit führe, zudem den Arbeitnehmern die Möglichkeit nehme, sich mit anderen zu organisieren, hemmte lange Zeit ihre Verbreitung. Steigende Arbeitslosigkeit und die daraus resultierenden Diskussionen um Strategien für mehr Beschäftigung bewirkten, daß sich die harten Urteile nach und nach aufweichten. Zumal erste positive, praktische Erfahrungen vor allem von Frauen und von Eltern bekannt wurden, die das Stimmungsbild ebenfalls zu ändern vermochten. Umfrageergebnisse verdeutlichen diese Entwicklung: Die Kölner Unternehmensberatung empirica stellte z.B. fest, daß 1985 nur 8,5 Prozent der Erwerbstätigen an Telearbeit interessiert waren. Bis 1994 erhöhte sich dieser Anteil auf 31,4 Prozent.

Und noch zwei weitere Faktoren tragen zu einer Veränderung in der Diskussion bei: Die fortschreitende technische Entwicklung verringert die Kosten, die bei der Ausstattung von Telearbeitsplätzen anfallen, um ein Vielfaches und erleichtert einige Arbeitsschritte sowie den Kontakt zwischen denjenigen, die an einem Projekt beteiligt sind. Und nicht zuletzt fordert die zunehmende Globalisierung, die sich besonders in den Bereichen Wirtschaft und Arbeit niederschlägt, eine verstärkte Auseinandersetzung mit neuen Arbeitsformen.

Die ersten Studien über erfolgreiche Telearbeitsprojekte erscheinen auch in Deutschland. Auf dem angespannten Arbeitsmarkt

haben Ideen bezüglich neuer Strukturen Hochkonjunktur; und nicht nur seitens der Gewerkschaften setzt ein Umdenken ein. An Stelle des Abblockens tritt die Erkenntnis, daß Telearbeit vielfach wünschenswert ist und deshalb ein fundiertes Regelwerk benötigt wird, um die festgestellten Nachteile dieser Arbeitsform zu minimieren. Vor allem nehmen sich aber seit Anfang der neunziger Jahre politische und staatliche Stellen des Themas an.
1993 beschäftigte sich beispielsweise ein Bericht der EU mit neuer Technik und Multimedia. Unter dem Titel »Wachstum, Wettbewerb, Beschäftigung: Herausforderungen und Wege ins 21. Jahrhundert« wurden vor allem Strategien gegen Arbeitslosigkeit gesucht, von der 1993 in Europa 18 Millionen Menschen betroffen waren.
Für die EU-Experten führt ein Weg aus der Krise auf dem Arbeitsmarkt über die Förderung neuer Techniken. Hierbei stehen insbesondere die Entwicklung und Realisierung von Multimedia-Anwendungen für Information, Unterhaltung und Unterricht, aber auch über die Datenautobahn, die zwischenzeitlich für immer mehr private Haushalte erreichbar ist, im Vordergrund. Zudem entstehen hier neue Betätigungsfelder und damit weitere Möglichkeiten für mehr Beschäftigung.
Zwar wird die Telearbeit in dem »Delors-Bericht«, benannt nach Jacques Delors, dem damaligen Chef der Europäischen Kommission, nur am Rande erwähnt, kommt aber als eine erste Aussöhnung zwischen technologisch bedingter Arbeitslosigkeit und neuen Berufen im Zusammenhang mit der Einführung der neuen Arbeitsformen in Betracht. Nach einer der im Strategiepapier enthaltenen Empfehlungen beauftragte die EU herausragende Personen der Wirtschaft wie Hans-Olaf Henkel (Bundesverband der Deutschen Industrie e. V.) und Heinrich von Pierer (Siemens), aber auch Politiker wie Martin Bangemann (F.D.P.) damit, darüber nachzudenken, wie Europa in das Informationszeitalter zu führen ist. Als Ergebnis der Diskussionen zwischen europäischen Unternehmern und Politikern entstand der »Bangemann-Bericht«, der der Kommission als Grundlage für weitere Überlegungen diente.

Resultat dieser neuen Auseinandersetzung: Telearbeit bringt Unternehmen mehr Flexibilität bei Arbeitszeit und Beschäftigung; sie verschafft Wettbewerbsvorteile und kann soziale wie auch ökologische Probleme lösen helfen. Darüber hinaus birgt sie Potentiale, da sie neue Betätigungsfelder eröffnet.
Bei der dargestellten Euphorie stört es kaum, daß die Begriffe verschwimmen; so wird Telearbeit z. B. auch auf das Wirtschaftsfeld E-Commerce, also Handel und Service im Internet, übertragen. Fest steht für Politiker und Unternehmer nur, daß die EU ein gewaltiges Förderprogramm beschließen sollte, um den Fortschritt bei der Technik voranzutreiben und die Nutzung von Computern auch in entlegenen Regionen zu verbreiten.
In Deutschland bündeln Bundesländer wie auch Regionen Kräfte: Das bayerische Wirtschaftsministerium fördert beispielsweise unter dem Namen »Bayern Online« oder »Zukunftsoffensive Bayern« die Gründung von Telezentren und Beschäftigungsmaßnahmen auf dem Land; Nordrhein-Westfalen wie auch Baden-Württemberg haben sich zu einer Media-Offensive entschlossen, die unter anderem mehr Telearbeit ermöglichen soll. Staatliche Stellen koordinieren Projektgruppen zur Einführung von Computertechnik und neuen Arbeitsformen. Sie stellen die Plattform bereit, auf der ein Austausch zwischen den Anbietern und Nutzern neuer Medien im Beruf und in der Bildung stattfinden kann. Viele Pilotprojekte erschließen die Möglichkeiten von Computereinsatz und Telearbeit in unterschiedlichsten Branchen, etwa auf dem Bau, in der Landwirtschaft oder in der Industrie.
Begleitet werden diese Maßnahmen von neuen Gesetzen zu Computer- und Telearbeit, aber auch von ersten Tarifvereinbarungen und -verträgen. Eine gültige tarifliche Abstimmung, die das Miteinander von Telearbeitern, Kollegen und Arbeitgebern bestimmt, wurde erstmals 1998 von der Deutschen Telekom und der Deutschen Postgewerkschaft vorgelegt. Daraus entstand das »Online Forum Telearbeit«, kurz Onforte, eine Servicestelle mit Hotline. Sie bietet Telearbeitern und Betrieben Hilfe per Telefon oder E-Mail bei rechtlichen und technischen Problemen.

Die hehren Ziele des »Bangemann-Berichts«, bis zum Jahr 2000 einige Millionen Telearbeitsplätze in Europa geschaffen zu haben, werden voraussichtlich nicht erreicht. Die technische Versorgung sowie die Entdeckung der Telearbeit vor allem von den kleinen und mittelständischen Unternehmen, die die europäische Wirtschaft prägen, stehen noch aus. Bereits bis 1996 sollten mindestens zwei Prozent aller Stellen in Deutschland in Telearbeitsplätze umgewandelt sein – doch 1998 war davon gerade ein Viertel geschafft.

Kaum vorstellbar für den, der ständig mit Computern arbeitet: An der Schwelle des Informationszeitalters verfügen nur die wenigsten Unternehmen in Deutschland über dieses Arbeitsmittel. Dies ist auch Folge einer verwirrenden, für Anwender meist undurchschaubaren, sich zudem ständig verändernden Technik: Wer heute in Informations- und Computertechnologie investiert, muß wissen, daß diese Kosten kaum amortisiert werden können. Schon nach sehr kurzer Zeit kommen leistungsfähigere Geräte auf den Markt, und die vorhandenen sind bald hoffnungslos veraltet. Ein Um- und Aufrüsten lohnt sich bei den billiger gewordenen Geräten kaum, teilweise ist dies sogar unmöglich. Auch die Liberalisierung des Telefonmarkts hat für einige Verwirrung gesorgt, aber nur wenig Dienstleistung und echten Fortschritt gebracht. Die Verfügbarkeit und Nutzung von Internetanschlüssen liegt in Deutschland immer noch unter dem weltweiten Durchschnitt. Es wird also noch länger dauern, bis sich Telearbeit großflächig durchsetzen kann.

Anders dagegen das kleine Finnland: Eine Technologieoffensive, bei der die Gebühren niedriger, die Telearbeit durch Zuschüsse gefördert und das Pendeln verteuert wurden, aber auch die konsequenten Preissenkungen für Telefondienstleistungen haben dazu geführt, daß dieses Land in Sachen Telearbeit führend ist und in diesem Bereich sogar die USA überflügelt hat. Zugute kam der finnischen Regierung auch, daß die Bevölkerung in dem nur schwach besiedelten Land umfangreiche Erfahrungen damit hatte, große Entfernungen zu überwinden. Entsprechend begeistert ließen sich die Menschen dort auf eine Technik ein, die genau diese Mühen zu erleichtern vermochte. Über acht Prozent der Angestellten und Arbeiter nutzten 1998 in Finnland Computer und Telefon zum Geldverdienen, in den USA liegt der Anteil dagegen nur bei fünf Prozent und in Deutschland nicht einmal bei einem Prozent.

Ein Anfang ist allerdings gemacht: In Deutschland hat sich das Klima für Telearbeit wesentlich verbessert. Dies liegt vor allem an der ausgeprägten Eigeninitiative der Arbeitnehmer, zunehmend ziehen auch die Gewerkschaften mit. Nur die Unternehmen zögern noch. Langsamer zwar als gefordert, aber dennoch sicher wird sich Telearbeit auch hier durchsetzen.

2.

Medien, Technik und Finanzen: die Einsatzfelder von Telearbeit

Im ausgehenden 20. Jahrhundert prägen nicht mehr nur materielle Rohstoffe und Produkte die Wirtschaft, sondern vor allem Informationen und Daten. Diese entwickeln sich zunehmend zu einer Ware und beeinflussen in hohem Maß die Herstellungsprozesse. Arbeitsforscher stellen fest, daß im 21. Jahrhundert die Beschaffung und Veredelung von Informationen an erster Stelle stehen wird. Doch sind nicht nur Nachrichten über Weltgeschehen, Zielgruppen oder Zahlen gemeint. Es geht vor allem um Information in Form von Daten – digitalisierte Zeichen oder Befehle, aus denen Bilder, Texte, aber auch Computerprogramme oder ganze Dienstleistungen wie Fernwartungen oder persönliche Nachrichtendienste im Telefonnetz bestehen. Das Praktische an dieser Entwicklung: Digitale Signale sind komprimierbar, selbst größte Mengen können über Telefonleitungen, Fernseh- und Stromkabel oder aber über Funk- und Satellitenverbindungen versandt werden. Dies ist in überschaubaren Zeiträumen möglich und deshalb vergleichsweise billig.

Die Digitalisierung der Telefonnetze hat auch dem Fortschritt bei den Informations- und Kommunikationstechnologien Siebenmeilenstiefel verpaßt: Hochgeschwindigkeitsnetze, wie z. B. ISDN, transportieren durch Telefonkabel digitale Signale in Sekunden um die ganze Welt. Demnächst wird der vergleichsweise junge Mobilfunk die noch vorhandene Grenze überwinden und via Satellit ebenfalls digitale Bild- sowie Tonsignale transportieren oder einen Ausflug ins Internet erlauben. Nicht zu vergessen sind auch die Raffinessen, mit denen Anrufbeantworter, Faxgeräte oder Telefone heute den Arbeitenden im (Büro-)Alltag unterstützen.

Parallel hierzu entstanden Programme und Geräte (z. B. Modems), die die Verbindung zwischen zwei Großrechnern oder Servern und damit den Datenaustausch vereinfachten. Dies ermöglichte vielen Menschen den Zugang zum Datenhighway. Das erst für militärische, dann für wissenschaftliche Zwecke genutzte Internet gehört mittlerweile zum Alltag und ermöglicht den Informationsaustausch zwischen Menschen, die sich an verschiedenen Orten aufhalten. Das Internet stellt Nachrichten, Meldungen, wissenschaftliche Ergebnisse und Computerprogramme zum ständigen Abruf bereit.

Diese fortschreitende Entwicklung hat auch die Arbeitswelt revolutioniert: Vorstellbar und teilweise sogar schon in Betrieb sind Maschinen und Fabriken, die – ohne die Gegenwart von Menschen – aus der Ferne gesteuert werden. Dank der Satelliten- und Telefontechnik ist es möglich, sie von beinahe jedem Punkt der Erde aus zu lenken und zu warten. Hieran läßt sich erkennen, daß in Zukunft zunehmend Maschinen die Produktion übernehmen werden. Dies ermöglichen leistungsfähige Telefonleitungen, die wiederum auch die Voraussetzungen für Telearbeit darstellen.

Nachdem unsere Arbeitswelt zunächst von Werkstätten und später von Produktionshallen geprägt war, ist nun das Büro die Schaltzentrale jeglichen Wirtschaftens und aller Unternehmungen. Zudem bieten Computer- und Kommunikationstechniken die Möglichkeit, den Ort der Arbeit selbst zu bestimmen. Sie kann also dezentral an beliebigen Plätzen ausgeführt werden – eine weitere Grundvoraussetzung für Telearbeit.

Die wichtigste Eigenschaften dieser Arbeitsform hat das deutsche Bundesministerium für Wirtschaft in folgender Definition zusammengefaßt: »Telearbeit ist jede auf Informations- und Kommunikationstechniken gestützte Tätigkeit, die ausschließlich oder alternierend an einem außerhalb des Betriebs liegenden Ar-

beitsplatz verrichtet wird, der mit der zentralen Betriebsstätte durch elektronische Kommunikationsmittel verbunden ist.«
Zum Wesen der Telearbeit zählt demnach der Einsatz von Technik und eine dezentrale Ausübung. Diese Arbeitsform ist jedoch nicht nur für klassische Aufgaben gedacht, die bisher im Büro gelöst wurden; sie eignet sich ebensogut für qualifizierte Tätigkeiten in den Bereichen Management, Entwicklung, Design sowie Konstruktion.
Auch für den technischen Bereich bietet Telearbeit Vorteile. Die Funktionsfähigkeit von Aufzügen, Computeranlagen oder Maschinen kann heute über Telefonleitung aufrechterhalten werden. Hier gehört Fernwartung schon zum Alltag. Und nicht nur das: Autos oder Maschinen werden an unterschiedlichen Punkten der Erde konzipiert, modelliert, ausgearbeitet, realisiert und produziert. Über Daten- und Telefonleitungen gelangen die einzelnen Ergebnisse an die jeweils zuständige Abteilung. Dieses Beispiel zeigt noch weitere Möglichkeiten der Telearbeit auf: Um einen solchen Produktionsvorgang bewerkstelligen zu können, müssen Spezialisten oder Unternehmen von unterschiedlichen Standorten aus miteinander Kontakt aufnehmen und eine Arbeitsgemeinschaft bilden. Telekooperation oder virtuelle Unternehmen heißen diese Facetten der Telearbeit, die heute allerdings erst in beschränktem Maße umgesetzt werden. Es scheint aber so – das stellen Trend- und Arbeitsforscher gleichzeitig fest –, daß sie in naher Zukunft zum Alltag von Selbständigen und Betrieben gehören werden. Denn »Entfernungen überwindende Kommunikationswerkzeuge«, schreiben die amerikanischen Autoren Jessica Lipnack und Jeffrey Stamps in ihrem Buch über Virtuelle Teams, »eröffnen rasch vielversprechende Möglichkeiten der ›Zusammenarbeit über Distanz‹. Zum ersten Mal seit sich Nomaden in Städten ansiedelten, verteilt sich die Arbeit, anstatt sich zu konzentrieren, während wir uns zunehmend von vorwiegend industriellen Produkten und Dienstleistungen auf informationsbezogene verlegen.«
Telearbeit ist – wenn auch nur begrenzt – in viele Wirtschaftsbereiche eingedrungen und hat dort ganz unterschiedliche Ausprä-

gungen angenommen. Trotzdem nutzen einige Branchen diese Arbeitsweise derzeit noch häufiger als andere: Vor allem im Medien-, Verlags- und Werbebereich sowie bei den Dienstleistern wird häufig »telegearbeitet«. In einigen Unternehmen werden insbesondere die Personalverwaltung, die Buchhaltung sowie Management- und Entwicklungsaufgaben dezentralisiert erledigt. Eine Umfrage, im Auftrag des Bundesministeriums für Arbeit und Sozialordnung 1997 durchgeführt, zeigt auf, in welchen Bereichen Telearbeit eingesetzt wird:

Textbe- und -verarbeitung	45 Prozent
Fachaufgaben	44 Prozent
Managementaufgaben	31 Prozent
Entwicklung von Software	31 Prozent
Kundendienste und Serviceleistungen	28 Prozent
Datenerfassung	24 Prozent
Telefondienste und Hotlines	19 Prozent
Entwicklungs- und Konstruktionsaufgaben	10 Prozent
Sonstige Aufgaben	15 Prozent

Quelle: TA Telearbeit, 1997

Es steht außer Frage, daß mit der weiteren Entwicklung der Computer- und Telekommunikationstechnik auch die Telearbeit regelmäßig neue Impulse erfahren wird. Große Hoffnungen setzt man dabei in die zunehmenden Angebote im Internet: So dezentral wie die Planung von Einkaufsmöglichkeiten, aber auch von Dienstleistungen, z. B. Werbung, Büro- und Benachrichtigungsdienste oder Fortbildungsangebote auf der Datenautobahn vor sich geht, so dezentral können diese mit Hilfe der einschlägigen Technik auch aufgebaut werden. Dann sitzt die Verwaltung eines Online-Geschäfts am Standort X, die Auslieferung am Standort Y, während der Screendesigner die Internetseiten an einem dritten Ort entwirft.

Die vielfältigen Erscheinungsformen von Telearbeit haben mittlerweile auch für Verwirrung, vor allem aber für neue Fachbegriffe gesorgt. Wer sich mit Telearbeit beschäftigt, wird regelmäßig von der

- Teleheimarbeit,
- alternierenden Telearbeit,
- mobilen Telearbeit oder
- von Telekooperation und virtuellen Unternehmen lesen.

2.1 Teleheimarbeit

Wider Erwarten und entgegen allen Prognosen, die vor allem von Kritikern der Telearbeit in den späten achtziger Jahren gestellt wurden, hat sich die Teleheimarbeit zumindest in Firmen kaum durchsetzen können. Laut einer Studie des Stuttgarter Fraunhofer-Instituts für Arbeitswirtschaft und Organisation arbeiteten 1998 nur 22 000 Angestellte auf diese Weise.

Teleheimarbeit wird ausschließlich zu Hause erledigt. Eine feste Datenleitung zwischen Auftraggeber und -nehmer ist dafür nicht unbedingt notwendig, denn die wenigsten Mitarbeiter müssen, um ihre Aufgaben erledigen zu können, auf firmeninterne Informationen zurückgreifen. Viel häufiger liefern sie zusätzliche Daten ab. Sie führen klar definierte Aufgaben aus – z. B. das Abtippen von Adressen, aber auch das Erstellen von Konzepten und Programmen. Die Ergebnisse könnten statt über E-Mail oder Telefonleitung genausogut auf Disketten und andere Datenträger abgespeichert und z. B. auf dem Postweg abgeliefert werden.

Für die Angestellten einer Firma birgt Teleheimarbeit auch Risiken, z. B. Isolation, Verlust von sozialen Kontakten und damit auch von Einflußnahme im Betrieb. Zudem verschließen sich berufliche Perspektiven innerhalb des Unternehmens aufgrund der ständigen Abwesenheit. Es sind vor allem Selbständige und freie Mitarbeiter, die sich für die Teleheimarbeit erwärmen und meistens Aufträge von unterschiedlichen Unternehmen in ihrem eigenen Büro erledigen.

Für diese kleinen Heimbüros haben die Marketingexperten den Begriff »Soho« – eine Abkürzung für Small office, Home office – geprägt. In den letzten Jahren sind gerade für diese eher beengten Arbeitsplätze nicht nur eigene Möbellinien, sondern vor allem kompakte Multifunktionsgeräte – etwa das Faxgerät mit integriertem Telefon und Anrufbeantworter oder der Drucker mit eingebauter Faxfunktion – entwickelt worden.
Ein gutes Beispiel für einen Teleheimarbeiter ist der Journalist Jens Hiller. Er lebt bei Essen, hat sich in seinem Haus ein Büro eingerichtet und recherchiert – oft genug auch im Internet – Informationen und Tests zum Thema Auto, die er als fester freier Mitarbeiter an verschiedene Automagazine, Zeitungen oder Werbeagenturen liefert. Themenvorschläge, Abgabetermine und den notwendigen Umfang eines Beitrags spricht er telefonisch mit den jeweiligen Redakteuren ab. Nimmt das Projekt klarere Konturen an, klärt er – ebenfalls telefonisch – mit der Bildredaktion, welche Illustrationen oder Fotomotive besorgt werden sollen. Hat er selbst passende Fotos gemacht oder vorliegen, schickt er diese ganz konventionell per Post zu seinem Auftraggeber. Sie selbst einzuscannen und zu bearbeiten erfordert einen zu großen Zeitaufwand und verursacht zusätzliche Kosten.
Aus seinen Vorgaben gestalten Grafiker wiederum eine Magazin- bzw. Zeitungsseite, auf der sie die Textblöcke und Bilder plazieren. Diese Vorlage schicken sie anschließend als Datei via ISDN-Leitung zu Jens Hiller. Er kann seinen Beitrag nun genau in das Layout einpassen, verfaßt dabei auch die Bildunterschriften für die eingeplanten Fotos und schickt die Datei anschließend wieder zurück oder – wenn es ganz schnell gehen soll – direkt an die Reproanstalt oder Druckerei.
Nur gelegentlich fährt er persönlich nach Berlin oder in die anderen Städte, wo seine Auftraggeber sitzen. Dann informiert er sich bei seinen Kunden über den neuesten Stand der Geschäfte, die weitere Auftragslage oder zusätzliche Termine.
Für viele Redaktionen, die ihren Standort nicht in seiner Nähe haben, bietet das Soho-Büro von Jens Hiller einen weiteren Vorteil: Weil viele Fahrzeughersteller in Nordrhein-Westfalen, also

nahe seines Wohnorts ansässig sind, können sie Reisekosten und Arbeitszeit sparen, indem sie ihn zu Pressekonferenzen oder ersten Präsentationen schicken. Er wiederum kann sich über einen Mangel an Aufträgen nicht beklagen.

Telearbeit verleiht Jens Hiller einige Freiheiten: Der Journalist schätzt die vielseitigen und abwechslungsreichen Aufträge unterschiedlicher Redaktionen, den unkomplizierten Ablauf der Themenabsprache und vor allem die komfortablen, schnellen Abgabemöglichkeiten. Nicht zuletzt kann er nachmittags oder auch zwischendurch, wenn ihm einmal die Ideen ausgehen, mit seinen Kindern spielen oder einkaufen gehen. Seine Arbeit erledigt er dann abends – die Redaktionen jedenfalls kümmert es nicht, zu welcher Tageszeit die Texte entstehen. Hauptsache ist, daß sie pünktlich abgeliefert werden.

2.2 Nachbarschaftsbüro oder Telecenter

Was der Journalist Jens Hiller in seinem eigenen Home office betreibt, ist natürlich auch in Form von Bürogemeinschaften möglich. Nicht nur in der Medienbranche, sondern auch unter den Architekten oder Rechtsanwälten tun sich Freiberufler häufig zusammen. Sie teilen sich die Miete für die Büros, die notwendige technische Ausstattung wie Fax- oder Fotokopiergerät und oft genug auch die Kosten für einen Sekretär oder Assistenten.

Statt der Nähe zur Familie steht bei den Mitgliedern solcher Zweckgemeinschaften der Gedankenaustausch mit den Kollegen über berufliche Fragen im Vordergrund. Sie finden sich aber auch zusammen, um größere Aufträge annehmen zu können und diese gemeinsam zu bearbeiten. Halten diese Bürogemeinschaften – wie inzwischen vielerorts üblich – den Kontakt zu ihren Kunden größtenteils via Computer oder Telefonleitung und tauschen hierüber auch die Arbeitsergebnisse aus, dann bezeichnet man diese Arbeitsform neuerdings als Telecenter. Befindet es sich in räumlicher Nähe zu den Wohnungen der dort beschäftigten Telearbeiter, wird es auch Nachbarschaftsbüro genannt.

Ein solches Nachbarschaftsbüro befindet sich beispielsweise im fränkischen Retzstadt. Getreu der Maxime von Jack Nilles, nach der die Arbeit zu den Arbeitenden gebracht werden soll, ist es in der kleinen, beschaulichen Weinstadt entstanden, um Arbeit aus den nahen Ballungszentren Würzburg, Schweinfurt und Karlstadt in den ländlichen Raum zu transportieren. Zur Organisation und Koordination des Nachbarschaftsbüros, aber auch der Aufträge wurde außerdem ein Verein gegründet, der zunächst einmal das leerstehende Rathaus des 1800-Seelen-Städtchens umbauen ließ.

Dort sind heute sechs Telearbeitsplätze installiert, die der Verein an verschiedene Unternehmen vermietet. Die wiederum beschäftigen Telearbeiter aus Retzstadt und Umgebung, lassen von ihnen Firmendaten erfassen oder Sekretariats- und Telefondienste erledigen. Einige haben auch ihre Buchhaltung dorthin ausgelagert. Zum Nachbarschaftsbüro gehört außerdem ein Seminarraum, in dem weitere Einwohner auf die Arbeitsweise der Zukunft sowie den Umgang mit Internet und Computer vorbereitet werden. Zudem finden auch Fortbildungsmaßnahmen für die anwesenden Telearbeiter statt.

Retzstadt verfügt also über ein Nachbarschaftsbüro zum Vorzeigen – es ist Teil der ehrgeizigen Zukunftsoffensive des Freistaats Bayern. Seit 1996 sind nach diesem Vorbild und mit staatlicher Förderung elf weitere Telezentren in Kleinstädten entstanden, die sich unterschiedlichen Schwerpunkten – z. B. Frauenförderung, Beschäftigung für Jugendliche, Fortbildungs- und Umschulungsmaßnahmen – widmen. Ihre Organisation richtet sich jeweils nach den Ansprüchen: mal planen Vereine die Arbeit der in dem Telecenter Beschäftigten, mal vermieten sie die vorhandenen Arbeitsplätze an diverse Unternehmen, oder sie betreuen Wiedereinsteiger und Randgruppen des Arbeitsmarkts.

Das Ziel, positive Beispiele für Telearbeit zu geben und Vorurteile oder Technikängste abzubauen, wurde teilweise erreicht. Nach dem Vorbild der vom Staat geförderten elf Bürogemeinschaften an unterschiedlichen Orten haben sich zwischenzeitlich auch auf privates Engagement hin weitere Telecenter in Klein-

städten oder auf Bauernhöfen gebildet. In Retzstadt ist ein zweites derartiges Projekt in einer leerstehenden Jugendherberge entstanden.
Auf diese Weise – so die Vorstellung nicht nur in Bayern – läßt sich Arbeit räumlich gleichmäßiger verteilen, zudem werden die Verkehrswege in den Ballungszentren entlastet. Nicht ohne Grund wird dieser Ansatz auch schon weiterentwickelt: Im italienischen Piemont entsteht eines der ersten Televillages, Teledörfer, die mit Hilfe von High-Tech den Anschluß an Arbeitsmärkte und Zukunft ermöglichen und zu vergrößerten Telecentern ausgebaut werden sollen.
Dafür ist es zunächst nötig, die vorhandenen technischen Bedingungen zu verbessern. Im zweiten Schritt können dann Computerarbeitsplätze dorthin verlagert werden. Vergleichbar mit den Gemeinschaftsbüros sollen hier einmal Programmierer, Sekretärinnen, Dienstleister – eben unterschiedlichste Telearbeiter – in einem Dorf zusammenarbeiten und sich austauschen. Televillages – ein Projekt, das sich die EU einige Milliarden Euro kosten läßt und das auf strukturschwache Regionen anderer Länder (z. B. Großbritannien, Portugal, Irland, aber auch Deutschland und Frankreich) ausgeweitet werden soll.

2.3 Alternierende Telearbeit

Vor allem für die Angestellten eines Unternehmens bietet sich die alternierende Telearbeit an. Charakteristisch für sie ist der regelmäßige Wechsel zwischen dem Arbeitsplatz zu Hause und dem im Betrieb. Auf diese Weise geht der persönliche Kontakt zu Kollegen und Vorgesetzten nicht vollständig verloren. Außerdem können auch Aufstiegsmöglichkeiten besser wahrgenommen werden. Die Gefahr der Vereinsamung und Isolation verringert sich durch diese gemischte Arbeitsweise. Erfahrungsgemäß bleiben die meisten dieser Telearbeiter zwei, drei Tage pro Woche zu Hause und kommen an den anderen Tagen ins Unternehmen, um dort zu arbeiten.

Alternierende Telearbeit wie auch die Teleheimarbeit der Selbständigen wird wegen der größeren Autonomie geschätzt: Zwar besteht für die Aufgaben ein Zeitrahmen, doch wie und wann sie gelöst werden, kann der Beschäftigte in Absprache mit den Kollegen weitgehend selbst bestimmen.
In dieser Form der Telearbeit liegt die lang ersehnte Chance, Familie und Beruf zu vereinbaren: Sie ermöglicht Eltern einerseits eine Reduzierung der Arbeitszeit in wichtigen Phasen der Erziehung, ohne den Kontakt zum Arbeitgeber und zur Arbeitswelt zu verlieren. Andererseits bleibt auch neben einem Vollzeitjob mehr Zeit für die Kinder. Telearbeiter können tagsüber länger pausieren und ihre Arbeit später am Abend erledigen. Werden Angehörige zu Hause gepflegt, muß zudem nicht gleich eine Krankmeldung eingereicht oder Sonderurlaub genommen werden.
Kein Wunder also, wenn die alternierende Telearbeit in den Unternehmen am weitesten verbreitet ist. Das Stuttgarter Fraunhofer-Institut schätzte die Zahl der Berufstätigen, die abwechselnd zu Hause und in der Firma arbeiten, für 1998 auf rund 350000. Die meisten dieser Telearbeiter sind, wie häufig angenommen, Frauen. 350000 Telearbeiter – das ist zwar immer noch wenig, aber immerhin ein Anfang, der vor allem in großen Konzernen gemacht wurde.
Damit Aufgaben an unterschiedlichen Arbeitsplätzen gelöst werden können, sind neben den Computerarbeitsplätzen zu Hause leistungsstarke Telefonverbindungen nötig, die in kurzer Zeit auch größere Datenmengen transportieren können. Sie schaffen die Verbindung zum Zentralrechner einer Firma und damit den Zugang zu arbeitsrelevanten Daten und Programmen. Unternehmen richten hierfür firmeneigene Datennetze ein, die sogenannten Intranets, die den Mitarbeitern nur über persönliche Codes und Identifizierungsnachweise zugänglich sind.
Arbeitet der Angestellte zu Hause, kann er über die Telefonleitung oder das Intranet auf notwendige Unterlagen – z. B. Kalkulationen, Marketingstrategien, Adressen oder Anträge, aber auch Dienstprogramme und Produktbeschreibungen – zurückgreifen.

Dadurch entfällt der lästige Transport von Datenträgern und Dokumenten. Auch Arbeitsergebnisse können im Intranet für Kollegen und Vorgesetzte zugänglich abgespeichert werden.
Stehen zusätzliche Arbeitsprogramme zur Verfügung – sie werden unter dem Fachbegriff *Applicant Systems* zusammengefaßt (s. Kapitel 5.1.1) –, können in diesen Netzen sogar mehrere Kollegen gleichzeitig an einem Dokument oder einer Datei arbeiten und sich trotz räumlicher Trennung über ihre Arbeit auseinandersetzen. Diese Programme ermöglichen darüber hinaus die sich inzwischen weiterverbreitende Kommunikationsform der Videokonferenz.
Karin Braun, Produktmanagerin und zweifache Mutter, ist eine typische alternierende Telearbeiterin: »Ich wollte auch mit Kindern weiter arbeiten und trotzdem mehr Zeit zu Hause verbringen«, begründet sie den Entschluß, zwischen zwei Arbeitsplätzen zu pendeln. Um diesen allerdings durchzusetzen, brauchte sie vor einigen Jahren noch viel Zeit, Geduld und Überredungskunst. Die Projektmanagerin von Siemens organisierte sich Anfang der neunziger Jahre ihren Telearbeitsplatz selbst. Zwar war die neue Arbeitsform in dem Münchner Unternehmen bekannt, aber es traute sich niemand so recht, sie auszuprobieren.
Karin Braun informierte sich durch Zeitschriften und Bücher zunächst über das Thema, erkundigte sich über die nötige Ausstattung und erarbeitete nebenbei die notwendigen Argumente für die Diskussionen mit ihrem Arbeitgeber. Bald darauf hatte sie einen Computer sowie ein leistungsstarkes Modem organisiert und damit wenig später auch die Verbindung zwischen ihrem Zuhause und dem Büro hergestellt. Noch vor der Geburt ihres ersten Kindes konnte sie mit der Ausübung der Telearbeit beginnen. Heute pendelt die zweifache Mutter jeden zweiten oder dritten Tag nach München zu Siemens und bespricht mit ihren Kollegen notwendige Marketingstrategien. In der Zwischenzeit plant sie zu Hause in Höhenkirchen Konzepte, wie neue Produkte auf den Markt einzuführen sind. »Ich habe zwar nicht viel mehr Zeit für meine Kinder als früher«, resümiert sie

ihre praktischen Erfahrungen mit Telearbeit. »Aber ich kann meine Arbeit freier einteilen und dann arbeiten, wenn die Kinder schlafen oder außer Haus sind.« Um sich während ihrer Arbeitszeit tagsüber zu entlasten und einen freien Kopf zu bewahren, beschäftigt die Produktmanagerin regelmäßig einen Au-Pair-Jugendlichen in ihrem Haushalt.

Wenn sie sich anfangs noch mit Disketten und Papieren abmühte – »Telearbeit war bei uns noch nicht etabliert, keiner hatte Erfahrungen, welche Technik dazu nötig ist« –, hat sie heute via ISDN-Leitung längst eine Anbindung an das interne Siemens-Datennetz. Dort findet sie alle notwendigen Informationen über Produkte und Zielgruppen, die sie zur Entwicklung von Strategien, mit denen z. B. neue Handys oder Telefone eingeführt werden sollen, dringend braucht.

Arbeitet Karin Braun zu Hause, ist sie auch telefonisch erreichbar, da der Anschluß im Büro bei Siemens auf ihren privaten umgestellt wird. Kunden wissen also gar nicht, wo die Produktmanagerin sich gerade aufhält, wenn sie den Anruf entgegennimmt. Damit konnte ein wichtiges Problem gelöst werden: So mancher Anrufer, der die Arbeitssituation von Karin Braun kannte, traute sich anfangs nicht, sie durch ein Telefonat zu stören. Inzwischen hat die Produktmanagerin ihre Fahrten zur Firma noch weiter reduziert, da sie seit kurzem an Konferenzen per Videoschaltung teilnimmt, über die sie auch mit Vorgesetzten und Kollegen diskutieren kann.

Als Ausrüstung benötigt man dafür Kamera und Mikrofon, die an den Computer angeschlossen sind. Die entstehenden Bild- und Tondaten verarbeitet der Rechner und schickt sie sekundenschnell über die ISDN-Leitung zu Siemens. Dort kommen sie zwar mit Verzögerung an, was sich auf das Gesprächsverhalten auswirkt und bei allen Beteiligten Disziplin erfordert, doch Karin Braun hat es nach einiger Zeit gelernt, sich Gehör zu verschaffen und auch auf dem Bildschirm mitzudiskutieren, wenn sie mit den Kollegen in München Strategien und Vertriebskonzepte bespricht.

2.4 Satellitenbüro

Alternierende Telearbeit ist jedoch nicht an den Wechsel zwischen Büro im Unternehmen und in der Wohnung eines Angestellten gebunden. Analog zu den Telezentren und Nachbarschaftsbüros mieten Unternehmen auch externe Büros an und richten dort Telearbeitsplätze für ihre Angestellten ein. Diese Satellitenbüros ersparen Mitarbeitern lange Pendelzeiten, und Unternehmen nutzen die Chance, Fachkräfte auch dann an sich zu binden, wenn sie für eine Anstellung nicht umziehen wollen. Zudem ermöglicht diese Arbeitsform mehr Kundennähe. Sie ist allerdings noch nicht weit verbreitet. Via Stand- und Datenleitungen kann die notwendige Verbindung zum Server oder Zentralrechner jederzeit aufgebaut werden. Regelmäßige Treffen der Mitarbeiter fördern das Arbeitsklima und vor allem den Zusammenhalt unterschiedlicher Abteilungen oder von Teams.

Der Software-Entwickler GFT hat auf diese Art und Weise eine Not zur Tugend gemacht. Das Unternehmen wurde Ende der achtziger Jahre mitten im Schwarzwald, in Sankt Georgen, von Studenten und Wissenschaftlern aufgebaut. Dort fanden Gründer Ulrich Dietz und seine zehn Mitstreiter ausreichend Büroraum für wenig Geld – ein ausschlaggebendes Argument, wenn die Nebenkosten überschaubar bleiben sollen. Mit zunehmendem Erfolg ihrer Arbeit, aber auch aufgrund der Ausweitung ihres Beratungsangebots mußte die Firma zusätzliche Ingenieure und Programmierer einstellen. Doch nur wenige der gesuchten, gut ausgebildeten, dynamischen und ideenreichen Spezialisten wollten in die landschaftlich reizvolle Provinz ziehen, wo gerade mal ein Interregio-Zug hält und die nächste größere Stadt – Freiburg – eine Autostunde entfernt liegt.

Was also tun? GFT setzte auf Technik pur, gründete an verschiedenen Punkten in Deutschland Zweigstellen oder Satellitenbüros, die via ISDN-Leitung und Computer mit der Mutterfirma verbunden waren. So schlugen die Programmentwickler aus dem Schwarzwald zwei Fliegen mit einer Klappe: Sie ermöglichten

qualifizierten Mitarbeitern, in ihrer angestammten Region zu bleiben, und sie rückten näher zu den Standorten ihrer Hauptkunden – vornehmlich große Unternehmen, die mit ihrer Software arbeiten.
Mitarbeiter sind dadurch schneller zu Stelle, wenn Probleme und Fragen zu den Programmen auftauchen, können die Anwender intensiver schulen und beim täglichen Einsatz unterstützen: Ein Angebot, das viele Kunden schätzen lernten. GFT konnte in den vergangenen Jahre durch die Gründung von neuen Satellitenbüros oder den Aufkauf von passenden Agenturen in anderen Städten ein internationales Netzwerk aufbauen.
Die Verbindungen zwischen Satellit- und Mutterfirma in Sankt Georgen werden über Telefon- oder Mobilfunkleitungen geschaffen. Über sie lassen sich Informationen, aber auch Programme austauschen. Die wichtigsten Nachrichten über das Unternehmen und Neuigkeiten aus der Personalstelle oder dem Management finden die Mitarbeiter im Intranet. Durch regelmäßige Firmentreffs oder Vortragsveranstaltungen an den diversen Sitzen der Gesellschaft entsteht ein Gemeinschaftsgefühl. So kann die Loyalität zum Unternehmen und die Firmenphilosophie aufrechterhalten werden: Gerade dieser Aspekt ist für schnell wachsende Unternehmen wie GFT besonders wichtig.

2.5 Mobile Telearbeit

Noch mehr Flexiblität als die alternierende Telearbeit schafft die mobile Telearbeit – zumindest, was die Standorte betrifft. Bei der mobilen Telearbeit wird dort gearbeitet, wo der Einsatz gerade notwendig, effizient oder sinnvoll ist. Für Berater, Programmierer, Techniker, Konstrukteure oder Reparaturdienste bedeutet dies, daß sie oft direkt beim Kunden arbeiten.
Statt mit schweren PCs sind mobile Telearbeiter mit einem leichten, kompakten Notebook oder Laptop ausgerüstet. Seit wenigen Jahren können an diese ohne weitere Umstände ein größerer Bildschirm und eine übliche Tastatur angeschlossen werden, was

bei längeren Einsätzen praktischer und bequemer ist. Diese Entwicklung trug auch zur Verbreitung dieser Kleincomputer bei.
Wie die Mitarbeiter in Satellitenbüros oder die alternierenden Telearbeiter greifen auch diese »Nomaden der Neuzeit« auf die Daten eines Servers oder Intranets zurück. Die Verbindung wird allerdings öfter über ein Handy statt über die gewohnte Telefonleitung hergestellt.
Außendienstmitarbeiter lassen auf diese Weise ganze Bildpräsentationen neuer Produkte auf ihrem Monitor erscheinen und können deren Funktionsweise leicht mit Fotos, Konstruktions- und Detailzeichnungen oder sogar mit Filmausschnitten präsentieren. Techniker finden im Intranet ihrer Firma die Schaltpläne sowie Reparaturhinweise von Haushaltsgeräten und Maschinen. Haben sie ihre Arbeit beendet, füllen sie sofort die Rechnung aus, die meistens noch am selben Tag im Unternehmen ausgedruckt und verschickt wird. Umgekehrt können Kollegen und Vorgesetzte anhand des Datenaustauschs jederzeit nachvollziehen, wo sich ein mobiler Mitarbeiter gerade befindet. Eine Kontaktaufnahme zwischen ihm und seiner Firma, etwa um Routen zu ändern oder neue Aufträge zu erteilen, ist also einfach und schnell möglich.
An die mobilen Telearbeiter – laut Fraunhofer-Institut für Arbeitsorganisation und Wirtschaft in Stuttgart waren 1998 schätzungsweise 500 000 unterwegs – richten sich inzwischen ganz eigene Angebote: etwa die öffentlich zugänglichen Terminals in Flughäfen oder Cafés, an denen sie ihre E-Mails abrufen oder verschicken können; die Entwicklung kleinster Computer (Organizer, Palmcomputer oder Handhelds), die vor allem Termine und Adressen speichern, zunehmend aber auch Textverarbeitung in geringem Umfang oder das Surfen im Internet ermöglichen.
Noch mehr Mobilität ist für Telearbeiter in Schweden geboten: Dort hat die staatliche Eisenbahngesellschaft Waggons mit abgetrennten Schreibtischen entwickeln lassen. Pendler und Fernreisende finden hier einen Stromanschluß für das Laptop, und sogenannte Repeater verstärken die Signale des Mobilfunks, wodurch eine gute Verbindung für Telefonate oder Ausflüge ins Inter- oder Intranet gesichert ist. In Deutschland hingegen wurde erst

die dritte Generation des schnellen Intercity-Expresses (ICE) mit Steckdosen ausgerüstet, und nur in einigen Abteilen können die Funksignale für Telefonate mit dem Handy verstärkt werden.
Mobile Telearbeit wird vor allem in den Bereichen Vertrieb und Kundenservice, bei Unternehmens- und Consulting-Gesellschaften, im Journalismus oder im Baugewerbe eingesetzt. Eben überall dort, wo sich kurzfristig die Standorte der Mitarbeiter ändern. Während Handlungsreisende in früheren Zeiten regelmäßig in ihr Unternehmen fahren mußten, um abgeschlossene Verträge und Kundenwünsche abzuliefern, können sie sich nun, da die Informationen über Computer und Telefonleitung weitergegeben werden, diesen Weg sparen.
Dies zeigt sich auch bei der Organisation der Reise- und Hotelagentur Connect: Das Stuttgarter Unternehmen vertreibt Angebote von Luxushotels in der Karibik. Ein Mitarbeiter ist deshalb ständig unterwegs. Er besucht Reiseveranstalter und Reisebüros. Ansichten von Hotelzimmern oder traumhaften Stränden präsentiert er auf dem Bildschirm eines Notebooks. Über die Übernachtungsmöglichkeiten und -kapazitäten informiert ihn eine Datenbank, die ins Internet gestellt wurde. Bucht ein Veranstalter in einem der Hotels Kontingente, werden diese Abschlüsse sofort eingespeichert und die Angaben über freie Betten und Zimmer in der Datenbank auf den neusten Stand gebracht. Regelmäßig leiten die Mitarbeiter ihre Buchungen an die Hotels in der Karibik weiter, damit dort die Reservierungen vorgenommen werden.

2.6 On-Site-Telearbeit

Eine Mischform aus mobiler Telearbeit und Satellitenbüro stellt die On-Site-Telearbeit dar. Die damit verbundenen Vorteile nutzen vor allem Dienstleister, etwa Steuerberater, Juristen oder Reisebüros. Sie begeben sich direkt in die Räumlichkeiten eines Kunden, wo sie *on site*, also vor Ort, arbeiten. Firmen können so bestimmte Bereiche – etwa die Organisation von Geschäftsreisen

und deren Abrechnung oder die Buchhaltung – abgeben, um sich auf ihre eigentlichen Geschäfte zu konzentrieren. Der Dienstleister bindet wiederum seinen besten Kunden langfristig an sich.
On-Site-Telearbeit bedeutet also die Gründung eigener Einheiten einer Firma in den Räumen von fremden Unternehmen, meist guten, langjährigen Kunden. Die dort stationierten Mitarbeiter haben Zugriff auf das Datennetz ihres Arbeitgebers, unter Umständen aber auch auf das ihrer Kunden.
Auf diese Art und Weise optimierten das Deutsche Zentrum für Luft- und Raumfahrt und das Deutsche Reisebüro (DER) ihre Zusammenarbeit. Weil Weltraumforscher viel und regelmäßig reisen müssen, zog ein kleines Team des DER direkt ins Forschungszentrum, um dort seine Aufgaben zu erfüllen. Die Mitarbeiter planen hier nun alle anfallenden Einzel- und Gruppenreisen, erstellen außerdem regelmäßig eine Analyse der Reisekosten und sind daher in der Lage, Sparpotentiale zu erkennen und zu nutzen.
Das Raumfahrtzentrum erreichte durch das Unternehmen im Unternehmen eine Entlastung der Sekretariate in den einzelnen Abteilungen. Zudem entfällt die Bearbeitung der Reisekosten und Spesen. Diese berechnet das Reisebüro und gibt sie anschließend zur Kontrolle an das Raumfahrtzentrum weiter. Dabei bleiben die Reisefachleute weiterhin Angestellte des DER.

2.7 Telekooperation und virtuelle Unternehmen

Eine besondere Art von Telearbeit betreiben drei Mannheimer Jungunternehmer, die die Firma 1-2-3 gründeten: Andreas Bosch brachte seine Kenntnisse als Unternehmensberater ein, Bernd Fink ist Grafiker und Thomas Ruf Trainer für Mitarbeiter. Gemeinsam haben sie ein Netzwerk aus Spezialisten aufgebaut, die an ganz unterschiedlichen Standorten zu Hause sind und arbeiten. Bei Bedarf und übers Internet werden die einzelnen Mitarbeiter von 1-2-3 schnell aktiviert.

Als Fink, der Grafiker, von einem Buchverlag den Auftrag bekam, eine Homepage im Internet zu gestalten, zog er sofort einen Programmierer und einen Screendesigner aus dem Netzwerk hinzu. So konnte er nicht nur Ideen, sondern den vollen Service liefern. Darüber hinaus garantierte er eine optimale Umsetzung, so daß sich der Verlag nicht um weitere freie Mitarbeiter bemühen mußte. Ganz ähnlich läuft auch die Erfüllung anderer Aufträge ab; Spezialisten werden bei Bedarf und je nach Auftragslage zur Mitarbeit aktiviert.

Ihre eigentliche Tätigkeit besteht darin, das Netzwerk zu koordinieren und Aufträge zu suchen. So ist gewährleistet, daß jeder Teilnehmer von 1-2-3 jeweils mit einem kompetenten Spezialisten für mindestens einen Auftrag zusammenarbeiten kann. Das Unternehmen ist also keines im üblichen Sinne, es handelt sich vielmehr um einen lockeren Zusammenschluß unterschiedlicher Einzelpersonen oder Firmen, genauer, um eine Datenbank, in der berufliche Kontakte und Aufträge eingespeichert und für alle Beteiligten abrufbar sind.

Eine nur kurzfristige und am Bedarf ausgerichtete Zusammenarbeit von Fachleuten, die außerdem räumlich getrennt an verschiedenen Standorten aktiv sind, wird Telekooperation genannt. Auch Firmen nutzen diese Form, bei der sie ihre Selbständigkeit bewahren, aber trotzdem über die Vorteile einer losen Geschäftspartnerschaft verfügen. Auf diese Weise entstehen sogenannte virtuelle Unternehmen, in denen die einzelnen Betriebe mittels Kommunikationstechnik Kontakt aufnehmen und sich austauschen können. Viele Arbeitsforscher und Betriebswirtschaftler sehen hierin die Zukunft für kleine und mittelständische Firmen, an die der Weltmarkt neue Anforderungen stellt. Denn gerade für sie bietet die Möglichkeit, mit vergleichsweise niedrigem Aufwand Partnerschaften einzugehen und ihren Wirkungskreis auszudehnen, neue Chancen, Konkurrenzfähigkeit aufzubauen. So können sie beispielsweise im Ausland Ableger bilden, dort Kunden akquirieren und somit international tätig werden.

Zudem ermöglichen die Telekooperationen den Firmen, noch weitere Aspekte modernen Wirtschaftens zu erfüllen, z. B. die

Anpassung ihrer Personalsituation an die jeweilige Auftragslage. So lassen sich Personalengpässe zu Spitzenzeiten durch den Einsatz freier Mitarbeiter oder freier Teams mit klar begrenzten Zeitverträgen überbrücken.

Ähnlich sieht es bei speziellen Aufgaben und Aufträgen aus: Bei Bedarf werden Fachleute aktiviert und in Projekte einbezogen. Positiver Effekt: Die Angebots- und Produktpalette, die aus einer Hand abgedeckt werden kann, wächst, der Kostenrahmen bleibt überschaubar. Teams und Fachleute werden nur so lange bezahlt, wie sie tatsächlich für das Unternehmen tätig sind. Die Vorteile liegen darin, daß Firmen nicht nur auf die Festeinstellung von Fachleuten verzichten können, sondern auch auf die Anschaffung von teuren Werkzeugen oder Maschinen, da die Spezialisten selbst über diese verfügen.

Virtuelle Unternehmen oder Telekooperationen sind in Deutschland jedoch noch weitgehend Zukunftsmusik. Es wurden zwar erste Projekte und Versuche in diese Richtung gestartet, bisher allerdings vor allem von Freiberuflern und Selbständigen, die sich zusammengeschlossen haben. Erwartet wird aber, daß – auch im Zuge von Beschäftigungsinitiativen und der Förderung der Selbständigkeit oder Neugründungen von Firmen – diese Arbeitsformen verstärkt zum Einsatz kommen.

Tatsächlich ist zu beobachten, daß auch Zeitarbeitsfirmen zunehmend Spezialisten für bestimmte Zeiträume vermitteln und nicht mehr nur Hilfskräfte in unterschiedlichen Arbeitsbereichen. Durch Telekooperationen ergeben sich Wettbewerbsvorteile, und sie schaffen eine neue Qualität von Arbeitsbeziehungen sowie -gemeinschaften.

Es wird sich zeigen müssen, ob Telekooperationen, die über Ländergrenzen hinweg bestehen und vor allem über Telefonleitungen funktionieren, nicht Lohndumping und den Export von Arbeit in Billiglohnländer begünstigen oder aber die Auflösung bestehender Beschäftigungsverhältnisse bewirken. Doch ganz sicher werden diese neuen Formen zu einer weiteren Spezialisierung von Arbeit führen, sowohl bei einzelnen Tätigkeitsfeldern als auch in den Betrieben.

Die praktische Umsetzung von Telekooperationen führen neben Freiberuflern auch Fahrzeughersteller und Zulieferfirmen durch. In Nordrhein-Westfalen haben sich mit Unterstützung der Landesregierung 1997 sechs Zulieferer zu einem virtuellen Unternehmen zusammengefunden. Während sie früher die Komponenten für Autos und Lastwagen nacheinander, also Schritt für Schritt entwickelten und realisierten, arbeiten sie heute parallel an ihren Konstruktionen. Als Hilfsmittel dienen das Internet und eigene Programme, auf die alle Beteiligten Zugriff haben (*Application Sharing*). Zeitgleich können Techniker und Konstrukteure das entstehende Teil bewerten, verändern und anpassen. Das trägt dazu bei, daß sich die Entwicklungs- und Produktionszeiträume verkürzen, Arbeit also effizienter strukturiert wird: ein weiterer Vorteil auf dem Weg zur erforderlichen Modernisierung von Unternehmen und Wirtschaft.

Insbesondere in der Werbung und in den Medien ist Telekooperation jedoch schon erprobt. Das liegt auch daran, daß in dieser Sparte die Selbständigenquote vergleichsweise hoch ist und schon seit längerem über Ländergrenzen gearbeitet wird. Nach dem Vorbild von 1-2-3 übernehmen Werbeagenturen heute die Organisation von Fachleuten wie Grafikern, Werbefilmern, Textern oder Regisseuren. Zudem koordinieren sie deren Arbeit via Internet und Telefon auch im Ausland. Telekooperation ermöglicht ihnen, die Zahl der Beschäftigten überschaubar zu halten. Auf der anderen Seite können sie Spezialisten für Filmarbeiten oder andere Aufgaben sowie prominente Regisseure oder Grafiker aus dem Ausland in ihre Aufträge miteinbinden. Auch Werbefachleute beispielsweise, die weder festangestellt noch für ein einziges Unternehmen arbeiten wollen, kommen auf diese Art zu Aufträgen.

Diese Beispiele zeigen es: In Zukunft werden die Grenzen zwischen Firmen verschwimmen, d. h., daß sie externe Dienstleistungen oder Zulieferangebote verstärkt in Anspruch nehmen werden. Infolgedessen wird der einzelne mit seinen Fähigkeiten, Erfahrungen und Kenntnissen wichtig, die auftragsbedingt und von unterschiedlichen Orten her in Anspruch genommen werden können. Diese Entwicklung – einmal in aller Konsequenz durchdacht – wird, trotz aller möglichen Vorteile, jedoch auch zu einer Zersplitterung der Arbeitswelt in kleine Teams oder Einzelpersonen führen, die sich durch Spezialwissen auszeichnen. Dann würde – wenn auch unter anderen Vorzeichen – das eintreten, was Kritiker schon befürchteten, als Telearbeit gerade aufkam: die Vereinzelung und letztlich auch Isolation von Arbeitskräften oder Arbeitseinheiten.

3.

Telearbeit in der Diskussion

Telearbeit wirft noch immer Fragen auf. Nicht auf alle konnte eine Antwort gefunden werden – auch weil sich Telearbeit nicht eindeutig definieren läßt. Es sind erst die Menschen, die dieser Arbeitsform ihre Prägung geben. Über Telearbeit kann gestritten werden – nicht allein über den Sinn, sondern vor allem über die Vor- und Nachteile, die diese Arbeitsweise nicht nur dem einzelnen, sondern auch den Unternehmen oder gar der Gesellschaft bringt. Befürworter schildern als positive Auswirkungen der Telearbeit eine höhere Motivation sowie eingesparte Kilometer und Kosten. Doch genauso gibt es Berechnungen, aus denen sich durchaus höhere Ausgaben für Technik und Telefongebühren ablesen lassen oder auch ein Mehraufwand etwa durch das Einschalten eines Kurierdienstes oder die sicher notwendige Organisation von regelmäßig abwesenden Mitarbeitern.
Außerdem: Eindeutige Berechnungen über Kosten und Nutzen von Telearbeit existieren nicht, sie sind auch nicht möglich. Denn die Vorteile, die sie Angestellten, aber auch Unternehmern bringt, lassen sich nur in beschränktem Maße in Zahlen ausdrücken. Bisher liegen deshalb lediglich Schätzungen und Aussagen über persönliche Erfahrungen oder Modellrechnungen vor, die jedoch nicht ohne weiteres zu verallgemeinern sind.
Eine aussagekräftige Kalkulation stammt von Karsten Gareis und Norbert Kordey, beide Mitarbeiter der Kölner Unternehmensberatung empirica. Sie haben für die Telearbeitsplätze eines Heimarbeiters, eines Sachbearbeiters sowie eines Facharbeiters eine Kosten-Nutzen-Analyse der notwendigen Investitionen gegen-

über den Einsparpotentialen und anderen finanziellen Vorteilen angefertigt. Wichtigstes Ergebnis: »Die klassischen Methoden der Wirtschaftlichkeitsanalyse sind wegen der fehlenden Berücksichtigung wesentlicher, qualitativer Nutzeneffekte daher nur bedingt geeignet, um die Wirtschaftlichkeit einer Einführung von Telearbeit zu beurteilen. Telearbeit ist eine ganzheitliche Reorganisationsmaßnahme, die weniger auf eine (kurzfristige) Gewinnmaximierung abzielt als auf die langfristige Aufwertung des Humankapitals, insbesondere über eine Erhöhung der Mitarbeitermotivation und der Flexibilität des Arbeitseinsatzes.«

Es bleibt festzustellen, daß sich die Einführung von Telearbeit erst nach einigen Jahren positiv in den Rechnungsbüchern bemerkbar macht. Zunächst muß schließlich in zusätzliche Technik investiert werden, und neue Kosten wie Mietpauschalen oder Gebühren entstehen. Die Höhe dieser Ausgaben hängt wiederum von den Arbeiten ab, die am Computer erledigt werden. Je spezifischer die Aufgaben, um so größer der Bedarf an speziellen Programmen.

Weil eindeutig kalkulierbare Sparpotentiale weitgehend fehlen, stehen Unternehmer der Telearbeit äußerst reserviert gegenüber. Noch immer ist die Auffassung weit verbreitet, daß diese Arbeitsform vor allem den Angestellten Nutzen bringt, nicht aber den Unternehmen. Ein möglicher Grund für die Mißachtung von Vorteilen, die sich zwar nicht eindeutig messen lassen, aber durchaus zu einer Verbesserung des wirtschaftlichen Ergebnisses führen, ist die deutliche Unterschätzung eines Mediums und dessen technischer Möglichkeiten.

Manager gehen nur selten mit dem Internet um, kennen sich kaum mit einem Computer aus und können diesen – weil sie das üblicherweise ihrem Sekretariat überlassen – auch häufig nicht bedienen. In einer Studie aus dem Jahr 1998 stellte die Beratungsgruppe für Ganzheitliches Management und Marketing, Denzel+Partner, fest, daß nur einer von 20 Managern das Internet selbst zur Informationsbeschaffung nutzte. Der Prozentsatz derjenigen Führungskräfte, die ihren Computer selbst bedienen, lag nicht viel höher.

Eine weitere Studie von IBM und dem Institut TechConsult aus Kassel wies Anfang 1999 außerdem darauf hin, daß 70 Prozent der mittelständischen Unternehmen, die nicht mehr als 500 Mitarbeiter beschäftigen, sich weigern, das Internet zu nutzen. Sie wollen in das weltweite Datennetz weder für Werbezwecke einsteigen noch sich mit Lieferanten und Partnern vernetzen oder gar ihre Logistik via Intranet verbessern. Telearbeit? – Daran dürfte in diesen Unternehmen ebenfalls kein Gedanke verschwendet werden.

Höher als die Hürde in den Köpfen der Manager ist allerdings die noch immer weit verbreitete Mißachtung des wichtigsten Faktors von Arbeit und Wirtschaft: *Human Capital*, das Kapital, das in der menschlichen Arbeitskraft liegt. Der unschätzbare Wert von guten, motivierten, loyalen Arbeitskräften findet in den Bilanzen von (deutschen) Unternehmen noch viel zu wenig Berücksichtigung. Infolgedessen wird nur selten in die Weiterentwicklung und Ausbildung von Mitarbeitern sowie Angestellten investiert; und folglich hat niemand Interesse daran, eine Arbeitsform einzurichten, die angeblich nur den Beschäftigten Vorteile bringt. Die wichtigsten Vorzüge von Telearbeit liegen jedoch im zwischenmenschlichen Bereich, in der Beziehung zur Arbeit und in einer erhöhten Motivation. Statt von diesen lassen sich Unternehmer eher von den Argumenten überzeugen, die Telearbeit auch als Möglichkeit zur Auslagerung von Arbeitsplätzen (*Outsourcing*) betrachten. Denn diese Maßnahme ist mit handfesten Kostenvorteilen verbunden.

Trotz der Gefahr, den festen Arbeitsplatz zu verlieren, und des Risikos, als freier Mitarbeiter in eine nur scheinbare Selbständigkeit entlassen zu werden: Die Telearbeiter beurteilen ihre eigenen Erfahrungen als positiv. Neben Vorteilen, die sich für sie persönlich ergeben, kommen auch solche hinzu, die die Unternehmer aufhorchen lassen: z. B. sinkende Fehlzeiten, höhere Konzentration und damit verbunden eine höhere Produktivität.

Es hängt allerdings in hohem Maße von der persönlichen Einstellung und den Vorbedingungen des einzelnen ab, wie seine Sicht zu diesem Thema ausfällt. Inzwischen besteht überall Ein-

helligkeit darüber, daß keiner zur Telearbeit gezwungen werden darf. Dies ist auch im geltenden Arbeitsrecht festgelegt.
Ebenfalls hat sich die Einsicht durchgesetzt, daß die Einführung von Telearbeit eine langfristige Herausforderung für ein Unternehmen ist. Sie sollte gründlich organisiert, von internen Projektgruppen begleitet und erst nach einer Vorbereitungsphase praktiziert werden. Auf diese Weise lassen sich sowohl bei Arbeitgebern als auch bei Arbeitnehmern Unsicherheiten ausschalten und Vertrauen aufbauen: Und das ist die wichtigste Voraussetzung für die neuen Beziehungen, die sich durch Telearbeit entwickeln. Darüber hinaus schützt eine solche Vorgehensweise vor Fehlinvestitionen und falschen Einschätzungen.

3.1 Argumente für Telearbeit

Die Telearbeiter Karin Braun und Jens Hiller genießen vor allem ihre Zeitsouveränität, die sie am Arbeitsplatz zu Hause gefunden haben. Zwar erfüllen die beiden dort wie vorher im Büro auch durchaus ein Tagespensum von acht bis zehn Stunden – nur sind sie nun in der Lage zu bestimmen, wann sie ihre Aufgaben erledigen. Das schafft Freiräume im Tagesablauf. So können sie etwa abends, wenn die Kinder schlafen, frühmorgens oder auch nachts, nach längeren Pausen oder ohne Unterbrechung arbeiten.
Das ist im Regelfall nicht ohne weiteres möglich: Wer seine Aufgaben im Büro löst, steht unter Rechtfertigungsdruck, wenn er einmal später als gewohnt an seinem Arbeitsplatz erscheint, und es wird selten bemerkt, wenn er dafür abends länger bleibt. Längere Pausen sind meist nur bei liberalen Arbeitgebern erlaubt. Kein Wunder also, wenn unterschiedliche Befragungen übereinstimmend ergaben, daß Telearbeiter es besonders schätzen, von solchen Zwängen weitgehend befreit zu sein. Sie können ihre Arbeitszeit selbst gestalten und dem eigenen Rhythmus anpassen. Zumindest bei der alternierenden Telearbeit werden allerdings mit Kollegen und Vorgesetzten Kernzeiten vereinbart, zu denen Telearbeiter am Schreibtisch erreichbar sind.

Karin Braun nutzt beispielsweise den frühen Morgen für eine erste Arbeitssitzung. Ihre Kinder sind bereits aufgestanden und versorgt; sie beschäftigen sich während dieser Zeit selbst. Ein, zwei Stunden später bringt sie die Kleinen in die Krippe, oft geht sie dann gleich zum Einkaufen oder erledigt Behördengänge. Die Läden sind zu diesen Zeiten leerer, da die meisten Menschen sich bereits im Büro oder bei ihrem Arbeitgeber aufhalten. Mit einem Handy, auf das sie ihren Anschluß zu Hause in dieser Zeit umstellt, bleibt sie dennoch für Kunden und Kollegen erreichbar.
Danach folgen eine weitere Arbeitssitzung, die längere Mittagspause, und ab 14 Uhr sitzt die Produktmanagerin wieder konzentriert am Schreibtisch. Ab 16 Uhr widmet sie sich ihren Kindern, bis diese schlafen gehen. Nach der Gute-Nacht-Geschichte beschäftigt sie sich erneut mit ihren beruflichen Aufgaben. Wie sie selbst sagt, hat sie durch Telearbeit letztendlich nicht viel mehr Zeit für ihre Kinder gewonnen, doch kann sie die wenigen gemeinsamen Stunden intensiver und gelöster nutzen.
Das ist einer der weiteren Pluspunkte der Telearbeit: Der eigenständige Umgang mit Zeit ermöglicht es, Beruf und Familie zu vereinbaren. Durch die Verlagerung der beruflichen Tätigkeit nach Hause bleibt die finanzielle Situation einer Familie unverändert oder verbessert sich sogar unter Umständen. Auch die Gefahr, den Anschluß im Beruf zu verlieren, verringert sich. Schließlich reduzieren sich auch die Fahrtkosten, da die Strecke zum Unternehmen seltener zurückgelegt wird.
Es erstaunt also nicht, wenn sich – nicht nur, aber besonders häufig – Frauen für Telearbeit und die daraus resultierenden Chancen für die Familie entscheiden. Der Arbeitstag kann auf diese Weise besser den oft kritisierten und unflexiblen Öffnungszeiten von Kindergärten und Horten angepaßt werden. Die altbekannten Gewissensnöte, in Streßzeiten entweder die Kollegen im Stich zu lassen oder aber die Kinder zu vernachlässigen, reduzieren sich zumindest.
Ein Wiedereinstieg in den Berufsalltag schon kurz nach der Geburt wäre auch möglich, da man bei der Telearbeit Stillzeiten einplanen kann. Ältere Kinder, die nicht mehr permanent beaufsich-

tigt werden müssen und schon selbständiger sind, finden ihren Ansprechpartner an den meisten Tagen, wenn sie nach Hause kommen, vor und lernen schnell, nur im Notfall zu stören. Arbeitet ein Paar im Wechsel zu Hause und im Unternehmen, können sie ihre Bürotage abstimmen. So ist immer ein Elternteil daheim, wenn die älteren Kinder aus der Schule kommen. Die (teilweise) Verlagerung der beruflichen Tätigkeiten nach Hause entlastet auch, wenn ein Familienmitglied gepflegt werden muß.
Die Familienfreundlichkeit von Telearbeit ist auch ein Resultat des verringerten Aufwands für Fahrten zur Arbeitsstätte – woraus sich erstens ein Zeit- und zweitens ein Kostenvorteil ergibt. Das belegt folgende Rechnung: Durchschnittlich müssen Berufspendler rund 20 Kilometer zu ihrer Arbeit zurücklegen. Mit dem Auto sind sie – je nach Strecke und Region – zwischen einer Dreiviertel- und einer ganzen Stunde unterwegs. An jedem Tag, an dem sie nicht ins Büro fahren, sparen Telearbeiter folglich bis zu zwei Stunden Zeit, die sie entweder ihrem Beruf oder aber ihrer Familie widmen können.
Veranschlagt man zudem jeden gefahrenen Kilometer mit 70 Pfennig für Kraftstoff und Abnutzung des Fahrzeugs, spart der Telearbeiter pro Arbeitstag, den er zu Hause verbringt, 28 Mark an Fahrtkosten. Hält er sich zwei Tage im Betrieb und drei Tage zu Hause auf, ergeben sich am Monatsende 320 Mark, die er normalerweise für das Pendeln zum Büro ausgegeben hätte.
Mobile Telearbeit hingegen führt zu einem direkt quantifizierbaren Zeitvorteil für die Mitarbeiter im Außendienst. Nach einer Studie des Zentralverbands Elektrotechnik- und Elektronikindustrie e. V. (ZVEI) sparen diese im kaufmännischen und technischen Bereich pro Arbeitstag zwischen einer und zwei Stunden an Fahrtzeit ein, weil sie von zu Hause aus auf direktem Weg zum Kunden fahren. Da eine Datenverbindung zum Unternehmen besteht, müssen sie sich außerdem nicht mehr jeden Tag beim Arbeitgeber einfinden. Auch hier wird ein Kosten- und Zeitvorteil von Telearbeit sichtbar.
Telearbeit schafft also in mehrerer Hinsicht Freiräume. Dies hängt eng mit dem höheren Maß an Eigenverantwortung des ein-

zelnen zusammen. Aufgaben und Aufträge – auch das eine Folge regelmäßiger Abwesenheit – müssen als längerfristige Projekte und nicht wie gewohnt als eine Folge von Anforderungen definiert werden. Das bedeutet, daß die Mitarbeiter nicht mehr einzelne Vorgaben ihrer Vorgesetzten erledigen, sondern innerhalb klar definierter Zeitrahmen und Problemfelder bzw. Aufgabengebiete arbeiten.

Das bedeutet zunächst sicher eine Umstellung für alle Beteiligten. Der Telearbeiter muß beispielsweise auf den Small talk mit den Kollegen auf dem Flur verzichten, aber auch auf die dabei möglichen Absprachen oder Nachfragen. Wer zu Hause, fern von den Kollegen, arbeitet, muß bei Problemen erst einmal selbst klarkommen, wird andererseits aber auch nicht durch die Fragerei anderer unterbrochen.

Was sich zunächst anhört wie ein Nachteil, entwickelt sich bei genauerer Betrachtung schnell zum Vorteil. Denn: »Die größere Selbstbestimmung des Mitarbeiters in der Telearbeit stärkt dessen Autonomie und Verantwortlichkeit«, stellt das Bundesministerium für Arbeit in seinem Leitfaden zur Telearbeit von 1998 fest. »In vielen Telearbeitsprojekten war eine Erweiterung des Aufgabenbereichs, eine größere Arbeitszufriedenheit und Motivation zu beobachten.«

Telearbeiter beschäftigen sich zudem konzentrierter mit ihren Aufgaben und erledigen diese schneller. Wenn also Motivation und Eigenverantwortung steigen, kann der Unternehmer eine höhere Produktivität seiner Angestellten einkalkulieren. Der Computerhersteller IBM stellte bei seinen Telearbeitern eine Steigerung von zwölf bis 20 Prozent fest. Dieses Ergebnis wird auch beispielsweise durch Erfahrungen des Fraunhofer-Instituts für Arbeitswirtschaft und Organisation in Stuttgart gestützt. 60 bis 80 Prozent der Mitarbeiter gaben an, effektiver und produktiver zu arbeiten.

Walter Zorn, der Beauftrage für Telearbeit bei IBM Deutschland, begründet das so: »Die höhere Produktivität geht einmal darauf zurück, daß zu Hause ungestörter und konzentrierter gearbeitet wird als im Unternehmensbüro. Daneben führt die Selbststeuerung der Mitarbeiter dazu, daß sie in der Zeit arbeiten, in der ihre Arbeitsmotivation am größten ist. (...) Weitere Produktivitätsgewinne gibt es durch den Abbau unproduktiver Kontakte, durch die Reduzierung von Meetings und einen Rückgang von ad-hoc-Aufträgen durch Vorgesetzte.«

Nicht zuletzt fördert Telearbeit die Produktivität, da sie zu einer Verminderung von Fehlzeiten führt. Darauf machen die beiden Unternehmensberater Karsten Gareis und Norbert Kordey in ihrer bereits erwähnten Kosten-Nutzen-Analyse aufmerksam. Im Durchschnitt – so die Erfahrung aus mehreren Projekten – fehlen Telearbeiter zwei Tage weniger im Jahr als ihre Kollegen. Sie arbeiten – was allerdings medizinisch wie arbeitsrechtlich durchaus kritisch zu bewerten ist – auch, wenn sie an leichteren Erkrankungen leiden.

Ein Mitarbeiter, der sich das Bein gebrochen hat, fällt normalerweise im Unternehmen aus, weil er dies nur schwer erreichen kann. Bei Telearbeitern sieht das ganz anders aus. Der Heimarbeitsplatz bleibt trotz Handicap für ihn erreichbar. Ebenfalls verringern sich solche Fehlzeiten, die sich durch schlechte Wetter- und Straßenverhältnisse, durch Staus oder Streiks und Unpünktlichkeit öffentlicher Verkehrsmittel ergeben.

Nicht zuletzt steigt mit der Motivation von Angestellten auch deren Loyalität zum Arbeitgeber. Und zufriedene Mitarbeiter kündigen seltener. »Viele Arbeitnehmer betrachten die Telearbeit als Privileg, welches den persönlichen Nutzen aus einem Anstellungsverhältnis erhöht«, schreiben Karsten Gareis und Norbert Kordey. »Daraus ergibt sich, daß Unternehmen, die Telearbeit anbieten, sich in einer besseren Position befinden, um knappe Arbeitskräfte zu halten bzw. auf dem Arbeitsmarkt akquirieren zu können.«

Konkret heißt das: Durch das Angebot moderner Arbeitsweisen erhöhen Unternehmen ihre Attraktivität für hochqualifizierte Facharbeiter, die seltener auf dem Stellenmarkt zu finden sind. Auf Dauer hilft ihnen das beim Sparen, da die Rekrutierungskosten sinken. Die Suche und Einarbeitung neuer Mitarbeiter verursacht – qualifizierte Aufgaben vorausgesetzt – nach Schätzun-

gen des Managers und Unternehmensberaters Detlef Johanning pro Stelle Kosten von weit über 100 000 Mark.
Dieses Sparpotential veranschaulichen auch die folgenden Angaben: Die Württembergische Versicherung veranschlagt die Kosten für die Ausbildung von Versicherungskaufleuten auf rund 150 000 Mark pro Person. Diese Ausgaben zahlen sich nur aus, wenn die teuren Lehrlinge möglichst lange auch als Angestellte erhalten bleiben. Hinzu kommt, daß mit Telearbeit beispielsweise Frauen trotz Schwangerschaft und Kindererziehung an ein Unternehmen gebunden werden können.
Für die Rekrutierung von neuen, hochqualifizierten Mitarbeitern im mittleren Management und deren Einarbeitung gibt die Versicherung weitere Kosten in Höhe von 80 000 Mark pro offener Stelle an. Daraus ist umgekehrt zu schließen: Jeder Mitarbeiter, der bleibt und für dessen Stelle kein neuer gesucht werden muß, erspart dem Unternehmen hohe Ausgaben. Die Investitionen in einen attraktiveren Arbeitsplatz zahlen sich also aus.
Noch offensichtlicher sind die Kostenvorteile im technischen Bereich: Zwar müssen zunächst zusätzliche Arbeitsplätze eingerichtet und ausgerüstet werden. Doch stehen diesen Neuinvestitionen in Computer, Programme, Anschlüsse und den Pauschalen, die Telearbeitern für Telefongebühren und als Mietzuschuß gewährt werden, auch Einsparungen gegenüber: So entfallen Sozialleistungen wie Fahrtkosten- oder Essenszuschüsse ganz oder teilweise. Wird ein Telearbeitsplatz permanent zu Hause genutzt, ist außerdem Büroraum im Unternehmen frei.
Bei alternierender und mobiler Telearbeit reduziert sich der Raumbedarf im Unternehmen langfristig: Zum einen werden auf Dauer weniger Parkmöglichkeiten benötigt, da nicht mehr alle Angestellten anfahren müssen. Zum anderen bleibt der Bedarf an Büroraum konstant oder reduziert sich sogar, obwohl die Zahl der Mitarbeiter wächst.
Das wird dann möglich, wenn sich mehrere Telearbeiter einen Schreibtisch in der Firma teilen (*Desk Sharing*), oder wenn, wie eingangs beschrieben, die festen Arbeitsplätze aufgelöst werden und Mitarbeiter am Betriebsempfang einchecken, um für einen

oder wenige Tage in der Firma zu arbeiten. *Touch Down Office* heißt diese Strategie, die für jeden Angestellten *just in time* einen Arbeitsplatz mit allen Materialien und Anschlüssen bereitstellt, die er benötigt.

Beide Vorgehensweisen, Touch Down Office und auch Desk Sharing, sind in Deutschland noch nicht sehr weit verbreitet. Hierzulande sei der Schreibtisch, meint nicht nur IBM-Telearbeitsspezialist Walter Zorn, »offenbar entscheidender Ausdruck der persönlichen Vertrautheit mit dem Arbeitsumfeld und von Arbeitskomfort, des Dazugehörens und wahrscheinlich auch Statussymbol für Büroarbeiter.« Entsprechend schwer fällt es allen Beteiligten, mit diesen Gewohnheiten zu brechen – zumal der aufgegebene Platz im Unternehmen auch die eigene Ersetzbarkeit vor Augen führt. Ein Umgewöhnungsprozeß, der jedoch mit der Zeit wie von selbst abläuft. Dies könnte zu einer Reduktion von Bürofläche führen, die die Rückkehr zu größeren Büroeinheiten fördert. Denn nur so ist es möglich, die Arbeitsplätze für die sporadisch zurückkehrenden Telearbeiter bereitzustellen.

Das zeigen jedenfalls die Erfahrungen in anderen Ländern – vor allem von großen Unternehmen in den Vereinigten Staaten oder in Skandinavien. Desk Sharing und Touch Down Office ist nur in großen Büros möglich, wo die Arbeitsplätze von mehreren Personen genutzt werden. Beim Computerhersteller IBM in den USA teilen sich zwischenzeitlich fünf Vertriebsmitarbeiter einen Schreibtisch. Genauer: Sie kommen nur noch einen Tag pro Woche zum Arbeitgeber. In Deutschland liegt das Verhältnis zwischen Schreibtisch bzw. Büro und Mitarbeiter bei eins zu zwei. Auf Dauer können sich Telearbeiter an ihren Arbeitsplatz zu Hause oder beim Kunden gewöhnen; sie halten sich dann immer seltener im Betrieb auf. So ist es möglich, mit weniger Fläche auszukommen. Durch eine gut organisierte Belegung der Zimmer können beträchtliche Miet- oder Zinskosten gespart werden.

Die sich daraus ergebenden Vorteile sind enorm: Verschiedene Untersuchungen – beispielsweise bei IBM in Deutschland und den USA oder bei Siemens in München – beweisen, daß nach der

Einführung von Telearbeit der Platzbedarf eines Unternehmens um bis zu 25 Prozent sinkt. Damit lassen sich die Ausgaben für Miete, Pacht oder Immobilien beträchtlich reduzieren. Ebenfalls lösen sich auf diese Weise jene Probleme, die mit dem Prestigewert eines Büros zusammenhängen: In einigen Firmen oder Unternehmen spiegelt sich der Status eines Mitarbeiters an der Zahl der Fenster in seinem Arbeitsraum wider. Solche Statussymbole werden durch Telearbeit allmählich unwirksam, da die Arbeitsräume den sporadisch anwesenden Mitarbeitern gleich welcher Hierarchiestufe nur noch abteilungsweise und in größeren Einheiten zur Verfügung stehen.
Noch eindrucksvoller sehen die Konsequenzen auf den Raumbedarf bei Andersen Consulting in Paris aus: Statt für jeden der 1150 Angestellten einen Arbeitsplatz bereitzuhalten, wurde die Zahl der Schreibtische Schritt für Schritt auf 600 gesenkt. Die ursprünglich benötigte Fläche von rund 10 000 Quadratmetern konnte um 9000 auf 1000 Quadratmeter reduziert werden.
Durch die so entstandenen Kostenvorteile konnte es sich die Beraterriege leisten, ihren Standort in einem Vorort von Paris aufzugeben und mitten in die Metropole an der Seine zu ziehen: dahin, wo die Mieten zwar sehr viel teurer, der Standort für Kunden wie für Angestellte aber auch attraktiver ist.
Außer den beschriebenen Kostenvorteilen hat Telearbeit für Unternehmen noch weitere Pluspunkte: Sie eröffnet Möglichkeiten, Aufgabenfelder auszulagern und an selbständige Dienstleistungsfirmen zu übergeben. So können sich Betriebe auf ihre eigentlichen Aufgaben konzentrieren.
Als eine weitere Folge von Telearbeit und den damit verbundenen neuen Aufgaben im Bereich des Gebäude-Managements haben einige Firmen die Pflege der Räume, die Koordination der Bürobelegung und die Erhaltung der Funktionstüchtigkeit von Geräten externen Firmen überlassen. Wie das Beispiel DER zeigt, kann auf diese Art auch die Reisekostenstelle oder sogar die Buchhaltung nach außen abgegeben werden. In diesem Fall überprüft der zuständige Controller lediglich die Arbeitsergebnisse der Fremdfirmen.

Besonders mobile Telearbeit ermöglicht zudem mehr Kundennähe und Serviceleistung: Mitarbeiter des Vertriebs oder des technischen Services lösen die entstandenen Probleme mit mobiler Technik direkt beim Kunden. Das schafft Vertrauen und bindet die Kunden an die Produkte sowie Dienstleistungen eines Unternehmens. Werden außerdem Vertragsabschlüsse, die das Vertriebsteam außerhalb der Firma aushandelt, direkt dorthin übertragen, verkürzt sich der Zeitraum bis zur Auslieferung und Ausführung. Zeitabläufe lassen sich also dank Telearbeit verkürzen und effizienter strukturieren. Das kommt auch den Unternehmen selbst zugute: Sie können Aufträge so eher fakturieren und berechnen.

Nicht zuletzt trägt Telearbeit dazu bei, Arbeitszeit flexibler zu gestalten – nicht nur aus Sicht der Telearbeiter. Für die Unternehmen ergibt sich der Vorteil, daß sie auch global und über Zeitgrenzen hinweg kooperieren können. Innerhalb der normalen Arbeitszeiten ist beispielsweise der Kontakt nach Asien oder Amerika nur schwer zu bewerkstelligen. Von Deutschland aus sind die Kontaktpersonen in Asien nur bis zehn Uhr morgens erreichbar, und in Amerika beginnt der Arbeitstag dann, wenn hierzulande der Zeiger schon auf drei Uhr nachmittags steht: Kompliziertere Fragen und Probleme lassen sich in diesen begrenzten Zeiträumen oft nicht ausreichend klären.

Telearbeiter, die ihre Arbeitszeit freier gestalten, können jedoch auch diese Zeitunterschiede in ihre Planung integrieren. Eine oder zwei Stunden Arbeit in den Abend oder den frühen Morgen hinein stellen kein Problem dar, wenn diese Zeit, z. B. am Mittag, ausgeglichen wird. Diese Flexibilität ist auch von Vorteil, wenn Telefonate aus Übersee erwartet werden oder wenn zwei Mitarbeiter eines Projekts an weit auseinander liegenden Orten sich auf direktem Wege über bestimmte Daten austauschen müssen. Anstatt in einem kalten, zunehmend dunkler werdenden Bürogebäude ausharren zu müssen, befinden sich Telearbeiter in ihrer privaten Umgebung. Sie genießen ihre Freizeit und bleiben trotzdem – wenn es sein muß – bei dringenden Anrufen ihrer Kollegen aus dem Ausland erreichbar.

Bei IBM hat das dazu geführt, daß sich die in Deutschland sitzenden, telearbeitenden Übersetzer von Handbüchern und Anleitungen den Vor- und Nachmittag freinehmen. Erst nach 20 Uhr treten sie mit ihren Kollegen, die in den Entwicklungslabors in den USA arbeiten, in den telefonischen oder elektronischen Dialog. »Anders«, meint Walter Zorn, der Telearbeitsbeauftragte des Computerherstellers, »ließen sich heute die Deadlines im Zusammenhang mit Produktankündigungen kaum mehr halten.«

Doch nicht nur Arbeitnehmer und Unternehmer profitieren von Telearbeit, auch gesellschaftlich gesehen wirkt sie positiv. Wenn die EU mit annähernd zwei Millionen Telearbeitern in Deutschland und zehn Millionen in ihren anderen Mitgliedsländern rechnet, so wird schnell ersichtlich: Hier besteht ein großer Bedarf an Technik, der noch nicht gestillt ist. Nach Schätzungen des Fachverbands Informationstechnik hat die gesamte Informations- und Kommunikationsbranche allein in Deutschland 1999 einen Umsatz von weit über 200 Milliarden Mark erzielt. Das ist soviel wie der bisher zweitgrößte Wirtschaftszweig, die Chemie, erwirtschaftete und nur etwas weniger, als in der Automobilbranche umgesetzt wurde.

Produktion, Verkauf und Wartung der notwendigen technischen Geräte sollen – das ist die Hoffnung – für mehr Beschäftigung und Stellen sorgen. Und nicht nur das: Die Organisation der abwesenden Telearbeiter wie auch die Services, die sich durch die neuen Möglichkeiten der digitalen Kommunikation ergeben, sollen neue Arbeitsplätze schaffen. Dazu zählen z. B. die Dienstleister, die für Unternehmen notwendige Daten und Informationen über Zielgruppen, Branchen oder neue Produkte im Netz suchen und aufbereiten. Besser noch als die Info-Broker, die mit Aktuellem aus aller Welt und aus allen Sparten handeln, verdeutlichen dies allerdings die Call Center, Telefonagenturen und -zentren, in denen gut ausgebildete Telefonisten oder Call-Center-Agenten nicht nur Produkte und Waren anpreisen oder darüber aufklären, sondern auch praktische Hilfe vor allem im technischen Bereich leisten.

Wie das Beispiel Retzstadt zeigt, vermindert Telearbeit außerdem die Konzentration von Arbeit in Ballungsgebieten. Beschäftigung läßt sich dank der Kommunikationstechnik in strukturschwache Gebiete verlagern. Die unterschiedlichen Ausprägungen von Telearbeit erschließen auch neue Betätigungsfelder innerhalb der Unternehmen: etwa den Telearbeitskoordinator, den Organisator für Intranet, Internet und innerbetriebliche Kommunikation, den Servicetechniker, der im Betrieb wie auch außerhalb die laufenden Geräte überprüft und wartet, aber auch Berater für Technik und Telefonausrüstung.
Die wohl positivste, aber derzeit leider noch stark unterschätzte Chance, die Telearbeit bietet, ist die Einbindung von Behinderten in Arbeitsprozesse: Computertechnik hilft, Handicaps auszugleichen. Die Verbindung zum Arbeit- oder Auftraggeber wird durch Telefonleitungen gesichert.
Nicht zuletzt – und damit schließt sich wieder der Kreis zu Jack Nilles und den ursprünglichen Zielen von Telearbeit – vermag diese Arbeitsform auch den Verkehr und damit die Natur zu entlasten. Schätzungen gehen davon aus, daß sich durch die Einrichtung von 800 000 Telearbeitsplätzen die Gesamtkilometerzahl, die mit Autos zurückgelegt wird, um insgesamt rund 3,2 Milliarden reduziert. Dies sind allerdings nur Mutmaßungen, die noch nicht belegt wurden.

Vorteile der Telearbeit auf einen Blick

Für den Telearbeiter	*Für die Unternehmer*	*Für die Gesellschaft*
– Familie und Beruf	– Produktivitätsplus	– Integration Behinderter
– Höhere Motivation	– Kostenminimierung	– Förderung strukturschwacher Regionen
– Zeitsouveränität	– Sinkende Fehlzeiten	– Verkehrsentlastung
– Konzentration	– Human Capital	– Attraktivität bei neuen Mitarbeitern
– Zeit- und Kostenersparnis	– Umweltentlastung	– Neue Berufe und Betätigungsfelder
	– Outsourcing	
	– Kundennähe, Service	
	– Internationalisierung	
	– Überwindung von Zeitunterschieden	

3.2 Argumente gegen Telearbeit

Telearbeiter wie Unternehmer sollten sich von den vielen Vorteilen allerdings auch nicht blenden lassen: Die Arbeitsweise der Zukunft zieht ebenso Nachteile nach sich – für alle Beteiligten. Die meisten davon lassen sich jedoch durch eine gute Organisation vermeiden oder zumindest minimieren.

Wer künftig telearbeiten will, sollte selbstkritisch überprüfen, ob diese Arbeitsweise für ihn überhaupt geeignet ist. Nicht, daß hier technische Fähigkeiten im Umgang mit Computern oder fachliche Kompetenz anzuzweifeln sind. Es sind eher pragmatische Überlegungen, die gegen Telearbeit sprechen könnten: Die wenigsten Angestellten verfügen zu Hause über ein eigenes Arbeitszimmer – eine Tatsache, vor der viele Befürworter und Förderer von Telearbeit die Augen verschließen.

Vor allem in Großstädten und Ballungsgebieten ist Wohnraum so teuer, daß das Geld für ein zusätzliches Arbeitszimmer oftmals nicht aufgebracht werden kann – geschweige denn, daß eine ausreichend große Wohnung überhaupt zu finden ist. Für Telearbeit sollte aber ein abgeschlossener Raum vorhanden sein, oder zumindest eine Nische, die nach Feierabend verdeckt werden kann oder aus dem Blickfeld rückt. Und dies aus mehreren Gründen: In einem für alle Bewohner zugänglichen Zimmer ist selbstverständlich kein ungestörtes, konzentriertes Arbeiten möglich. Zudem gehört die Ausrüstung des Arbeitsplatzes dem Unternehmen. Häufig machen diese jedoch aus Sicherheitsgründen zur Auflage, daß nur der Telearbeiter die entsprechenden Geräte benutzen darf. Stehen Computer, Drucker und Telefonanlage für alle zugänglich in der Wohnung, sind sie vor Mißbrauch oder kindlichem Leichtsinn nicht geschützt. Möglicherweise könnten auch interne Betriebsdaten verlorengehen oder beschädigt werden.

Doch noch wichtiger als die Sicherheit und Ungestörtheit ist die Psyche des Telearbeiters: Wer nach Feierabend keine Tür hinter sich schließen kann, wem seine Arbeit und das, was er vielleicht noch zu erledigen hat, immer wieder ins Blickfeld rückt, dem wird es nicht leichtfallen, sich zu entspannen und auf Freizeit umzuschalten. Die notwendige Trennung zwischen Berufs- und Privatleben findet dann nicht mehr statt, was auf Dauer zu Streß und Erschöpfung (Burn-Out-Syndrom), langfristig aber auch zu schweren persönlichen sowie familiären Problemen führen kann. Diese Gefahr ist schon allein deshalb höher, weil überhaupt zu Hause gearbeitet wird: »Durch die geringe räumliche Trennung zwischen heimischem Arbeitsplatz und dem familiären Geschehen kann die Gefahr der Selbstausbeutung bestehen«, stellt dementsprechend auch das Bundesministerium für Arbeit in seinem Leitfaden zur Telearbeit fest. »Auch die mentale Bewältigung der beruflichen Aufgaben kann stärker in das Privatleben eindringen.«

Neben den vorhandenen Räumlichkeiten bestimmt vor allem die Persönlichkeit, wer sich für Telearbeit eignet: Die wichtigste Voraussetzung besteht darin, daß alleine gearbeitet werden kann. Das ist nicht jedermanns Sache, wie auch das Bundesministerium für Arbeit feststellt: »Die Möglichkeit der sozialen Isolation von Mitarbeitern gehört zu den meistgenannten Befürchtungen bei der Einführung von Telearbeit. Dies betrifft nicht nur die aufgabenbezogene fachliche Kommunikation, sondern in erster Linie die persönlichen Kontakte und die soziale Kommunikation.«

Ausgesprochen gute Team- und Gruppenarbeiter kämpfen plötzlich mit sich selbst, wenn sie alleine zu Hause vor dem Computer sitzen. Sie vermissen die täglichen Auseinandersetzungen mit Kollegen: das persönliche Gespräch genauso wie den fachlichen Erfahrungsaustausch. Zudem gibt es dann niemanden, der die kleinen Erfolge kommentiert, würdigt oder lobt. Das ist für manche sicher nur ein Gewöhnungsprozeß, für andere aber auch nach längerer Zeit nicht zu ertragen. Hierbei handelt es sich um eine Typfrage, nicht um eine Bestimmung von Leistung oder Versagen.

Der Austausch von elektronischer Post oder Telefonate mit Kollegen und Freunden sind in dieser Situation nur selten ein befriedigender Ersatz für persönliche Kontakte. Unausgeglichenheit, aber auch Belastungen im Privatleben sind unweigerlich die Folgen, wenn jemand die Einsamkeit am häuslichen Arbeitsplatz nicht aushalten kann. Partner oder Freunde sehen sich oft genug außerstande, die Kommunikationsmängel eines Telearbeiters in dessen Freizeit auszugleichen.

Auf Dauer leidet dann aber auch die Motivation, die Konzentration und das Leistungsvermögen. Ohne Zweifel kann für gesellige Menschen Telearbeit die falsche Wahl sein – wenn diese tatsächlich größtenteils zu Hause stattfinden soll. Festzustellen bleibt, daß niemand zu dieser Arbeitsweise gezwungen werden kann.

Besonders prägt sich das Gefühl der Isolation bei Teleheimarbeit, aber auch bei alternierender Telearbeit aus, insbesondere dann, wenn zunehmend mehr Aufgaben eines Teams oder einer Abteilung von einzelnen zu Hause erledigt werden. Als Alternativen dazu kommen für Selbständige und Heimarbeiter Telezentren oder Nachbarschaftsbüros in Betracht. Eine weitere Möglichkeit, die hilft, das Gefühl der Isolation zumindest einzudämmen, bieten Stammtische oder regelmäßige Treffen und Besprechungen unter Kollegen.

Am einsamen, unkontrollierten Arbeitsplatz zu Hause offenbaren sich schnell weitere persönliche Probleme: z. B. mangelhafte Organisation und Selbstdisziplin. Wer sich von täglichen Kleinigkeiten wie Putzen, Einkaufen oder auch Reparaturen von den eigentlichen Aufgaben ablenken läßt, wird es schwer haben, diese in der gestellten Zeit zu erfüllen. Wer seine Arbeit zudem vor sich her schiebt und sie deshalb unter Zeitdruck erledigt, wird sicher nicht auf Dauer die gewohnte Qualität halten können.

Gefordert sind Selbst- und Zeitmanagement – zwei Themen, die in einem der folgenden Kapitel noch ausführlicher behandelt werden. Sie spielten bisher in Ausbildung und Lehre keine Rolle, gehören aber unbedingt zur Fortbildung und in Seminare für künftige Telearbeiter. Keinesfalls dürfen sie vor Einführung dieser Arbeitsform vernachlässigt werden.

Ein überlegt strukturierter und gut organisierter Arbeitstag zu Hause hilft auch dabei, die schon angesprochene Trennung zwischen Privatem und Beruflichem mit gutem Gewissen vollziehen

zu können. Auch für den Rest der Familie muß eindeutig ersichtlich sein, wann der Telearbeiter ungestört bleiben muß und wann er seine Arbeitszeit beendet hat.
»Ich ließ mich anfangs von meiner Frau und meinen Kindern ablenken«, gibt Jens Hiller offen zu. Beim Einkaufen helfen? Mitspielen? Das alles sollte kein Problem sein, schließlich war das Ziel des Journalisten ein Mehr an Familie, als er mit seinem Büro ins Haus zog. Es kam natürlich zu Konflikten. Er konnte seiner Familie nicht ständig zur Verfügung stehen und sich durch Fragen ablenken lassen, wollte er seine Aufgaben erfüllen und die Ergebnisse pünktlich abliefern.
Eine längere Aussprache, aber auch neue Regeln lösten die entstandenen Probleme und halfen, falsche Erwartungen aller Beteiligten zurechtzurücken. »Meine Kinder wissen heute, daß ich die Tür zu meinem Büro schließe, wenn ich nicht gestört werden will«, erzählt Jens Hiller. Mit seiner Frau, die stundenweise arbeitet, stimmt der Journalist jede Woche ab, wann sie zu Hause ist und die Kinder betreuen kann. Ist nur er daheim, steht seine Bürotür offen. Dann erledigt er Arbeiten, die nicht allzu viel Konzentration erfordern und notfalls eine Unterbrechung vertragen. Für den Fall, daß beide Elternteile beschäftigt sind, übernehmen entweder eine Nachbarin oder aber die Großeltern die Betreuung der Kinder.
Für sein Wohlergehen mußte auch Malcolm Stuart klare Abmachungen treffen. Der Kaufmann vertritt eine Londoner Handelsagentur in Stuttgart. Mehrmals in der Woche hält er sich bei Kunden auf. In der restlichen Zeit bearbeitet er Bestellungen und Buchungen am heimischen Schreibtisch.
Zu Beginn seiner Zeit in Deutschland nahm er das Telefon im Büro auch nach Feierabend ab, notierte dann noch Bestellungen oder klärte mit seinem Vorgesetzten offene Fragen, die sich während des Tages ergeben hatten. Dieser rief durchaus zu Zeiten an, wenn Stuart seine Arbeit für den Tag beendet hatte, um Auftragseingänge und Bestellungen zu besprechen. Eine unbefriedigende Situation – der Ärger über die permanenten Störungen auch nach Feierabend stieg an: »Ich hatte niemals richtig frei,

bekam meinen Kopf nicht leer und hatte ständig das Gefühl, wichtige Aufträge oder Telefonate mit London zu verpassen,« berichtet Malcolm Stuart.
Der Kaufmann setzte Grenzen: Er bestimmte feste Zeiten, zu denen er für seinen Chef zu sprechen ist. Außerdem beantragte er einen weiteren Telefonanschluß zur privaten Nutzung. Er traf mit der Londoner Firma die Abmachung, daß er nach 19 Uhr Bestellungen nicht mehr persönlich annimmt. Durch einen Anrufbeantworter erfuhren die Kunden die Bürozeiten von Stuart, also wann sie persönlich mit ihm sprechen konnten. Die Zahl der Anrufe nach 19 Uhr reduzierte sich schnell. Sobald Stuart abends seine Arbeit beendet hat, stellt er außerdem das Telefon leise. Das Klingeln stört ihn so nicht mehr.
Vereinbarungen treffen – das klingt einfach, ist es aber nicht immer. Vor allem dann nicht, wenn alternierend Telearbeitende angestellt sind und zudem noch – was immer wieder vorkommen kann – unter Erfolgsdruck stehen oder sich von den Erwartungen ihrer Vorgesetzten überfordert fühlen. In solchen Situationen möchte wohl kaum jemand über Arbeitszeiten sprechen. Er wird sie wie selbstverständlich verlängern, um den Ansprüchen gerecht zu werden – und er wird sich unweigerlich mit der Familie auseinandersetzen müssen: Überstunden in Abwesenheit sind leichter zu akzeptieren als eine längere Arbeitszeit zu Hause. Fällt es dem Telearbeiter zudem noch schwer, sich zu entspannen und abzuschalten – etwa weil er kein abgetrenntes Büro hat –, potenzieren sich diese Schwierigkeiten.
Doch auch wenn der Feierabend durch einen Wecker hörbar für alle eingeläutet und dadurch die Trennung zwischen Beruf und Privatem erreicht wird, tendieren Telearbeiter aus einem anderen Grund zur Selbstausbeutung: Erwiesenermaßen setzen sie sich auch dann an den Computer, wenn sie eigentlich krank geschrieben sind und sich erholen müßten. Sie halten die nötige Pause für die Rekonvaleszenz nicht ein, weil sie sich früher als der Arzt wieder arbeitsfähig einschätzen. Im schlimmsten Fall kann die fehlende Erholung und unzureichende Ausheilung zu chronischen Leiden, aber auch zu unnötigem Streß und Überforderung

führen. Gerade in Zeiten hoher Arbeitslosigkeit kommt es vor, daß eine solche Bereitschaft über Gebühr ausgenutzt wird. Die Folgekosten, die sich dann möglicherweise aus falsch verstandenem Pflichtbewußtsein ergeben, trägt dann allerdings nicht mehr der Arbeitgeber, sondern die Gemeinschaft.

Als problematisch für die Gesundheit von Telearbeitern wird auch gewertet, daß durch die Verlagerung von Arbeitsplätzen in die häusliche Umgebung Fragen von Sicherheit und Gesundheitsschutz oft genug vernachlässigt werden oder gar nicht einzuhalten sind. Ob die Einrichtung der Heimarbeitsplätze den geltenden Richtlinien entspricht und die Höchstarbeitszeiten nicht überschritten werden, ist von Arbeitgeberseite kaum zu überprüfen. Allerdings ist auch ungewiß, ob die Telearbeiter selbst, wenn sie sich unter Druck fühlen, in ausreichendem Maß auf ihre Gesundheit achten, also den Bildschirm frühzeitig ausschalten oder genügend Pausen einlegen.

Zudem sind die wenigsten Telearbeitsplätze nach ergonomischen Kriterien geplant, zumal wenn kein eigener Raum in der Wohnung zur Verfügung steht oder bei Ausrüstung und Einrichtung gespart wird. Bleibt beispielsweise für den Bildschirm nur wenig Platz in einer dunklen Ecke, kann bei der Installation weder der Lichteinfall berücksichtigt werden, noch ist die Forderung nach ausreichendem Freiraum zu erfüllen, der einen häufigen Wechsel von Sitzpositionen und Arbeitshaltungen ermöglicht. Als Folge treten Rücken- und Augenprobleme auf. Diese verstärken sich noch, wenn das Mobiliar – meist vom Telearbeiter selbst angeschafft – ausschließlich nach finanziellen oder optischen Kriterien ausgesucht wird.

Erschwert wird die Situation dadurch, daß zwar regelmäßige Kontrollen der heimischen Telearbeitsplätze durchaus erlaubt, aber relativ sinnlos sind. Aus rechtlichen Gründen müssen sie angekündigt werden. So ist es vorstellbar, daß ein Telearbeiter für den Erhalt seines Heimarbeitsplatzes diesen kurzfristig umgestaltet, um die gesundheitsschädigenden oder sicherheitswidrigen Umstände kurz vor der Prüfung zu beseitigen, sie hernach aber wieder herstellt.

Auch wenn es zwischenzeitlich erste Tarifverträge für Telearbeit gibt, ist die rechtliche Lage nicht einheitlich und zudem nicht immer zum Vorteil der Arbeitnehmer geregelt. Dieser Aspekt sollte durchaus kritisch betrachtet werden, denn den Angestellten, die oft oder immer zu Hause oder auswärts arbeiten, fehlt es an Gelegenheiten, sich über ihre gemeinsamen Ziele und Rechte auszutauschen und zu informieren. Zumal es in der Vergangenheit schon vorgekommen ist, daß dem Betriebsrat ein Anschluß ans betriebsinterne Datennetz verweigert wurde, er also kaum die Möglichkeit hatte, mit den telearbeitenden Kollegen schnell und unkompliziert in Kontakt zu treten. Gerade Computerfirmen, die sich ansonsten ihres offen-liberalen Umgangs mit Arbeitskräften rühmen, fallen in dieser Beziehung negativ auf. Viele von ihnen würden am liebsten ganz auf einen Betriebsrat verzichten oder schränken dessen Arbeit unzulässig ein. Dies ist keine gute Voraussetzung für zufriedenstellende Telearbeit, denn gerade diese Firmen beraten die anderen Unternehmen bei der Einführung der neuen Arbeitsform. Gewerkschaften befürchten nicht zu Unrecht, daß Telearbeit die Interessenvertretung von Arbeitern und Angestellten schwächt und im Streitfall die Solidarität verhindert. Fehlende Organisationsmöglichkeiten untergraben die Sicherheit von Arbeitsverhältnissen. Dies kann auf Dauer zu stärkerem Druck und zu sozialen Spannungen führen.
Bei der Einführung von Telearbeit ist auf klare, einheitliche Betriebsvereinbarungen zu achten, die einerseits die Rückkehr an den gewohnten Arbeitsplatz ermöglichen, andererseits aber auch den rechtlichen Status des Telearbeiters klären sollten. Die Einführung von alternierender oder mobiler Telearbeit darf jedenfalls keine Veränderung des Beschäftigungsverhältnisses nach sich ziehen, wenn der Angestellte dies nicht will.

Ein solches Risiko besteht trotzdem: Schließlich wird Telearbeit aus Unternehmersicht auch deshalb gelobt, weil durch sie erkennbar wird, welche Arbeitsbereiche aus einem Unternehmen ausgelagert werden können. Infolgedessen besteht die Möglichkeit, daß sich die betrieblichen Strukturen auflösen, Kündigungen ausgesprochen oder in die Selbständigkeit entlassen werden.

Diese üben ihre Tätigkeiten dann wie gewohnt aus, aber nun auf eigenes Risiko, ohne soziale Absicherung und Verpflichtungen von seiten des Arbeitgebers.
Gegen diese Scheinselbständigkeit schützen einheitliche Vereinbarungen, die – im optimalen Fall – gemeinsam mit dem Betriebsrat erstellt werden. In ihnen muß auch festgelegt sein, wie alternierend oder mobil Telearbeitende Karrieremöglichkeiten nutzen und Fortbildungsmaßnahmen wahrnehmen können. Hier zeigt sich ein weiterer Nachteil, der sich aus der häufigen oder stetigen Abwesenheit eines Telearbeiters ergibt: In Gesprächen zwischen Kollegen werden oft genug Aufstiegschancen in anderen Abteilungen und innerhalb des Unternehmens erwähnt. Telearbeiter sind jedoch von dieser Art der Kommunikation weitgehend ausgeschlossen, und sie werden möglicherweise bei der Suche nach Nachfolgern nicht beachtet, weil sie sich nicht ständig in der Firma aufhalten.
Diese Probleme verstärken sich noch, wenn ein traditionell-konservativer Führungsstil aufrechterhalten wird. »Aus den Augen, aus dem Sinn« ist eine weit verbreitete Einstellung bei Managern und Führungskräften, die tatsächlich zu einer Verschlechterung der Aufstiegsmöglichkeiten führt. Konservative Vorgesetzte beurteilen einen Mitarbeiter anhand seiner Anwesenheit und der für sie sichtbaren Leistungsbereitschaft. Wer zu Hause arbeitet, hat dabei selbstverständlich schlechte Aussichten.
Telearbeit verlangt daher auch eine grundlegende Veränderung der Führungskultur: Althergebrachtes »Kommando-Management« mit Anwesenheitskontrolle muß sich zur ergebnisorientierten, vertrauensvollen Zusammenarbeit zwischen Angestellten und Vorgesetzten wandeln. Statt einzelne Aufgaben nacheinander zu lösen, sind umfassende Projekte zu realisieren. Das *Management by Objectives*, die Organisation anhand von Ergebnissen und Zielen, setzt wiederum den gleichberechtigten Umgang mit Informationen und einen neuartigen Führungsstil voraus.
Von diesem sind die meisten Manager jedoch noch weit entfernt. Hinzu kommt ihre Befürchtung, daß sie nach Einführung der Telearbeit überflüssig werden. Tatsächlich sind insbesondere Po-

sitionen im mittleren Management gefährdet, wenn Mitarbeiter und Vorgesetzte direkt via Telefon oder E-Mail Kontakt aufnehmen können. Entsprechend ausgeprägt ist hier auch die Abneigung gegen Telearbeit. »Wir haben eine fantastische technische Infrastruktur für Telearbeit, selbst die Gewerkschaften haben schon vor langem angefangen, umzudenken«, meint der Unternehmensberater Gilbert Anderer, der die Einführung von Telearbeit bei der Tübinger Beratungsfirma Integrata – ebenfalls ein Wegbereiter für die neue Arbeitsform – und vielen von deren Kunden begleitet hat. »Das mittlere Management ist in vielem ein Widerstand, wenn es um Innovationen und Umstrukturierung im Betrieb geht. In vielen Fällen, die ich mitbekommen habe, geht Telearbeit von der Personalabteilung aus. Es werden Vereinbarungen getroffen, alle sind es zufrieden, aber beim mittleren Management kommt die Hemmschwelle. Dann werden Investitionen vorgeschoben, die Kosten von Umstrukturierungen und anderes mehr.«

Auch Karsten Gareis von empirica hat im Management der Unternehmen eine ausgesprochene »Lähmschicht« gegen Telearbeit ausgemacht. Die fehlende Bereitschaft des Managements, umzudenken, wird in vielen Erfahrungsberichten und Forschungsprojekten als die größte Hürde bei der Verbreitung von Telearbeit angesehen. Zudem bewerten gerade Führungskräfte die mangelnde Kontrolle der Mitarbeiter als größten Nachteil der neuen Arbeitsform, denn dies bedeutet für sie einen Machtverlust, zu dem sie noch nicht bereit sind. Auch das wirft ein Licht auf den Zustand unserer Unternehmen und der Wirtschaft.

Gefragt ist in Zukunft nicht nur der selbständige, eigenverantwortliche Telearbeiter, sondern auch der Manager, der seine Aufgaben als Koordination und Organisation eines Teams definiert. Als Vorbild dient die Vorgehensweise, die ein Trainer bzw. Coach einschlägt. Daraus ergeben sich neue Anforderungen und Betätigungsfelder für die Führungskräfte. Sie sollen Teams und Gruppen aufbauen, das menschliche Kapital eines Unternehmens entwickeln und ihren Kollegen als Vertrauensperson zur Verfügung stehen.

Doch diese Haltung und die dazu notwendigen persönlichen Eigenschaften sind den meisten Führungskräften noch fremd – wo sollten sie auch neue Modelle kennenlernen, wenn die Ausbildung von Betriebswirtschaftlern an den Universitäten noch immer nach konservativen Lehrbüchern und mit dem Ziel, Kontrolle aufrechtzuerhalten, gestaltet wird, was sich längst überholt hat?
Mit oder ohne neue Manager – das Fehlen spontaner, persönlicher Gespräche zwischen den Telearbeitern eines Teams wird allerdings nicht nur in Sachen Karriere und Aufstiegschancen zum Problem. Mangelt es an Austausch zwischen den Kollegen, kommt es unweigerlich zu Anpassungs- und Abstimmungsschwierigkeiten bei der Arbeit. Dann richtet sich der einzelne nach seinen Zielvorgaben und bekommt möglicherweise nicht mit, wenn an anderer Stelle Fragen auftauchen, die zu einer Umorganisation des Projekts führen könnten. Eine kurzfristige Abstimmung ist nur bedingt möglich. Eine Tatsache, die auch Walter Zorn von IBM als kritisch einstuft. Er merkte in einem Vortrag im Sommer 1998 an: »Telearbeiter gehen mit ihrer Zeit sehr viel bewußter und damit produktiver um als Mitarbeiter, die ohnehin ›vor Ort‹ sind. Gleichzeitig nimmt allerdings die Zeit für informelle Kontakte mit Kollegen ab und damit auch die Möglichkeit, informell und ungesteuert Informationen zu erhalten. Ob das bisher immer produktiv war, ist eine andere Frage. Individuell muß hier ein Optimum gefunden werden.«
Regelmäßig stattfindende Besprechungen, aber auch elektronische Rundbriefe können diese Kommunikationsprobleme ausgleichen und eine bessere Abstimmung ermöglichen. Wiederum zeigt sich erneut deutlich, daß Telearbeit, vor allem die mobile und alternierende, die innerhalb von Unternehmen geleistet wird, von Führungskräften wie Angestellten einen Umgewöhnungsprozeß erfordert: mehr Offenheit, mehr Vertrauen und auch mehr Verantwortung sind nötig.
Auch aus gesellschaftlicher Sicht bringt die Verbreitung von Telearbeit nicht nur Vorteile. Das Risiko, daß mit Hilfe von Telefonleitungen sowie Computerverbindungen Arbeitsplätze ver-

stärkt ins Ausland verlagert werden, ist hoch. Umgesetzt wurde dies bereits vor allem in Asien, aber auch in Afrika, wo sich neue Standorte für ehrgeizige Wissenschaft und Forschung entwickelt haben. Die im indischen Bangalore und Hyderābād ansässigen Forscher und Programmierer sind zwischenzeitlich auch zu Auftragnehmern von DaimlerChrysler, Siemens, Bosch und anderen deutschen oder europäischen Unternehmen geworden. Für sie spricht vor allem, daß sie ihre Arbeit preiswerter anbieten. Aus ähnlichen Gründen wird die Grundlagenforschung der Pharmafirmen, Elektronikkonzerne oder Flug- und Raumfahrtunternehmen in andere Länder – nach Großbritannien etwa, in die Vereinigten Staaten oder nach Ägypten – verlagert.
Nach der Abgabe unqualifizierter Produktionsarbeiten an andere Standorte beginnt mit Hilfe von Telefonkabeln und Computertechnik nun auch der Export hochqualifizierter Aufgaben. Was unter anderem Indien den Anschluß an qualifizierte Tätigkeiten und Weiterentwicklung ermöglicht, dünnt allerdings auf Dauer die Chancen für junge Wissenschaftler und Spezialisten in den westlichen Industrieländern aus. Langfristig besteht die Gefahr, daß so Wissen und Erfahrungen nicht mehr angewendet werden und infolgedessen verlorengehen. Eine Entwicklung, die sich keine Gesellschaft leisten darf.
Durch die Verlagerung von Arbeit – sowohl qualifizierter Aufgaben als auch unqualifizierter – in Länder und Regionen mit niedrigem Lohnniveau werden Schritt für Schritt auch die Ausgaben für Arbeitskraft gesenkt. Die neuen Kommunikationstechniken ermöglichen also nicht nur den Unternehmen, weltweit zu agieren, sondern sie erfordern auch die globale Interessenvertretung von Angestellten, Arbeitern, Arbeitslosen, wenn alle gleichermaßen an den Fortschritten bei der Arbeit und den Chancen partizipieren sollen.
Völlig ungeregelt ist außerdem, welche arbeitsrechtlichen Bestimmungen internationalen Kooperationen zugrunde liegen. Entläßt ein deutsches Unternehmen beispielsweise seine Mitarbeiter in Irland oder Großbritannien – welche Schutzbestimmungen gelten dann, die deutschen oder die britischen? Oder ist

in diesem Fall der deutsche Betriebsrat Ansprechpartner für die Arbeitskräfte?

Zwar kann Telearbeit zu mehr Beschäftigung führen, sie wird – und das ist ebenfalls schon abzusehen – aber auch zu einer Auflösung der gängigen Arbeitsbeziehungen führen. Weil sich viele Aufgaben mit Hilfe von Telefon, Mobilfunk und Internet an externen Stellen lösen lassen, gehen immer mehr Unternehmen dazu über, ihre Belegschaft zu reduzieren. Vor allem in der Medienbranche, aber auch in anderen Wirtschaftsbereichen wird es zunehmend schwerer, einen festen Arbeitsvertrag zu bekommen. Der Selbständige, der für unterschiedliche Auftraggeber arbeitet, ist zunehmend die Regel – mit allen sozialen Nachteilen, die sich für eine Gesellschaft daraus ergeben. Die neuen Formen der Selbständigkeit setzen jedoch das deutsche Sozialsystem, vor allem die Rentenversicherung, unter Druck. Die Zahl der gesetzlich Versicherten sinkt, während immer mehr Arbeitnehmer sich privat versichern. Das wäre nicht unbedingt ein Nachteil, wenn unser Sozialsystem nicht auf dem Generationenvertrag und auf dem Solidarprinzip basieren würde. Dieses funktioniert so, daß die Gruppe der selten kranken Angestellten die wenigen, die häufiger nicht arbeiten können, unterstützt; auch die Arbeitslosen erhalten ihr Geld aus den Beiträgen, die von relativ vielen Beschäftigten eingezahlt wurden. Doch die neuen Arbeitsformen wie Telekooperationen, bei denen die Unternehmer Mitarbeiter häufig nur kurzfristig hinzuziehen, weichen dieses System allmählich auf. Die Zahl derer, die durch ihre Beiträge das Funktionieren garantieren, sinkt. Ein Ersatz bzw. eine neue Perspektive konnte bisher nicht gefunden werden. Ganz im Gegenteil: Die Diskussion, wie unser Sozialsystem sich in Zukunft gemeinsam mit den Arbeitsstrukturen wandeln kann, wird viel zu selten geführt.

Und bei näherer Betrachtung sieht auch die Ökobilanz von Telearbeit nicht so positiv aus, wie es oft dargestellt wird. Das Öko-Institut e. V. in Freiburg hat die Folgen des Einsatzes von Telekommunikation und Computer etwas genauer untersucht. Es stellte fest: »Telekommunikation führt zu einer Internationalisierung, Vernetzung und Beschleunigung der Märkte und damit zwangsläufig zu einer Umweltbelastung und steigendem Verkehr.«

Die Begründung liegt nahe, und die Entwicklung ist nur allzu menschlich: Mit den Möglichkeiten, die die Technik bietet, steigen die Ansprüche – und damit beispielsweise auch die Entfernungen vom Einsatz- und Arbeitsplatz. Auch wenn man sich nur selten trifft, irgendwann werden auch freie Mitarbeiter zu ihren Auftraggebern fahren, um ihre Beziehungen zu klären und zu vertiefen. Das führt dann zu der konstatierten Zunahme des Verkehrs auf Straßen oder in der Luft.

Verkehrsentlastungen können sich daher nur ergeben – das gestehen auch die Befürworter von Telearbeit ein –, wenn günstige Bedingungen geschaffen werden und eine gezielte Gestaltung der Telearbeit vorgenommen wird. Dies bedeutet, daß ein positiver Effekt in ökologischer Hinsicht nur erreicht wird, wenn Unternehmen und Mitarbeiter die notwendigen Fahrten eines Telearbeiters zum Betrieb wirklich planen. Alternierend Telearbeitende können nur schwerlich Fahrgemeinschaften bilden; zudem werden sie den Öffentlichen Nahverkehr nur selten für ihre unregelmäßigen Fahrten zum Unternehmen benutzen, also keine Monatsfahrkarten kaufen und vermutlich auch keine Unterstützung hierfür bekommen. Beginnen Unternehmer überdies global zu wirtschaften, müssen sie gelegentlich auch ihre Kunden im Ausland besuchen. Auch virtuelle Teams, die weltweit agieren, kommen um Zusammenkünfte nicht herum, wollen sie ihre Arbeit koordinieren und aufbauen. Die Entfernungen, die dabei zurückgelegt werden müssen, sind natürlich größer.

Nicht zuletzt wächst der Bedarf an elektronischem Gerät – aus ökologischer Sicht ist das kritisch zu bewerten. Denn die wenigsten Computer, die heute hergestellt werden, sind recyclingfähig und nach umweltschonenden Kriterien hergestellt. So wandern Computer, Telefone, ISDN-Anlagen oder Faxgeräte – verstärkt noch durch den rasanten Fortschritt und die damit verbundene kürzere Gebrauchsdauer der Geräte – auf den Müll und vergrößern den Berg aus Sonderabfällen und schwer zu entsorgendem Elektronikschrott.

Aus all diesen Details folgert das Öko-Institut Freiburg: »Der Trend geht eindeutig zu sogenannten alternierenden Telearbeitsplätzen mit zeitweiser Arbeit zu Hause und im Büro. Der Umwelt- und Verkehrsentlastung durch einen solchen Telearbeitsplatz stehen Umweltbelastungseffekte durch doppelte Herstellung und Entsorgung von Geräten und ein doppelter Bedarf an Räumen entgegen.« Zumindest in den ersten Jahren nach ihrer Einführung im Betrieb führt Telearbeit also sogar zu höheren Belastungen der Umwelt, als zunächst angenommen.

Nachteile der Telearbeit auf einen Blick

Für den Telearbeiter	*Für den Unternehmer*	*Für die Gesellschaft*
– Isolation – Fehlender Erfahrungsaustausch – Keine Vertretung von Interessen – Ungesicherte Arbeitsverhältnisse – Selbstausbeutung – Vernachlässigung von Sicherheit und Gesundheitsschutz – Probleme bei Selbst- und Zeitmanagement – Schlechtere Aufstiegschancen	– Investitionen – Scheinselbständigkeit – Kommunikationsprobleme – Fehlender Rechtsrahmen – Mangelnde Kontrolle von Angestellten – Machtverlust des Managements – Abstimmungsprobleme	– Verlagerung von Arbeitsplätzen ins Ausland – Aushebeln von Arbeits- und Sozialgesetzen – Neue Umweltbelastung

4.
Zwei Checklisten

In der Diskussion der Vor- und Nachteile von Telearbeit haben sich bereits Hinweise ergeben, daß sie nicht für jeden und nicht für die Erfüllung aller Aufgaben geeignet ist. Ob sich die Einführung von Arbeitsplätzen, die mit Telekommunikations- und Computertechnologie ausgestattet sind, lohnt, muß daher auch jeder für sich selbst herausfinden. Die beiden folgenden Checklisten unterstützen Sie hierbei.

4.1 Welche Tätigkeiten eignen sich für Telearbeit?

Nicht jede Aufgabe kann von einem Unternehmen ausgelagert werden. Besteht hoher Abstimmungsbedarf und müssen sich Teams ständig zusammensetzen, so ist das Potential für Telearbeit eher gering. Aufgaben mit folgenden Eigenschaften eignen sich dagegen für diese Arbeitsform:

- Die Arbeit ist in sich abgeschlossen und kann durchgehend erledigt werden.
- Die Aufgabe kann von einer Person und weitgehend selbständig gelöst werden.
- Die Arbeit kann an beliebigen Orten durchgeführt werden.
- Sie kann zu beliebigen Zeiten erledigt werden.
- Die beteiligten Mitarbeiter müssen sich untereinander nur selten abstimmen.

- Nötige persönliche Kontakte sind durch Telefonate und E-Mails zu ersetzen.
- Die Aufgabe erfordert hohe Konzentration und Kreativität.
- Die Aufgabe ist rein organisatorischer Natur.
- Die Arbeit sollte nicht unterbrochen werden, auch nicht kurz.
- Kontrollen sind nicht dauernd notwendig.
- Um die Arbeit erledigen zu können, ist kein ständiger Zugriff auf Produkte oder Informationen notwendig.
- Die einzelnen Schritte zur Problemlösung lassen sich mit Hilfe von Zielvorgaben beschreiben.
- Die Erfüllung der Aufgaben ist meßbar.
- Aufträge können problemlos erteilt werden.
- Arbeitsergebnisse sind ohne weiteres auf elektronischem Weg abzuliefern.
- Sowohl Vertraulichkeit als auch Sicherheit der Daten bleiben gewährleistet.

4.2 Welche Voraussetzungen muß ein Telearbeiter mitbringen?

Telearbeit hat viele Facetten: Vor allem die Arbeit im Heimbüro erfordert Umstellungen bei allen Beteiligten. Aber auch in Telezentren, wo kommunikative Arbeiter Ansprache und Kontakte finden, muß jeder sich und seine Pflichten organisieren können. Das fällt nicht jedem leicht, ist aber die wichtigste Voraussetzung für erfolgreiche Telearbeit.
Ein anderes zentrales Kriterium bei der Arbeit daheim stellt die Familie dar. Fehlen das Verständnis und die Zustimmung dafür, ist das ganze Projekt zum Scheitern verurteilt. Das gilt besonders für Familien mit Kindern, denn gerade hier muß die Vorbereitung und die Aufsicht gut geplant und gewährleistet sein.
Klären Sie also ab, ob folgende Eigenschaften auf Sie zutreffen:

- Ich kann leicht abschalten.
- Ich kann Beruf und Privatleben trennen.

- Ich habe zu Hause genügend Platz für ein Büro.
- Ich kann mich selbst zur Arbeit motivieren.
- Ich kann alleine arbeiten.
- Ich organisiere meinen Tagesablauf ohne Probleme.
- Ich erreiche die meisten meiner Ziele.
- Ich halte Termine ein, achte auf Pünktlichkeit und bin diszipliniert.
- Kinder oder Familie können mich nicht von meinen Arbeiten ablenken.
- Meine Familie unterstützt meinen Wunsch zur alternierenden Telearbeit.
- Mein privates Umfeld stört mich bei der Arbeit nicht.
- Ich gehe gerne mit Technik um und löse kleinere Probleme selbst.
- Ich bin im Telefonieren und Mailen geübt.
- Während meiner Arbeit muß ich mich nicht oft mit Kollegen abstimmen oder Fragen klären.
- Durch meine fachliche Qualifikation bin ich in der Lage, auch unvorhergesehene Fragen zu lösen.
- Ich kenne die Abläufe im Unternehmen und die Ansprechpartner in anderen Abteilungen.
- Ich habe gute Kontakte zu Kollegen und Vorgesetzten.
- Mir bereitet es keine Schwierigkeiten, an wechselnden Arbeitsplätzen zu sitzen.

5.

Telefon, Computer, Netzwerk: die erforderliche Technik

Europas größte Computermesse – die in Hannover stattfindende Cebit – demonstriert Jahr für Jahr Vergänglichkeit. Hier ist das Neueste zu sehen, was ein Telearbeiter in seinem mobilen oder festen Büro braucht: Computer und Programme, Komforttelefone, Handys, Modems und Steckkarten, mit Hilfe derer ein Rechner Verbindung zu Netzwerken oder anderen Computern aufnimmt. Zudem werden auch Zusatzgeräte wie Faxe, Scanner, Kameras und Mikrofone für Videokonferenzen präsentiert.

In den Hallen zeigt sich: Wer sich gerade an neue Programme oder Prozessoren und Telefontechnik gewöhnt hat, muß schon wieder umdenken. Denn hier ist schon die nächste Generation von Hard- und Software sowie anderen Geräten in Sicht, die neue Möglichkeiten bringt und damit Arbeitsweisen verändert.

Dieser Fortschritt erschließt gerade für die Telearbeit ständig neue Tätigkeitsfelder und Aufgaben. Er hilft Unternehmen bei der Rationalisierung von Produktionszyklen oder Arbeitsschritten. Nicht zuletzt trägt der automatisch ansteigende Bedarf an Geräten wie auch der häufige Austausch überholter Computer- und Telefontechnik dazu bei, langfristig Beschäftigung in diesen Branchen zu schaffen.

Ein Blick auf die aktuellsten Neuheiten bestätigt, daß die fortschreitende Technik Impulse für Telearbeit mit sich bringt: Handys, die den Zugang zum Internet und damit den Transfer von Grafiken ermöglichen, dürften vor allem die mobile Telearbeit in Handwerk, Baugewerbe, aber auch in den Medien beflügeln.

Wenn der Leiter einer Baustelle nicht erst in sein Büro muß, um die Pläne mit den Ausführungen zu vergleichen, beschleunigt sich die Errichtung und Fertigstellung von Gebäuden.
Auch die Minicomputer, in etwa so groß wie ein Handy, erleichtern die Arbeit unterwegs. Mit ihnen können Datenverarbeitungs- und Organisationsprogramme ausgeführt und mit Hilfe eines Mobiltelefons auch Verbindungen zu Datennetzen aufgebaut werden. So lassen sich kleinere Texte bearbeiten, Faxe verschicken, E-Mails beantworten oder auch schnell einmal Informationen recherchieren.
Parallel zu den technischen Geräten entwickeln sich gerade auf dem Telefon- und Funksektor ständig neue Dienste: Praktisch für Selbständige und Freiberufler sind etwa jene Telefonnummern, unter der eine Person auch in anderen Städten oder in allen von ihm genutzten Telefonnetzen (mobil oder fest) erreichbar ist. Darüber hinaus helfen Übermittlungsdienste wie der *Unify Messaging Service* (UMS) oder der *Short Message Service* (SMS) dabei, Nachrichten zu übermitteln und so ein kleines Büro zu managen.
Seit einigen Jahren zeichnet sich der Trend ab, daß in der Computer- und Telekommunikationstechnologie einst voneinander getrennte Bereiche allmählich miteinander verschmelzen. Aus einem Handy wird der kleine Computer. Dank Internet und Netzwerktechnik entwickelt sich der PC Schritt für Schritt zur komfortablen Telefonanlage. Drucker und Scanner übernehmen Faxfunktionen und umgekehrt. Ein Faxgerät wiederum verschickt an einen Computer elektronische Post und nimmt diese auch entgegen.
Nicht zuletzt wachsen durch Satellitenübertragung und neue Netztechnik die Mobilfunknetze untereinander sowie mit dem Festnetz zusammen. Dies bringt wiederum neue Angebote, aber auch Erleichterungen für die Büro- und Telearbeit hervor. Als Beispiel sind hier die Mobiltelefone zu nennen, die sich in einem Bannkreis um die Wohnung des Besitzers automatisch in das noch immer billigere Festnetz einloggen. Damit verringern sich nicht nur die Telefongebühren, sondern auch die Erreichbarkeit

wird gefördert. Besondere Hoffnungen verbinden sich außerdem mit der Spracherkennung: Die Steuerung von Computern und Programmfunktionen mittels gesprochener Worte wird nicht nur der Büroarbeit in den nächsten Jahren neue Impulse geben. Auch im Telefonsektor wird die Verarbeitung von Spracheingaben neue Dienste und Hilfen ermöglichen.
Die andere Seite dieses rasanten Fortschritts sollte vor allem die Hersteller von Geräten sowie Serviceanbieter zum Nachdenken anregen: Seit Jahren wird die »Halbwertszeit« von Hardware und Programmen immer kürzer – damit beschleunigt sich auch der Wertverlust. Ein Auto beispielsweise gehört erst nach rund zehn Jahren wirklich zum alten Eisen. Doch Hochleistungsrechner, die gerade auf den Markt kommen und Tausende von Mark kosten, sind schon nach wenigen Jahren nur noch einen Bruchteil ihres ursprünglichen Preises wert.
Während sich ein Auto auch nach Jahren noch weiterverkaufen läßt, so ist das mit älteren Computern kaum oder gar nicht möglich. Das belastet nicht nur die Umwelt mit Sondermüll, der schwer zu entsorgen ist, sondern wirkt sich auch für Unternehmen und Selbständige nachteilig aus. Viele von ihnen können sich dem ständigen Innovationsdruck nur schwer entziehen und folglich die geltende Abschreibungszeit von drei Jahren für teurere Betriebsmittel kaum ausschöpfen.
Vergleichbar ist die Situation bei Betriebssystemen und Programmen, die spätestens nach zwei, drei Jahren aktualisiert werden müssen, da sie den Leistungsumfang von neuen Prozessoren nicht voll ausschöpfen oder neu entwickelte Leistungsmerkmale nicht unterstützen können. 1995 beispielsweise kam mit den deutlich schnelleren Pentium-Prozessoren auch die erste Version von Windows 95 auf den Markt. Die bisher üblichen 486er-Prozessoren mit einer Taktrate von 33 Megahertz (MHz) reichten für dieses Betriebssystem nicht mehr aus und mußten ausgetauscht werden. Windows 95 benötigte mehr Arbeitsspeicher (RAM; *Random Access Memory*) und schnellere Prozessoren. Der Bedarf an Speicherplatz und die Ansprüche an die Rechnerleistung stiegen, um dieses Betriebssystem sowie

die passende Software überhaupt installieren und sinnvoll nutzen zu können.
Bereits 1998 wurde Windows nochmals aktualisiert, und schon im Jahr 2000 gibt es wieder eine überarbeitete Version. Doch mit einem Wechsel der Betriebssysteme müssen meist nicht nur die Computer selbst, sondern oft auch Zusatzgeräte wie Drucker, Modem oder externe Speichermedien neu angeschafft werden. Durch die Weiterentwicklung von Grafik- und Soundkarten sowie der Steckkarten für den Datenaustausch wird so manche Software ebenfalls schon nach kurzer Zeit unbrauchbar, obwohl für sie mehrere hundert Mark ausgegeben wurden.
Wer einmal in Computertechnik investiert hat, sieht sich – vor allem beim professionellen Einsatz – durch den steten Fortschritt gezwungen, in immer kürzer werdenden Abständen neue Geräte oder Programme anzuschaffen und für die Aktualisierung von wichtigen Anwendungen zu bezahlen. Wenn auch Computertechnik einerseits hilft, Ausgaben zu vermindern, so erfordert sie andererseits hohe Investitionen. Das führt zu einem starken finanziellen Druck.
Dazu ein Beispiel: Vor allem Grafiker, Architekten oder Ingenieure müssen ihre Software den Anforderungen und Ansprüchen ihrer Auftraggeber anpassen. Werden ein Layout oder eine Zeichnung mit einer älteren Version des dort genutzten Grafikprogramms oder einer *Computer-Aided-Design-Anwendung* (CAD) erstellt, ist sie zwar durch eine neuere zu öffnen, muß aber zur Weiterverarbeitung – etwa für den Druck – oft genug umformatiert werden. Das verursacht neben zusätzlicher Arbeit auch Mehrkosten – ein Unternehmen wird dies auf Dauer dadurch vermeiden, daß es an jemanden, der nicht über die neuesten Versionen verfügt, keine Aufträge mehr erteilt.
Ganz ähnlich sind auch einfachere Textverarbeitungsprogramme nach längerer Zeit nur noch bedingt mit den aktuellen Versionen kompatibel. Zudem können – etwa bei Word – einzelne aktualisierte Versionen (*Updates*), die Software-Hersteller für ihre Programme regelmäßig gegen Bezahlung anbieten, nicht ein oder mehrere Male ausgelassen werden, wenn der Vorteil einer Wei-

terentwicklung bestehen bleiben soll. Auf Dauer gesehen ergeben sich jedoch höhere Kosten im Vergleich zu der Anschaffung des neuen Komplettprogramms nach ein paar Jahren.
Die schnelle Entwicklung neuer Produkte sorgt einerseits für Vielfalt und Vielseitigkeit, erschwert aber andererseits die Übersicht und damit die Zugänglichkeit von Technik. Wer sich als Einsteiger einen Überblick über Speicherkapazitäten, Taktgeschwindigkeiten oder Netzwerkfähigkeit von Computern verschaffen will, tut sich schwer. Zumal die Hersteller häufig ihre Produkte nicht gerade verständlich beschreiben und auch so manche Computerzeitschrift in Fachchinesisch gehalten bzw. nicht an den Laien gerichtet ist. Außerdem sind nicht alle auf dem Markt vorhandenen Systeme miteinander kompatibel und einfach zu vernetzen.
Große Unternehmen leisten sich deshalb Spezialisten für den Auf- und Ausbau ihrer Computer- und Kommunikationstechnik, doch die kleineren und mittelständischen verfügen meist nicht über die nötigen Mittel hierfür. Sie sind allein gelassen mit der sich ständig erneuernden Technik. Wer jemals in seinem Haushalt eine einfache ISDN-Anlage installiert hat und mit dem Computer oder weiteren Kommunikationsgeräten wie Fax oder Komforttelefon verbinden wollte, scheiterte sicher bei einigen Schritten. Dies läßt ermessen, wie schwer die umfangreichere Installation für einen Betrieb sein muß.
Fachmännische Beratung ist teuer, und externe Dienstleister gibt es nur wenige. Die Berufs- und Branchenverbände überlassen dieses Feld anderen und bieten ebenfalls keine Unterstützung oder Beratung an. Staatliche Stellen füllen – gerade in Pilotversuchen zur Telearbeit – diese Lücken, weil sie einer zukunftsträchtigen Technologie wie auch neuen Arbeitsweisen zum Durchbruch verhelfen wollen. Doch sie können die Verantwortung für derartige Aufklärung nur in der Übergangsphase übernehmen. Wer sich nicht ständig selbst informiert, verliert also den Anschluß – und damit auch Chancen. Dies verdrängen kleinere und mittlere Unternehmen gern – auch wenn dabei ihre Perspektiven verloren gehen.

Die Unübersichtlichkeit in diesem Bereich, der schwierige Umgang mit der Technik und der ständige Kostendruck dürften wohl – das wurde allerdings nie umfassend untersucht und interpretiert – die Hauptursachen für die Distanz oder gar Ablehnung seitens der Unternehmer gegenüber dem Einsatz neuer Arbeitsmittel sein. Um die echten Vorteile von Computern und Netzwerken in einem Handwerksbetrieb nutzen zu können, z. B. die vereinfachte Buchführung oder Lagerhaltung, die schnelle Übersicht über Auftragsvolumen und die Organisation einsatzbereiter Mitarbeiter, müssen noch zahlreiche Hürden überwunden werden. Computer- und Netztechnik verschließen sich dem Außenseiter, der sich nicht mit ihr und ihren Möglichkeiten auseinandersetzt.

Das Landwirtschaftsministerium in Bayern – zuständig für diverse Telearbeitsprojekte und die Entwicklung des ländlichen Raums – mußte noch 1998 dokumentieren, daß gerade mal 25 bis 30 Prozent der kleinen und mittleren Betriebe überhaupt Computer nutzen. Der große Rest arbeitet ohne diese Technik. »In solchen Betrieben ist es natürlich schwer vorstellbar, wie Telearbeit überhaupt laufen und funktionieren kann«, beschrieb Adolf Jändl, Referent für Einkommensalternativen in der Landwirtschaft beim Bayerischen Landwirtschaftsministerium, in einem Interview die Folgen, die sich aus der Verweigerung ergeben.

Gefordert sind vor allem die Hersteller der Technik: Bedienerfreundlichkeit, einfaches Installieren, sich selbst erklärende Programme und Geräte, verständliche Handbücher – diese Ansprüche wurden von ihnen bisher weitgehend außer acht gelassen. Könnte man Computer zudem über einen längeren Zeitraum nachrüsten, als es heute möglich ist, würde das den Kostenaufwand für den einzelnen vermindern.

Nicht zuletzt wäre eine Senkung der Ausgaben auch dadurch möglich, daß Software modular oder als Baustein individuellen Bedürfnissen angepaßt werden kann. Das würde endlich auch eine Verschwendung von Ressourcen beenden, die nur selten bewußt wird: Arbeitswissenschaftler haben durch Analysen und praktische Versuche herausgefunden, daß gerade mal fünf Prozent aller Funktionen in einem Textverarbeitungsprogramm im Alltag wirklich abgerufen und genutzt werden. Die restlichen 95 Prozent der Möglichkeiten bleiben ungenutzt, obwohl die Programme viel Geld kosten. Der Blick in die dicken Handbücher anderer Software-Gruppen zeigt, daß das auch bei ihnen nicht viel anders sein dürfte.

Wie der schrittweise Aufbau eines Programms funktionieren kann, zeigt das im Internet zirkulierende und kostenlos kopierbare Betriebssystem Linux. Mit diesem beschäftigen sich Programmierer weltweit und entwickeln neue Anwendungsbereiche. So entstand in den vergangenen Jahren ein System aus vielen einzelnen Bausteinen, aber auch Arbeitsprogrammen, die nach den tatsächlichen Bedürfnissen des Anwenders installiert werden können. Der Nachteil von Linux: Wer die relativ einfach zu durchschauenden Oberflächen von Windows oder Macintosh gewohnt ist, muß sich umstellen. Das Betriebssystem basiert auf komplizierteren Befehlen und ist nicht so übersichtlich gestaltet.

Es bleibt abzuwarten, ob die Software-Entwickler umdenken werden und die Nutzer von Computern und Programmen einmal nur das bezahlen müssen, was sie wirklich für ihre Arbeit verwenden können, oder ob diese weiterhin mit Funktionen überladen werden, die kaum einer braucht.

Das Fazit aus der Diskussion um technischen Fortschritt und mangelnde Bedienerfreundlichkeit zeigt aber auch, daß Telearbeiter technisches Verständnis benötigen, um ihren beruflichen Alltag zu meistern. Sie sollten neuer Software, neuen Computern oder Telefonen gegenüber aufgeschlossen sein. Darüber hinaus ist es nötig, sich über aktuelle Trends und Möglichkeiten zu informieren, auch wenn sicher nicht jeder Telearbeiter alle aufgeführten Geräte oder jede Neuheit anschaffen muß.

Zudem wird Unternehmen, die Telearbeit einführen, abverlangt, für ihre extern beschäftigten Kollegen bestimmte Serviceleistungen bereitzustellen. Eine Hotline oder ein technischer Wartungsdienst sollten als zusätzliche Posten einkalkuliert werden. Nicht zuletzt erfordert die Einführung von Telearbeit grundlegende

Schulungen bezüglich der neuen Anforderungen und des Umgangs mit der nötigen Technik.

5.1 Ausrüstung für Home office und Telecenter

Es ist selbstverständlich, daß nur allgemeine Empfehlungen für die Ausrüstung eines Telearbeitsplatzes ausgesprochen werden können, da sie jeweils von der individuellen Situation und den jeweiligen Anforderungen abhängt. Durch das große Angebot an technischen Hilfsmitteln können die unterschiedlichsten Bedürfnisse befriedigt werden. Daher müssen Sie bei der Einrichtung eines Telearbeitsplatzes – egal, ob mobil oder statisch – vorher genau überlegen, welche Geräte und Programme Sie wirklich brauchen und anschaffen sollten. Hierfür hat sich die sogenannte AST-Methode bewährt. Danach werden zunächst die Aufgaben festgelegt, die mit Hilfe von Technik zu lösen sind, um dann die notwendige Software und schließlich die richtige Technik – Computer und andere Geräte – auszuwählen.
Das zeigt: Die Einrichtung eines Arbeitsplatzes setzt voraus, daß die zu erfüllenden Aufgaben genau definiert werden. Erst dann sollte man überlegen, welche Computer und notwendigen Zusatzgeräte benötigt werden.
Vorab einige Vorschläge, die bei der Auswahl helfen:

- Wählen Sie Geräte wie Computer oder Telefonanlagen auch danach aus, ob sie ausbaufähig sind, damit sie den steigenden Ansprüchen angepaßt werden können.
- Achten Sie bei Geräten und Software auf die Bedienungsfreundlichkeit: Verursacht Technik Streß, leiden Mensch und Arbeitsqualität.
- Computer, aber auch Faxgeräte, Drucker und Kopierer sollten – werden sie einmal für längere Zeit nicht genutzt – auf einen Wartemodus oder Stand-by-Betrieb umgeschaltet wer-

den können: So wird Energie gespart und Streß durch Rauschen oder Surren vermieden.
- Für alle Geräte und die Software sollte gelten, daß sie vor dem Kauf ausprobiert und auch danach noch umgetauscht werden können.
- Achten Sie darauf, daß auf Geräte Garantien von ein bis drei Jahren gegeben werden.
- Denken Sie auch an Hilfe, Reparaturen und sonstigen Service: Jedes Teil der Ausrüstung ist und bleibt Arbeitsmittel, es muß daher stets funktionstüchtig sein. Deshalb ist schon beim Kauf darauf zu achten, ob Händler oder Hersteller notfalls für Ersatz sorgen, einen Wartungsdienst anbieten oder einen Computer auch konfigurieren und anpassen.

Kurzübersicht: Der Arbeitsplatz

Technik	*Programme*	*Peripherie*
Computer (5.1.3)	Anwendungssystem (5.1.1)	Fax (5.1.4)
Monitor (5.1.3)	Betriebssystem (5.1.1)	Telefon (5.1.2)
Tastatur (5.1.3)	Kommunikation (5.1.1)	Telefonanlage (5.1.2)
Maus (5.1.3)	Remote Access (5.1.1)	Anrufbeantworter (5.1.4)
ISDN-Karte (5.1.2)	Document Sharing (5.1.1)	Scanner (5.1.4)
Modem (5.1.2)	Spracherkennung (5.1.5)	Drucker (5.1.4)
Evtl. Laptop (5.2.1)	Codierung und Verschlüsselung (5.4)	Evtl. Handy (5.2.3)
		Möbel (6.1)
		Least Cost Router (5.1.4)

Die Voraussetzungen für Telearbeit wurden in den siebziger und achtziger Jahren geschaffen: In dieser Zeit kamen die ersten Mikroprozessoren und Chips auf den Markt, die auf kleinem Raum Unmengen von Daten und Befehlen speichern konnten. So war es möglich, immer kleinere, aber auch leistungsfähigere Rechner zu entwickeln. Ihre Größe veränderte sich vom Schrankformat zum Tischgerät. Selbst mit diesen Ausmaßen konnten sie mehr leisten, als nur lange Formeln zu berechnen – das englische *to compute* (dt.: berechnen) gab dem Computer seinen Namen.

Dank leistungsfähigerer Prozessoren und höherer Speicherkapazität konnten sie auch andere Daten, beispielsweise Buchstaben, mit der Weiterentwicklung sogar die Pixel von Bildern, Filmen oder akustische Signale verarbeiten. Heute sind selbst die besseren Notebooks oder Laptops in der Lage, die Arbeit des üblichen Desktop-Geräts zu erledigen.
Genauso wie sich die Computer zu kleinen, praktischen Einheiten entwickelten, die auch auf einen Schreibtisch paßten und dort zunehmend die Schreibmaschinen verdrängten, fiel auch ihr Preis. Ein Multimedia-Rechner mit ausreichend Speicherplatz, Lautsprechern, Grafik- und Sound-Karte sowie integriertem Modem ist heute inklusive Bildschirm schon für rund 2000 Mark zu haben, Notebooks kosten rund 30 Prozent mehr.
Mit beiden Formen des Computers sind ohne weiteres die wichtigsten Büro- und Managementarbeiten zu erledigen, Grafiken und Tabellen anzufertigen, Fotos zu bearbeiten oder sogar eine Videokonferenz abzuhalten. Trotz mehrerer umfangreicher Anwendungsprogramme kann so ein Rechner, vorausgesetzt er bietet rund vier Gigabyte Speicherkapazität – das sind etwa 4096 Megabyte –, immer noch eine große Menge Daten aufnehmen und speichern.
Das verdeutlichen folgende Zahlen: Das Programm, mit dem dieses Buch erstellt wurde – Microsoft Word, Version 6.0 –, benötigt rund 60 Megabyte Speicherplatz. Die Anzahl der Druckseiten belegen gerade mal fünf Millionen Byte Speicherplatz. Das sind rund 4882 Kilobyte oder 4,7 Megabyte. Ebensoviel Speicherplatz, genau 4,5 Megabyte, braucht eine Farbfotografie in halber Postkartengröße. Das erklärt auch, warum Designer, Grafiker oder Architekten Computer mit größerer Speicherkapazität brauchen als Manager und Sekretäre.
Parallel zur Verkleinerung der Rechner wurden sukzessive auch Geräte und Programme entwickelt, die den Informations- und Datenaustausch zwischen diesen Rechnern ermöglichen. Einerseits kamen Modems auf den Markt, die analoge in digitale Daten umwandeln und die Verbindung zwischen Computern via Telefonnetzen herstellen konnten. Damit war die Voraussetzung zur

Vernetzung über weite Strecken gegeben. Andererseits entstanden durch die Verlegung von Glasfaserkabeln die leistungsfähigen digitalen Telefonnetze (z. B. ISDN), die später noch durch Funknetze ergänzt wurden.

Diese sind in der Lage, größere Datenmengen als analoge Leitungen in der gleichen Zeit zu transportieren. Statt mit einem Modem wird die Verbindung zum digitalen ISDN–Netz mit in den Computer eingebauten ISDN-Steckkarten sowie neuartigen Anschlüssen und Kommunikationsgeräten wie Faxe oder Telefonanlagen hergestellt.

Als erstes nutzte das Militär die Möglichkeiten, die sich aus der Kombination von Computer und Telefonnetz ergaben. Seine Forschungseinrichtungen verbanden in den späten siebziger Jahren ihre Rechner untereinander. Später vernetzten auch Wissenschaftler und Studenten ihre Computer mit denen der Universitäten. So entstanden sukzessive weltweit kleinere und größere Netzwerke – nicht nur regional begrenzt, sondern auch über weitere Entfernungen. Der Zusammenschluß aller verfügbaren Netzwerke bildete in den achtziger Jahren schließlich die Grundlage für das weltumspannende Internet, in das sich durch den Preisverfall bei Modems und die aufkommende Nutzung von ISDN zunehmend Privatpersonen sowie Unternehmen einloggten und einloggen.

Man unterscheidet deshalb inzwischen die räumlich auf Unternehmen und einzelne Gebäude begrenzten Netzwerke, *Local Area Networks* (LAN), und die *Wide Area Networks* (WAN). LANs integrieren mehrere Computer, aber auch zusätzliche Geräte und ermöglichen den gemeinsamen Zugriff auf Geräte (z. B. Drucker) und Daten. WANs dagegen sind räumlich nicht begrenzt. Ein solches WAN wurde beispielsweise vor dem Umzug der deutschen Bundesregierung zwischen Bonn und Berlin aufgebaut. Es umfaßt die Rechner aller Ministerien und innerhalb dieser auch die der Mitarbeiter.

Nach diesem Ausflug in die Geschichte der Entwicklung von Netzwerken und Computern kann schon auf die notwendige Ausrüstung eines Telearbeitsplatzes geschlossen werden.

Benötigt werden:
- Ein Telefonanschluß (analog oder digital);
- ein Computer mit Bildschirm, Tastatur, Maus und bei Bedarf mit zusätzlichen Laufwerken für Datenträger, auf dem die anfallenden Arbeiten erledigt werden;
- Modem oder ISDN-Karte, die eine Verbindung zum Telefonnetz und den Kontakt zum Unternehmen oder Auftraggeber ermöglichen;
- Programme, die den Computer betriebsbereit machen und mit deren Hilfe der Kontakt nach außen hergestellt wird: also ein Betriebssystem sowie Anwendungs- und Kommunikationssoftware;
- zusätzliche Geräte, die weitere Verbindungen schaffen und die Büroarbeit erleichtern: z. B. Fax, Anrufbeantworter, Kopierer, Scanner, Drucker.

In Telezentren wird über die Einrichtung des Büros hinaus noch ein Netzwerkcomputer mit entsprechender Software sowie eine durchwahlfähige Telefonanlage mit Nebenstellen gebraucht. Zu überlegen ist auch, ob für mehr Flexibilität hinsichtlich der Arbeitszeit und -orte noch ein Handy angeschafft wird (s. Kapitel 5.2.3). Die einzelnen Komponenten müssen zueinander passen, miteinander kompatibel sein und sich außerdem in ein Netzwerk integrieren lassen. Verständlich also, daß der angestellte Telearbeiter seine Ausrüstung nicht selbst besorgen kann. Sie wird aber auch vom Unternehmen bezahlt, der internen Computer- und Technologiestrategie angepaßt und laufend ergänzt oder erweitert. Zu beachten ist dabei: Die Ausrüstung bleibt Eigentum der Firma. Folglich wird ein Telearbeiter Auflagen für die Nutzung anerkennen müssen. Möglicherweise dürfen Familienmitglieder oder Fremde den Arbeitscomputer aus (Daten-)Sicherheitsgründen nicht nutzen. Auch kann das Herunterladen zusätzlicher Programme aus dem Internet verboten sein. Informationen zu solchen und anderen Auflagen finden Sie in den Kapiteln über Datenschutz (s. Kapitel 5.4) und die rechtlichen Rahmenbedingungen (s. Kapitel 7).

Selbständige und die Mitglieder/Gründer von eigenständigen Telezentren werden sich die Ausrüstung dagegen selbst anschaffen. Sie sollten sich im Vorfeld bei den örtlichen Industrie- und Handelskammern, der Deutschen Ausgleichsbank, der Kreditanstalt für Wiederaufbau in Bonn und Berlin oder auch bei der EU nach Förderungsmöglichkeiten oder günstigen Krediten erkundigen. Auch der Verband für Telearbeit, das Online Forum Telearbeit oder gute Steuerberater sind meist über Quellen finanzieller Unterstützung informiert und geben auch in Sachen Abschreibung Auskunft.

Trotz des stetigen Preisverfalls summieren sich die Ausgaben für die Anschaffungen für einen Büroarbeitsplatz mit Computer und Peripherie gut und gerne auf 3000 bis 5000 Mark; deutlich mehr müssen Konstrukteure, Architekten oder Grafiker ausgeben. Sie brauchen nicht nur leistungsfähigere Rechner, sondern meist auch größere Bildschirme – das verursacht höhere Kosten.

Das Geld sollte auf jeden Fall gut investiert werden. Deshalb ist eine gründliche Planung unumgänglich, ebenso wie die Suche nach umfassenden Informationen. Ganz sicher kann ein Arbeitsplatz nicht einfach nach finanziellen Gesichtspunkten – wenn etwa ein Sonderangebot im Discounter lockt – eingerichtet werden. Vielmehr – und das zeigten die zuvor genannten Beispiele – richtet sich die Wahl eines Computers nach den benötigten Anwendungs- und Kommunikationsprogrammen, die auf ihm funktionieren müssen.

Außerdem hängt die technische Ausstattung auch von den räumlichen Gegebenheiten im Büro ab: Für kleinere Zimmer eignet sich beispielsweise eher ein PC in einem Towergehäuse, der unter dem Schreibtisch plaziert werden kann. Ein Desktopgehäuse, das auf den Tisch oder unter den Bildschirm gestellt wird, beansprucht mehr von der Arbeitsfläche. Auch mit Kombigeräten kann Platz gespart werden, allerdings sind dann Kompromisse in puncto Qualität erforderlich. Bei der Auswahl der Geräte sind außerdem ergonomische Kriterien zu beachten, z. B. gibt es Tastaturen, die die Gelenke entlasten, oder Bildschirme, die nicht so stark flimmern.

5.1.1 Software und Programme

Wer seine Arbeit kennt, wird relativ schnell wissen, welche Anwendungsprogramme er braucht und welche seinen Alltag erleichtern. Eine Textverarbeitung wird sicher dazu gehören, auch eine einfache Tabellenkalkulation, ein Organisationsprogramm, das Adressen sowie Telefonnummern speichert und sie bestenfalls an ein Faxprogramm weitergibt. Vorteilhaft ist es, wenn ein Kalender und Terminplaner für das eigene Zeitmanagement integriert wurden. Daneben sind solche Programme anzuschaffen, die sich aus spezifischen Aufgaben oder aus Forderungen an die Datensicherheit ergeben. Doch bevor der Telearbeiter die endgültige Entscheidung trifft, sollte er wissen, mit welchem Betriebssystem er künftig arbeiten will, da davon abhängt, welche Arbeitsprogramme er überhaupt benutzen kann.
Software ist nicht gleich Software; sie läßt sich in drei Kategorien einteilen: in Betriebssysteme, Kommunikations- und Anwendungs- oder Arbeitsprogramme. Ohne Betriebssystem funktioniert kein Computer. Es teilt den verfügbaren Speicherplatz auf der Festplatte ein, der von den Dateien sowie der Arbeitssoftware anteilig genutzt wird, und koppelt die unterschiedlichen Anwendungsbereiche. Zudem verknüpft es die Funktionen von Tastatur, Bildschirm, Maus sowie anderen Zusatzgeräten und macht diese den jeweiligen Arbeitsprogrammen zugänglich.
Weil allerdings nicht alle Betriebssysteme untereinander kompatibel sind, kommt es immer noch zu Schwierigkeiten beim Datenaustausch zwischen zwei unterschiedlich konfigurierten Rechnern – und es laufen auch nicht alle Arbeits- und Kommunikationsprogramme auf jedem Computer. Rechner, die beispielsweise mit dem Betriebssystem Windows 95/98 oder NT arbeiten, können Daten, die auf einem Apple Macintosh und seinem Betriebssystem erstellt wurden, häufig auch nach einer Konvertierung nicht problemlos verarbeiten. Ebenso sind die Programme für diese beiden Welten völlig unterschiedlich: die Word-Version für einen Apple-PC ist auf einem Windows-PC unbrauchbar.

Für die Auswahl von Rechner und Betriebssystem bedeutet das: Telearbeiter sollten die Technik ihrer Auftraggeber kennen und ihre eigene Ausrüstung darauf abstimmen. So ersparen sie sich später Ärger und Zeitverlust beim Datenaustausch. Arbeiten sie zudem nicht nur auf einem, sondern auf mehreren Computern und noch mit einem Laptop oder Notebook, dann sollten sie nicht nur aus Kostengründen dieselbe Software für alle Geräte benutzen. Dies erleichtert den Datenaustausch zwischen den Rechnern und den Aufbau eines eigenen Netzwerks.
Die derzeit gängigsten Betriebssysteme sind:

- Windows (95 und die folgenden Versionen, die neueste: Windows 2000) ist das am weitesten verbreitete Betriebssystem. Daher wurden hierfür auch die meisten Anwendungsprogramme entwickelt. Es wird von Microsoft geliefert.
- Eigens für den Betrieb im Netzwerk ausgelegt und ohne weiteres kompatibel mit den gewohnten Windows-Versionen ist Windows New Technologies (Windows NT). Dieses Betriebssystem ist Telearbeitern zu empfehlen, die aus mehreren Rechnern – mobilen wie festen – ein eigenes kleines Netzwerk aufbauen und darin die Daten austauschen sowie aktualisieren wollen.
  Beide Windows-Betriebssysteme sind anfällig für Systemabstürze und können nur als umfangreiches Paket installiert werden. Dieses enthält wiederum viele Sonderanwendungen, die selten benutzt werden und daher den verfügbaren Speicherplatz unnütz belasten.
- Besser für Netzwerke ausgerichtet ist das Betriebssystem Unix. Es ist unter Konstrukteuren, Technikern und Designern relativ weit verbreitet und gilt als sehr absturzsicher. Seine Nutzung ist allerdings gewöhnungsbedürftig und komplizierter als die Arbeit mit den sich selbst erklärenden Oberflächen von Windows oder Apple-Systemen. Interessant wurde Unix vor allem durch den Ableger Linux, den der Finne Linus Thorvaldsen aus Unix konstruierte und zur freien Verfügung ins Internet stellte. Er veröffentlichte damals auch den soge-

nannten Quellcode dieses Programms, den Entwickler für die Weiterentwicklung und Veränderung brauchten. Aus Linux wurde eine *Open Source Software*, die dank des offenen Quellcodes jeder benutzen und erweitern konnte. Auf diese Weise entwickelten sich Zusatzmodule, aber auch eigene Anwendungsprogramme für dieses Betriebssystem. Linux und die dazu passenden Arbeitsprogramme können nach individuellen Ansprüchen installiert und eingesetzt werden.
Um die viel kritisierte Übermacht von Microsoft auf dem Computermarkt zu brechen, die sich in den vergangenen Jahren beinahe zu einer Monopolstellung entwickelt hat, verkaufen viele Hersteller ihre Computer inzwischen mit Linux als Betriebssystem. Im Gegensatz zu Windows enthält es keine Funktionen und Codes, die beim Surfen im Internet eine Identifikation des Computerbesitzers ermöglichen. Aus Gründen des Datenschutzes müssen derartige Möglichkeiten als äußerst bedenklich eingestuft werden.

- Das vierte Betriebssystem – Apple System 7.5 und weitere Versionen (die neueste: 8.0 und 2000) – wurde eigens für die Rechner von Apple Macintosh entwickelt. Es ist vor allem im gestalterischen und grafischen Bereich weit verbreitet.
Die Oberfläche des Apple-Betriebssystems gab das Vorbild für jene von Microsoft (Windows) und ist noch einfacher zu bedienen als diese. Allerdings: Der Marktanteil von Apple-Computern ist in der Vergangenheit aus Preisgründen auf unter zehn Prozent gesunken. Apple versucht derzeit, durch billigere, gefällig bunte Computer den Absatz zu steigern. Geht diese Strategie auf, müßte allmählich auch der größte Nachteil beseitigt werden: die vergleichsweise kleine Palette von Arbeitssoftware, lexikalischen Datenbanken und Spielen, die auf diesem System zu nutzen ist.

Die Betriebssysteme sind meistens beim Kauf eines Computers mit inbegriffen und auf diesem auch schon installiert. Mitgeliefert werden außerdem erste Arbeitsprogramme. Bei solchen Angeboten ist jedoch Vorsicht geboten: Vor allem nach einer Weiterentwicklung der jeweiligen Technik sollen noch ältere, langsamere Computer mit weniger Speicherkapazität verkauft werden. Die mitgelieferte, aktuelle Software dient dann als Lockvogel, überfordert aber oft genug die Leistungsfähigkeit des Rechners und ist deshalb im Arbeitsalltag kaum zu nutzen. Ein solches Schnäppchen ist ein teurer Spaß. Denn die mitgelieferten Programme sind im Einzelverkauf doch billiger als in Kombination mit einem schon veralteten Computer. Ein Vergleich von Technik, Ausstattung und Preisen der unterschiedlichen Angebote schafft Klarheit.

Das Spektrum an Arbeitsprogrammen ist in den vergangenen Jahren gewachsen und unüberschaubar geworden. Die Wahl einer Software richtet sich wie gesagt nach dem Betriebssystem, zu dem sie passen muß, und nach den zu erfüllenden Aufgaben. Nicht zuletzt spielt gerade bei der Vernetzung auch die Kompatibilität mit den Programmen des Auftraggebers oder der Kollegen eine Rolle. Wenig sinnvoll ist es daher, sich exotische, aber billige Programme anzuschaffen, die kaum jemand einsetzt, denn auch das erschwert den Datenaustausch. Oft erfordert dies lästiges Umformatieren einer Datei, damit Texte lesbar werden. Auch optische Strukturen eines Vortrags oder Briefs, die durch Formatierungen in der Datei vorgegeben sind, gehen dabei verloren. Kurzum: Durch die Benutzung ungeeigneter Programme entsteht mehr Arbeit und eventuell viel Ärger.

Gerade für den Büroalltag haben die Software-Hersteller längst umfangreiche Pakete geschnürt, die neben einer Textverarbeitung meist auch Programme für die Organisation von Terminen sowie Adressen, das Erstellen von Tabellen und Grafiken, aber auch für die Kommunikation zwischen Rechnern und mittels Telefonleitungen enthalten. Gängigste Beispiele sind die Office-Pakete von Corel, SmartSuite von Lotus, Office von Microsoft sowie Star-Office von Stardivision. Der Vorteil dieser Pakete liegt darin, daß jeweils eine einheitliche Oberfläche entwickelt wurde, die auf dem Bildschirm erscheint: Meistens enthält eine Leiste am Rand Symbole, die für die jeweiligen Funktionen stehen und sich weitgehend selbst erklären.

Der Nachteil: Auch wenn diese Office-Pakete inzwischen für unter 1000 Mark zu haben sind, enthalten sie wie die Betriebssysteme viele Funktionen, die nur für wenige Arbeiten regelmäßig abgerufen werden müssen. Telearbeiter sollten daher den Inhalt solcher Pakete (Bundles) genau prüfen, mit denen kleinerer Programmeinheiten vergleichen und nach dem Kauf nur jene Teile daraus auf ihrem Computer installieren, die sie wirklich ständig brauchen: Viele umfangreiche Programme belegen auch auf der größten Festplatte unnötigerweise Speicherkapazität und bremsen dadurch das schnelle Arbeiten. Für den Datentransfer und die Kommunikation zwischen Rechnern ist eine weitere Software nötig. Die Programme, die ein Modem oder eine ISDN-Karte in den Computer integrieren und das Versenden von Faxen oder Dateien via Telefonleitung ermöglichen, liegen den jeweiligen Zusatzgeräten oder Steckkarten meistens bei.
Aber auch die beschriebenen Programmpakete enthalten entsprechende Anwendungen. Um beispielsweise Textdateien direkt aus anderen Programmen per Fax oder E-Mail an den Empfänger zu schicken, ist es sinnvoller, auf derartige Software zurückzugreifen. Sie muß allerdings auf die verwendeten Kommunikationsgeräte – das Modem, die ISDN-Karte oder das angeschlossene Fax – abgestimmt werden. Und dies kann sich zu einer ausgesprochen arbeitsintensiven Installation auswachsen.
Wer zudem auf die Daten seines Auftraggebers oder aber von unterwegs aus auf den eigenen Bestand und die Programme zu Hause zurückgreifen will, benötigt hierfür eine zusätzliche Software. Sie muß auf allen Rechnern eines Netzwerks installiert und auf die dort enthaltenen Programme sowie Betriebssysteme abgestimmt sein.
Einige der genannten Pakete enthalten entsprechende Einheiten, die unter der Bezeichnung *Remote Access Service* (RAS) oder DFÜ-Netzwerk (Datenfernübertragung) zusammengefaßt werden. Diese ermöglichen einem externen Rechner den Zugriff auf das System. So können Telearbeiter von ihrem Heimcomputer aus beispielsweise auf das Archiv oder auch auf Programme ihres Arbeitgebers in der Firma zugreifen. Dank Remote Access ist es

ebenfalls möglich, den eigenen Rechner mit einem Laptop von außerhalb zu steuern. So lassen sich beispielsweise zu Hause angefertigte Briefe von unterwegs aus verschicken oder Programmteile sowie andere Dateien versenden. Einzige Bedingung: Damit über das Notebook die heimische Festplatte erreicht werden kann, muß der Computer angeschaltet sein. Das gilt auch für den Netzwerkrechner eines Unternehmens oder Telezentrums.
Während RAS die Verbindung herstellt, ermöglichen Browser den Zugriff auf die im WWW (World Wide Web) enthaltenen Informationen. Provider werden jene Dienstleister genannt, die ihren Kunden eine einheitliche Telefonnummer im Ortsbereich für die Einwahl ins Internet zur Verfügung stellen und die für das Surfen notwendige Software liefern – die Browser eben. Als Provider treten Online-Dienste wie Compuserve, T-Online oder American Online (AOL) auf. Sie bieten nicht nur Internetservice, sondern stellen eigene Informationen, Suchprogramme und verschiedene andere Angebote ins Netz. Doch auch spezialisierte Unternehmen beteiligen sich an diesem Geschäft, und zunehmend entdecken private Telefongesellschaften dieses lukrative Feld. Sie berechnen meist Pauschalen für die Internetnutzung und die dabei anfallenden Telefongebühren.
Für den Zugang zum weltweiten Datennetz sind Browser notwendig. Das sind – wie schon erwähnt – Programme, die die Kommunikation zwischen dem eigenen Rechner und den Servern des Providers und damit des Internets ermöglichen. Die gängigsten heißen Netscape Navigator und Internet Explorer. Sie werden in der Regel kostenlos vom Provider selbst zur Verfügung gestellt oder sind auf CD-Roms enthalten, die Magazinen und Büchern beiliegen und weitere nützliche Programme oder Demonstrationen von Funktionen enthalten.
Navigator wie Explorer ermöglichen außerdem den Versand und Empfang von elektronischer Post (E-Mail), die Organisation von Internet- und E-Mail-Adressen sowie den Transport von Dateien. Es ist relativ einfach, sie so zu konfigurieren, daß sie schon beim Eintritt in die Datenwelt automatisch die Eingangsseite einer Suchmaschine für die Recherche öffnen.

Telearbeiter werden außerdem manche Dateien zeitgleich mit Kollegen oder Auftraggebern, die sich an einem anderen Ort befinden, bearbeiten wollen. Auch das ist inzwischen möglich – durch eigene Programme. Sie tragen die Bezeichnung Application Sharing oder Document Sharing und funktionieren meist nur, wenn eine ISDN-Leitung zur Verfügung steht. Da es während der gemeinsamen Arbeit durchaus sinnvoll ist, auch gelegentlich miteinander zu sprechen, muß parallel mindestens noch der Aufbau einer Telefon-, neuerdings zunehmend auch einer Videokonferenz möglich sein. Programme zum Document Sharing bieten Netzwerkspezialisten wie Lotus oder Novell an. Diese Anwendungen sollten – damit die Kompatibilität mit anderen Systemen gesichert ist – dem einheitlichen T.120-Standard entsprechen (s. Kapitel 5.1.5).

Ob Arbeits- oder Kommunikationsprogramm: Im Vordergrund sollte die einfache Bedienung stehen. Arbeitsforscher sprechen inzwischen von Software-Ergonomie, denn auch eine unvorteilhafte Gestaltung von Programmen kann dem arbeitenden Menschen schaden. Dieter Lorenz, Professor für Arbeitswissenschaft an der Universität Gießen, kritisiert die zunehmende Komplexität von Programmen. Er meint: »Wer damit nicht klarkommt, verkrampft sich und erleidet psychischen Streß, weil er unter Zeitdruck gerät. Hier fehlt es oft an ausreichender Schulung und vernünftig gestalteter Software.« Die wichtigste Forderung ist die Anwenderfreundlichkeit. Programme müssen nicht nur einfach zu installieren, sondern vor allem leicht zu bedienen sein – auch ohne daß der Anwender einen Blick in die dicken Handbücher werfen muß, die den Paketen beiliegen.

Technik soll dem Menschen in erster Linie die Arbeit erleichtern und keine neuen Gewohnheiten oder Umstellungen erzwingen. Entsteht jedoch im Gegenteil das Gefühl, daß ein Programm und seine Strukturen nicht durchschaut und entsprechend verstanden werden kann, sind Streß und Unzufriedenheit die Folgen. Das wirkt sich mit der Zeit auf die Arbeitsqualität auf.

Geeignete Programme lassen sich anhand folgender Punkte von ungeeigneten unterscheiden:

- Das Programm enthält eine Hilfsfunktion, die bei aufkommenden Problemen ausreichend Informationen liefert.
- Im Programm gibt es eine automatische Korrekturfunktion, die verständlich erklärt, wie ein Fehler zu beheben ist.
- Einzelne oder mehrere Befehle können ohne Umstände rückgängig gemacht werden.
- Das gesamte Programm erklärt sich weitgehend selbst; die Funktionen erschließen sich durch verständliche Symbole und sind durch einfache Tastenkombinationen abzurufen.
- Das Handbuch muß für den Einsatz des Programms nicht unbedingt zu Rate gezogen werden. Als Nachschlagewerk für Probleme sollte es ansprechend und übersichtlich gestaltet sowie verständlich geschrieben sein.
- Die Software leistet das, was erforderlich ist, und benötigt nur selten die Unterstützung durch zusätzliche Anwendungsprogramme, die gleichzeitig geöffnet sein müssen.

5.1.2 Analog oder digital – der Anschluß

Telearbeit funktioniert im wesentlichen über Telefonleitungen. Deshalb ist, noch bevor die Entscheidung fällt, welche Hardware und welche Geräte nötig sind, die Art des gewünschten Telefonanschlusses festzulegen: analog oder digital? Gewohnter einfacher Anschluß oder ISDN? Im Vordergrund steht hier das Tempo, mit dem Daten über die Leitungen verschickt werden. Zeit ist in Telefonnetzen Geld – sie kostet Gebühren.

Wer Daten über analoge Leitungen verschicken will, braucht dazu ein Modem – einen Datenumwandler, der akustische in digitale Signale umsetzt und umgekehrt. Die kleinen Geräte, die an den Computer und die Telefonbuchse angeschlossen werden, schaffen derzeit Übertragungsraten von 28 000 bis 56 000, teilweise auch schon 112 000 Bit pro Sekunde.

Modems werden ständig weiterentwickelt. Es ist absehbar, daß sich ihre Übertragungsrate verdoppeln wird. Doch trotzdem konnte die Leistung von ISDN in diesem Punkt bisher nicht übertroffen werden: Eine solche Leitung transportiert die Daten mit einer Geschwindigkeit von 64 000 Bit pro Sekunde. Um eine Verbindung zwischen Computer und Netz herzustellen, ist kein externes Modem notwendig. In das Computergehäuse wird eine ISDN-Karte eingebaut, die Anschlußmöglichkeiten für Kommunikationsgeräte, z. B. Telefon oder Fax, zur Verfügung stellt. Diese Arbeiten erledigt der Fachmann in weniger als einer halben Stunde.

Ein weiterer Vorteil: Zwei oder mehr ISDN-Leitungen können gebündelt werden und so ihr Tempo vervielfachen. Sind zwei ISDN-Kanäle an einem Anschluß verfügbar, werden 128 000 Bit pro Sekunde transportiert. Die Bündelung ist sinnvoll, wenn größere Datenmengen – Bilder, Layouts, Zeichnungen, ganze Programmteile – transportiert oder häufig Videokonferenzen geschaltet werden sollen. In diesem Fall müssen Tausende von Megabyte transportiert werden. Die schnelle Übertragungsrate von ISDN bietet darüber hinaus Vorteile bei der Recherche im Internet: Auch umfassendere Dateien können schneller auf die eigene Festplatte kopiert werden.

Die schnellere Übertragungsrate gilt deshalb auch als Hauptgrund dafür, daß sich heute die Mehrzahl der Telearbeiter in Deutschland für ISDN entscheidet und auch das Bundesministerium für Wirtschaft diese Anschlußart empfiehlt: »ISDN ist in den meisten Fällen für Telearbeit die sinnvollste Übertragungstechnik«, heißt es in der Broschüre über Telearbeit. »Sie ist preisgünstig, ausbaufähig, zukunftssicher und bietet ein breites Spektrum praxisgerechter Dienste an.«

Zunächst entstehen allerdings höhere Kosten als bei einem herkömmlichen Telefonanschluß: Für dessen Freischaltung werden einmalig rund 55 Mark fällig, danach kann das Telefon im Regelfall einfach in die mittlere der drei Buchsen (mit F gekennzeichnet) und das Modemkabel links daneben (mit N gekennzeichnet) eingesteckt werden. Die Installation eines ISDN-Basisanschlusses kostet rund 100 Mark. Die Grundgebühr ist in etwa doppelt so hoch. Dafür stehen jedoch pro Anschluß zwei Kanäle und drei Rufnummern zur Verfügung: noch ein Argument für ISDN im Büroalltag. Denn während auf einem Nutzkanal telefoniert

oder ein Fax empfangen werden kann, ist auf dem anderen gleichzeitig die Versendung von Daten möglich. Aus diesem Grund sollten Telearbeiter, die weiterhin analoge Leitungen nutzen wollen, sich mindestens zwei Anschlüsse legen lassen – zusammengerechnet sind allerdings die Gebühren dafür zwischenzeitlich teurer geworden als für einen ISDN-Anschluß. Die Gesprächsgebühren bewegen sich etwa auf dem gleichen Preisniveau. Allerdings gewährt die Deutsche Telekom zur Förderung digitaler Anschlüsse besonders bei länger dauernden Verbindungen (Internet, Datenübertragung, Telefonate) Rabatte und wird auch in Zukunft eher in diesem Bereich günstige Tarife anbieten.
Ob analog oder digital – in beiden Netzen kann zur Kosteneinsparung auch auf andere private Telefongesellschaften umgeschaltet werden. Dies geschieht entweder durch eine Voreinstellung (*Preselection*) oder durch die Eingabe der entsprechenden Kennziffer vor jedem Ferngespräch (*Call by Call*).
Die meisten der vom Ministerium erwähnten Dienste, die ISDN zusätzlich bietet, sind inzwischen aber auch in den analogen Netzen abzurufen: Auch hier können mehrere Personen am Telefon gleichzeitig miteinander konferieren (Dreierkonferenz) oder der Angerufene zwischen zwei Gesprächen hin- und herschalten (Makeln). Ebenfalls kann in beiden Netzen die eigene Rufnummer auf das Display des Empfängers übertragen werden. Wichtiger noch als diese Funktionen ist allerdings die Möglichkeit, eingehende Anrufe bei Abwesenheit automatisch auf andere Anschlüsse oder ein Handy umleiten zu lassen (Rufumleitung): Für diesen Service wird im analogen Netz eine einmalige Gebühr erhoben; bei einem ISDN-Anschluß ist er kostenlos.
ISDN-Leitungen erfordern allerdings Geräte, z. B. Telefone, Faxe, Anrufbeantworter, die auf digitale Signale ansprechen und nicht mehr auf analoge. Noch sind diese jedoch deutlich teurer. Mit Hilfe eines Terminaladapters, der die digitalen Signale des ISDN in analoge umwandeln kann und umgekehrt, können diese Preisvorteile aber auch mit älteren Geräten genutzt werden.
Der große Nachteil bei ISDN ist die eher problematische Installation der Geräte. Ganz im Gegenteil zu den gängigen Werbeaus-

sagen gestaltet sich die Inbetriebnahme von Computer, Telefon und Fax nicht so einfach und läuft in mehreren Schritten ab. Das Zusammenspiel zwischen den Geräten muß sorgfältig austariert werden. Schleicht sich hierbei ein Fehler ein, so meldet sich beispielsweise das Fax, wenn eigentlich ein Anrufer in der Leitung ist, und auch der Computer kann den Kontakt nach draußen nur mühsam bzw. gar nicht herstellen. Die Schwierigkeiten vergrößern sich noch, wenn Computer, Fax und Anrufbeantworter an eine ISDN-Telefonanlage mit mehreren Nebenstellen angeschlossen werden sollen: Dies ist eher eine Aufgabe für den Fachmann und deshalb mit weiteren Kosten verbunden.
Unter bestimmten Umständen kann auch weiterhin mit einem analogen Anschluß gearbeitet werden: Wenn beispielsweise nur selten Daten auszutauschen sind, wenn der Auftraggeber in der näheren Umgebung sitzt und persönliche Besuche sowieso regelmäßig auf der Tagesordnung stehen. Und: Schon wieder ist eine neue Telefontechnik in Aussicht. Jüngste Übertragungstechniken – *Asymmetric Digital Subscribe Line* (ADSL oder xDSL) genannt – können durchaus mit den Leistungen des ISDN konkurrieren. Allerdings erreichen sie nicht in beide Richtungen dieselbe Übertragungsgeschwindigkeit: Die vom Nutzer empfangenen Daten (*Download*) überträgt ADSL mit bis zu neun Megabit pro Sekunde, in die Gegenrichtung jedoch (*Upload*) nur mit 769 Kilobit pro Sekunde. Damit eignet sich diese Technik vor allem für das Kopieren von Daten aus dem Internet, aber auch für den Zugriff auf Datenserver eines Unternehmens. Schon jetzt bietet die Deutsche Telekom ADSL unter dem Markennamen T-DSL an, andere Gesellschaften werden folgen. Die Wahl der Anschlußart wird durch folgende Überlegungen erleichtert:

- *Wie häufig müssen Daten per Telefonleitung übertragen werden?* Für den seltenen Austausch reicht zunächst ein analoger Anschluß. Größere Dateien lassen sich auf Disketten und anderen Datenträgern per Post, Kurierdienst oder beim persönlichen Besuch abliefern. Kurze Mitteilungen und Nachrichten werden entweder per Fax oder E-Mail verschickt.

- *Wie groß sind die Dateien, die ausgetauscht werden müssen?* Die derzeit gängigen Modems übertragen mit einer Geschwindigkeit von 56 Kilobit pro Sekunde (56 000 Bit pro Sekunde), die ISDN-Leitung mit 64 Kilobit pro Sekunde bzw. mit 128 Kilobit pro Sekunde bei Kanalbündelung.
- *Wo sitzt der Hauptauftraggeber?* Der Austausch von größeren Datenmengen via analoger Telefonleitung oder Kurierdienst ist aus Kosten- und Zeitgründen nur innerhalb von Ortschaften oder Regionen sinnvoll. Sind die Auftraggeber weiter entfernt oder sogar im Ausland, kann man mit ISDN Zeit und Geld sparen.

Seit der Liberalisierung des Telefonmarkts stellt sich für den Telearbeiter die Frage, mit welcher Telefongesellschaft er zusammenarbeiten will. Vor allem, wenn er viele Fern- und Auslandsgespräche zu tätigen hat, kann der Wechsel vom ehemaligen Staatsmonopolisten, der Deutschen Telekom, zu einem anderen Anbieter Kostenvorteile bringen. Nicht zuletzt treten diese zunehmend auch als Provider für das Internet auf und bieten für dessen Nutzung sogenannte *Flatrates* an, das sind Pauschalen, die die Telefon- und Nutzungsgebühren für eine festgelegte Zeit (z. B. einen Monat) umfassen.
Während die Wahl eines Modems relativ leicht fällt, weil sie sich an den höchsten Übertragungsraten orientieren sollte, ist es bei einer ISDN-Karte schon schwieriger. Unterschieden wird hier zwischen passiven und aktiven Karten: Die passive Karte greift während ihrer Arbeit auf den Hauptprozessor zurück, die aktive verfügt über einen eigenen Rechner und Speicher. Die Unterschiede werden dann relevant, wenn mehrere Arbeiten am Computer zeitgleich erledigt werden sollen. Das nennen die Fachleute *Multi Tasking*: die gleichzeitige Nutzung mehrerer Funktionen von Software und Computer, wenn also z. B. während des elektronischen Versands von Daten schon die nächsten Texte oder Programme geschrieben werden, wenn der Computer gleichzeitig ausdrucken und die Adressensammlung bearbeiten soll. Für diese Fälle empfiehlt sich eine aktive

ISDN-Karte. Sie belastet beim Datentransfer nicht den Hauptprozessor – und der kann die Eingaben in gewohntem Tempo verarbeiten.

5.1.3 Computer, Tastatur, Monitor und Speicher

Das Betriebssystem, vor allem aber die Anwendungs- und Kommunikationssoftware benötigen Speicherplatz. Die Computerkomponenten sind dementsprechend danach auszuwählen, welche Programme untergebracht werden müssen. Die Aussichten auf neue Techniken und Nutzungsmöglichkeiten – zur Zeit zählen z. B. Videokonferenzen oder Spracherkennung dazu – legen es nahe, daß ein Computer ausbaufähig sein und bereits beim Kauf etwas größer gewählt werden sollte.
Die Qualität eines Computers läßt sich durch die folgenden Angaben näher bestimmen:

- *Größe des Arbeitsspeichers:* Durch ihn wird die Arbeit am Computer erst möglich. Dafür lädt er kurzfristig die auf der Festplatte lagernden, jeweils benötigten Programme oder Daten. Er funktioniert nur unter Energiezufuhr. Stürzt der Computer ab und muß ausgeschaltet werden, gehen alle nur im Arbeitsspeicher hinterlegten Daten verloren. Daher müssen diese regelmäßig auf der Festplatte gespeichert werden. Die letzte Sicherheitskopie und die Programme sind dann nach einem Neustart von dort abrufbar. Der Arbeitsspeicher sollte mindestens 64 Megabyte betragen, um einen schnellen Zugriff auf die Daten zu ermöglichen.
- *Größe der Festplatte:* Auf ihr werden alle Daten, die zur Ausführung eines Programms nötig sind, und alle geschlossenen Dateien auf der Basis von Magnetspeicherung dauerhaft festgehalten. Deshalb gehen die auf der Festplatte gespeicherten Informationen auch bei Abschalten des Computers nicht verloren und können zu einem späteren Zeitpunkt wieder aufgerufen werden. Der Speicherplatz auf der Festplatte sollte rund vier Gigabyte betragen.

- *Taktrate des Prozessors:* Sie gibt Auskunft darüber, wie viele Arbeits- bzw. Rechenschritte der Hauptprozessor, das eigentliche Kernstück des Computers, in einer Sekunde abarbeiten kann. Diese Leistung wird in MHz angegeben. Die derzeit durchschnittliche Geschwindigkeit liegt bei 350 MHz, d. h., daß der Prozessor pro Sekunde 350 Millionen Mal einen Arbeitstakt ausführt.
  Weit verbreitet sind die Pentium-Prozessoren von Intel, deren dritte Generation 1999 auf den Markt kam. Sie erreichen Taktraten von bis zu 500 MHz. Diese Prozessoren arbeiten mit den Betriebssystemen von Microsoft und Unix zusammen. Vorsicht ist aber gerade bei den Prozessoren der dritten Generation geboten: Sie wurden mit einer Nummer ausgestattet, die den Diebstahl von Programmen verhindern soll. Doch durch diese Zahlenfolge hinterläßt der Computernutzer individuelle Spuren im Internet, die sich dann zurückverfolgen lassen.
  Die Prozessoren von Motorola, die hauptsächlich von der Firma Apple eingesetzt werden, erfordern ein eigenes Betriebssystem. Die jüngste Generation bietet ebenfalls Taktraten von bis zu 500 MHz, die nächste Generation ist schon angekündigt. Für normale Büroarbeiten reicht aber auch eine Taktrate um 300 MHz aus.
- *Erweiterungsfähigkeit im Inneren des Computers:* Es sollte beim Kauf eines Computers darauf geachtet werden, daß im Inneren noch weitere Steckplätze für ISDN-, Grafik- oder Soundkarten zur Verfügung stehen. Die meisten Steckkarten sind als PCI-Version (*Periphel Component Interconnection*) erhältlich, da sich dieser Standard durchgesetzt hat.
- *Vorhandene Schnittstellen:* Im Gegensatz zu den internen Steckplätzen bilden die Schnittstellen eines Computers die Verbindung nach außen. Hier werden Bildschirm, Tastatur oder Maus angeschlossen, aber auch zusätzliche Geräte wie Drucker, Modem oder Scanner. Unterschieden werden serielle und parallele Schnittstellen. Der neue USB (*Universal Serial Bus*) überwindet diese Unterschiede. Er bietet An-

schlußmöglichkeiten für neuartige Geräte mit gleich gestalteten Steckern.

- *Verschiedene Laufwerke für Disketten und CD-Rom:* Noch können viele Dateien – vor allem Texte – auf den 3,5-Zoll-Disketten untergebracht werden. Sie speichern Datenmengen bis zu 1,44 Megabyte. Doch dieses Medium ist zwischenzeitlich schon wieder veraltet, auch weil die Datenmengen gewachsen sind. Die Computer mit den entsprechenden Disketten-Laufwerken werden im Lauf der nächsten Jahre sicherlich vom Markt verschwinden.
  Die umfangreichen Anwendungs- und Kommunikationsprogramme benötigen längst den Speicherplatz, den eine CD-Rom (*Read Only Memory*) bietet. Für deren Nutzung muß der Computer mit einem entsprechenden Laufwerk ausgestattet sein.
  Umfangreiche Datenbanken wie Lexika oder Adreßbücher können dann genutzt werden. CD-Rom-Laufwerke sind bisher allerdings noch einseitig: Daten können nur gelesen, aber nicht gespeichert werden. Für diesen Zweck gibt es CD-Rom-Brenner, die jedoch vergleichsweise teuer sind – und das nicht nur beim Kauf, sondern auch im Unterhalt. Zwar bieten CD-Roms enorme Kapazitäten, doch da sie bislang nur einmal gebrannt werden können, ist ihre Nutzung im normalen Büroalltag nicht sehr effizient.
  Eine Alternative dazu stellen Laufwerke dar, die über eine Schnittstelle mit dem Computer verbunden werden. Das zur Zeit preisgünstigste und daher auch gängigste Medium für die Abspeicherung auch umfangreicherer Dateien sind die ZIP-Wechselplatten. Sie sehen aus wie Disketten, sind etwas dicker und größer und fassen bis zu 100 Megabyte.

Doch Grundvoraussetzungen für den Gebrauch des Computers sind Bildschirm, Tastatur und Maus, ohne sie kann die Maschine nicht bedient werden. Diese Teile sollten vor dem Kauf gründlich ausprobiert werden, denn eine schlechte Wahl kann leicht die Gesundheit beeinträchtigen.

Bei Tastatur und Maus sind ergonomische Kriterien zu beachten: Die Maus muß gut in der Hand liegen und leicht zu führen sein. Auf die ergonomisch günstigere, teilbare Tastatur kann man verzichten, wenn man nicht blind und im Zehn-Finger-System tippen kann. Allerdings ist auf die Leichtgängigkeit der Tasten und auf eine geeignete Ablagefläche für Hände sowie Gelenke zu achten. Dafür eignen sich auch besondere Schaumstoffteile.

Etwas komplizierter stellt sich der Kauf eines Bildschirms dar. Seine Qualitäten lassen sich an der Bildfrequenz, der Auflösung und der Bildschirmgröße messen. Letztere wird in Zoll angegeben und bezieht sich auf die Länge der Diagonale des Monitors. Auch bei Bürotätigkeiten sollte mindestens ein 17-Zoll-Bildschirm zur Verfügung stehen.

Die Bildwiederholfrequenz wird in Hertz gemessen und gibt an, wie oft das Bild pro Sekunde neu aufgebaut wird. Je höher die Frequenz, desto weniger flimmert der Bildschirm. Sie sollte mindestens 75 Hertz betragen.

Die Auflösung wird durch die Anzahl der Bildschirmpunkte (Pixel) bestimmt und sowohl für die Waagerechte als auch für die Senkrechte angegeben. Eine Auflösung von 640/480 besagt, daß ein Bild aus insgesamt 307 200 Pixeln aufgebaut ist, wobei die horizontalen Linien 640 Pixel, die vertikalen 480 Pixel umfassen. Je höher die Anzahl der Bildpunkte, um so besser die Auflösung; die Mindestanforderung hierfür liegt bei 1024/768.

Neuartig sind die Flachbildschirme, auf denen die Darstellungen aus flüssigen Kristallen aufgebaut werden (*Liquid Crystal Display*, LCD). Bei ihnen stellt auch die elektromagnetische Strahlung kein Problem mehr dar, die für andere Monitore in europäischen Normen begrenzt wurde: Sie müssen mindestens dem Standard EN 50081-1, besser noch den strengeren Normen aus Schweden, TCO92 oder TCO95, entsprechen. Ob das der Fall ist, wird aus den Angaben auf Aufklebern oder im Begleitheft zum Bildschirm erkennbar. Das TCO95-Zeichen läßt zudem auf eine strengere und umfassendere Kontrolle schließen, da es sich ebenfalls auf die Qualität von Tastatur, Rechner und Grafikkarte bezieht.

5.1.4 Fax und Co. – die Peripherie

Neben Computer samt Software, Modem oder Steckkarten gibt es weitere Geräte, die an einem Büro- und Telearbeitsplatz nicht fehlen sollten. Auch sie verbessern die Kommunikationsmöglichkeiten, gleichzeitig unterstützen sie die Arbeit. Die Entscheidung für ein Faxgerät bzw. einen Fernkopierer, einen Drucker, Scanner oder Anrufbeantworter hängt sehr stark davon ab, welche Funktionen die Geräte jeweils bieten und welche Ansprüche sie erfüllen sollen. So wird beispielsweise für gewöhnliche Büroarbeiten, das Ausdrucken von Konzepten und Briefen oder Aufträge im Buchhaltungsbereich nicht unbedingt ein leistungsstarker Drucker erforderlich sein, zumal die Texte und Berechnungen ja als Daten an einen Auftraggeber geschickt und von diesem endgültig bearbeitet, also auch ausgedruckt werden. Und nicht jeder Telearbeiter braucht einen Scanner für seine tägliche Arbeit.
Ein weiteres Kriterium für die Auswahl der technischen Einrichtung ist die Größe des Heimbüros: In kleinen Zimmern können keine überdimensionalen Geräte untergebracht werden. Hier leisten Kombigeräte praktische Dienste, auch wenn sie möglicherweise nicht immer die Qualität eines einzelnen Apparats erreichen. Einige Drucker können auch als Faxgerät oder Scanner eingesetzt werden oder sogar alle drei Aufgaben übernehmen. Darüber hinaus sind manche zusätzlich auch noch als Kopierer verwendbar. Ein großer Nachteil dabei: Wenn eine Funktion ausfällt und eventuell eine Reparatur erforderlich ist, sind auch alle anderen Einsatzmöglichkeiten nicht mehr verfügbar.
Es folgen einige Hinweise, auf die beim Kauf solcher Geräte zu achten ist.

- *Drucker:* Neben den verschiedenen Drucktechniken – Tintenstrahl- oder Laserdruck – gehen drei weitere Kriterien in die Überlegungen ein: Erstens die Druckqualität, die in Punkten pro Inch gemessen wird – je dichter die Punkte pro Fläche gesetzt werden, um so schärfer und genauer erscheint das Druckbild; zweitens die Druckgeschwindigkeit, die in Seiten pro Minute angegeben wird; drittens die Möglichkeit farbiger Ausdrucke.

Die Fähigkeit, Farbausdrucke zu liefern, besitzen sowohl Tintenstrahl- als auch Laserdrucker. Erstere sind deutlich billiger, arbeiten aber langsamer. Außerdem können gestochen scharfe Ausdrucke nur auf Spezialpapier angefertigt werden. Auch der Farbpatronenverbrauch ist relativ hoch: pro Seite entstehen Druckkosten von sieben bis neun Pfennigen, die sich allerdings durch die Verwendung von Recyclingkartuschen senken lassen. Trotzdem kommen Tintenstrahldrucker meist nur dort zum Einsatz, wo Ausdrucke seltener benötigt werden.

Schneller, sauberer und besser arbeiten Laserdrucker. Die Druckkosten pro Seite bewegen sich zwischen drei und fünf Pfennigen, allerdings sind die Tonerkartuschen vergleichsweise teuer. Wer beste Druckqualität braucht – etwa für Grafiken und Tabellen –, achtet besonders auf die Auflösung: Sie sollte mindestens 300 auf 300 Punkte pro Inch (dots per inch, dpi) betragen.

Wird ein Drucker längere Zeit nicht angesprochen, sollte er sich auf einen Energiespar-Modus umschalten. Die meisten Drucker können – entgegen den Angaben der Hersteller – mit üblichem Papier, auch Recyclingpapier, gefüllt werden. Für den üblichen Gebrauch und Probeausdrucke reicht dies völlig aus. Billiger sind auch hier wieder Recyclingkartuschen und -patronen, auch wenn die Hersteller von deren Benutzung abraten. Grund hierfür sind die schnell sinkenden Preise der Geräte. Die Hersteller versuchen daher oft, dies durch die Verteuerung von Verbrauchsmaterialien auszugleichen.

- *Scanner:* Nicht jeder Telearbeitsplatz muß mit einem solchen Gerät ausgestattet sein. Texte wie auch Bilder können mit Scannern direkt in den Computer eingelesen und dort bearbeitet werden. Sinnvoll erscheint diese Möglichkeit für das Erstellen von Präsentationen, aber auch für die Archivierung oder das Faxen direkt aus einer Datei. Wie beim Drucker wird die Qualität eines Scanners an seiner Auflösung – angegeben

in Punkten pro Inch – gemessen: Je höher die Dichte, um so schärfer kann das Eingelesene wiedergegeben werden.
Häufig sind den Scannern Programme zur Bildbearbeitung beigelegt. Wenn das Gerät zur Archivierung von Texten eingesetzt wird, sollte man darauf achten, daß die Daten aus dem Scannerprogramm auch in die gewohnte Textverarbeitung zu importieren und dort zu bearbeiten sind.

- *Faxgerät:* Neben Druckqualität und -geschwindigkeit spielt bei der Wahl eines Faxes noch die Übertragungsrate eine Rolle. Je schneller ein Gerät Daten transportiert, um so weniger Gebühren fallen dabei an. Auch Faxgeräte arbeiten mit unterschiedlichen Druckmethoden und Materialien: Immer seltener gibt es solche, in die Thermopapier auf Rollen eingelegt wird. Die Archivierbarkeit dieser Ausdrucke ist zeitlich begrenzt, denn sie vergilben in wenigen Jahren. Für das Büro sind sie daher nicht geeignet.
  Die meisten Laser- oder Tintenstrahlfaxe können mit normalem Papier genutzt werden. Tintenstrahlfaxe sind zwar billiger in der Anschaffung, verursachen aber höhere Druckkosten und arbeiten langsamer. Laserfaxe empfehlen sich vor allem aufgrund ihrer Schnelligkeit dort, wo viele Rundbriefe über die Telefonleitung verschickt werden.
  Die meisten Laserfaxgeräte verfügen außerdem über eine Schnittstelle zum Computer. Sie können mit zusätzlichen Programmen als Drucker, Kopierer oder Scanner genutzt werden. Zudem ist es dann möglich, beispielsweise den Zeitpunkt des Versands von Briefen zu steuern, so kann man günstigere Tarife nutzen.
  Als Alternative zum Faxgerät bietet sich ein Faxprogramm für den Computer an, das mit einem Modem oder einer ISDN-Karte funktioniert. Allerdings können dann nur Dokumente, die im Computer erstellt wurden, versendet werden, also z. B. keine Zeitungsausschnitte oder Fotos – in diesem Fall ist ein Scanner notwendig.
  Wie Drucker sollten sich auch Faxgeräte auf einen Energiesparmodus umschalten, wenn diese nur selten angesprochen

werden. Bei der Büroarbeit helfen außerdem zusätzliche nützliche Funktionen, auf die beim Kauf zu achten ist. Ein Faxgerät für das Büro oder Telezentrum sollte über ein Telefonbuch verfügen, das mindestens 50 Kurzwahlnummern faßt. Wer häufig Briefe verschickt, kann Gebühren sparen, wenn Faxaufträge zu steuern sind und erst in den Nachtstunden abgearbeitet werden. Mit Hilfe der Polling-Funktion können außerdem Textdokumente von einem anderen Faxgerät abgerufen werden.

- *Anrufbeantworter:* Wer zuweilen nicht an seinem Platz sitzt, braucht einen Anrufbeantworter, der alle eingehenden Telefonate und Nachrichten aufzeichnet. Auch diese Geräte verfügen bereits über vielzählige Funktionen. Sie können z. B. auf bestimmte Empfänger programmiert werden und diesem dann Nachrichten übermitteln. Außerdem ist es möglich – das ist besonders in Bürogemeinschaften oder für Familien sinnvoll –, die eingehenden Telefonate für verschiedene Empfänger gesondert zu sammeln und abzurufen. Darüber hinaus können eingehende Anrufe an eingespeicherte Nummern weitergeleitet werden. Einige Anrufbeantworter übernehmen auch Weckfunktionen – es stellt sich nur die Frage, ob der Telearbeiter diese im Büro wirklich braucht.

Ausschlaggebend bei der Wahl eines Anrufbeantworters ist seine Aufnahme- und Speicherfähigkeit: Ältere Modelle nehmen Ansagen und Anrufe auf Kassetten auf – ein inzwischen überholtes Verfahren. Chips verrichten diese Arbeit besser, da sie Sprache deutlicher wiedergeben und sich – ohne Qualitätsverlust – unendlich oft löschen und neu besprechen lassen. Zu unterscheiden sind semidigitale und volldigitale Anrufbeantworter: Semidigitale Geräte speichern die Ansagen des Besitzers auf einer Kassette und die eingehenden Anrufe auf dem eingebauten Chip, während bei volldigitalen beide Sprachnachrichten auf den Chip aufgenommen werden.

Die Entscheidung wird sicher auch durch den Preis beeinflußt. Volldigitale Geräte sind derzeit noch sehr viel teurer als die semidigitalen, die schon für weit unter 100 Mark zu erste-

hen sind. Bei der Anschaffung ist auch die Art des Telefonanschlusses entscheidend. Für einen analogen Anrufbeantworter muß, damit er über eine ISDN-Leitung zu betreiben ist, ein Adapter angeschafft werden. Besonders mobile Telearbeiter sollten außerdem darauf achten, daß der Anrufbeantworter durch eine Fernbedienung auch von außen gesteuert und abgehört werden kann.
Die Alternative zum Anrufbeantworter sind Netzdienste, die die Telefongesellschaften anbieten. Ähnlich wie beim Handy richten sie für jeden ihrer Kunden eine Mailbox ein, die mit einer eigenen Nummer an- und abzurufen ist. Bei dieser Lösung muß jedoch bedacht werden, daß bei einer solchen Mailbox monatliche Gebühren und bei jedem Abruf weitere Telefonkosten anfallen. Weitere Möglichkeiten bieten Internetdienstleister inzwischen mit den Unify Messaging Services oder Voice-Mail-Diensten an, bei denen die Anrufe als E-Mail oder Fax abgerufen werden können (s. Kapitel 5.3).

- *Telefon:* Mit Kabel oder ohne, digital oder analog, mit vielen oder wenigen Zusatzfunktionen – wie schnell die technische Entwicklung vorangeht, zeigt auch das Telefon. Es dient nicht mehr nur der Übermittlung von Gesprächen oder akustischen Signalen, sondern hat sich zum kleinen Sekretariat gemausert. Telearbeiter können sich von einem guten Telefon bei ihren Aufgaben unterstützen lassen. Die Wahl des Apparats ist abhängig von der Anschlußart. Soll an einer ISDN-Leitung ein analoges Telefon betrieben werden, ist zur Umwandlung der Daten ein zusätzlicher Adapter notwendig.
  Schnurlose Telefone, deren Akkus in einer Basisstation aufgeladen werden, schaffen Unabhängigkeit vom Sitzplatz. Und sie können außerdem die Wirkung des Telefonierenden unterstützen: Psychologen haben herausgefunden, daß die Stimme eines Anrufers gewichtiger und fester klingt, wenn er im Stehen telefoniert; eine Erkenntnis, die Telearbeiter vor Verhandlungen und Streitgesprächen bedenken sollten.
  In die meisten Telefone ist bereits schon ein Anrufbeantworter integriert. Das spart zwar Platz auf dem Schreibtisch, aller-

dings läßt die Übertragungsqualität der gesprochenen Nachrichten oft zu wünschen übrig. Probieren Sie die Klangqualität vor dem Kauf unbedingt aus – Kunden können durch eine blechern klingende Stimme vom Chip durchaus abgeschreckt werden. Darüber hinaus ermöglicht ein solches Gerät die Aufnahme wichtiger Telefonate. Das kann bei Verhandlungen oder Kundengesprächen durchaus sinnvoll sein.
Praktisch ist außerdem ein Telefonbuch, also ein Chip, der oft benutzte Nummern speichert, die dann durch kurze Codes abgerufen werden können. Der Speicherplatz sollte – um auch die Kennziffern von Telefongesellschaften nutzen zu können – mindestens 25 Ziffern pro Nummer oder die Verkettung verschiedener Speicherdaten zulassen. Ebenfalls nützlich ist ein Display, auf dem die Nummer des Anrufers erscheint. Man kann sofort erkennen, wer anruft und ob das Telefonat dringend notwendig ist.
Zudem sollte ein professionell genutztes Telefon über einen Einheitenzähler verfügen, damit die Übersicht über die anfallenden Kosten gewahrt bleibt. Auch eine Wahlkorrektur, mit der sich falsch eingegebene Ziffern einzeln wieder löschen lassen, ist hilfreich. Zeitsparend sind außerdem Wahlwiederholungsfunktionen und Anruferlisten, besonders in Kombination mit der Nummernanzeige: Wenn die Nummer eines Anrufers in einem Kurzspeicher abgelegt und auf Knopfdruck abgerufen werden kann, erleichtert das den Rückruf – und unter Umständen auch die Datenpflege für das gespeicherte Telefonbuch.

- *Least Cost Router:* Seit der Liberalisierung des Telefonmarkts bietet sich auch die Nutzung eines solchen Geräts im Büro an. Die kleine Box wird zwischen Telefon, Fax oder Computer und Telefonanschluß geschaltet. Sie wählt automatisch aus, welche Telefongesellschaft zu welcher Zeit und für welche Entfernungen die günstigsten Tarife bietet.
  Für diesen Dienst aktualisieren sich die Geräte regelmäßig selbst, indem sie die notwendigen Informationen von einem Server, der über eine einprogrammierte Nummer erreichbar

ist, abrufen. So fallen zwar nach der Anschaffung immer wieder Kosten an, doch Least Cost Router ersparen dafür Arbeit und Zeit, da die Kontrolle der neuesten Tarifangebote entfällt. Besonders praktisch sind die Geräte, wenn es für den Besitzer möglich ist, zu kontrollieren, welche Telefongesellschaften er am häufigsten nutzt. Das hilft bei einem geplanten Wechsel zu einer günstigeren Telefongesellschaft.

5.1.5 Videokonferenz und Spracherkennung

Sie sind noch nicht weit verbreitet – aber ihnen wird die Zukunft gehören: Bildtelefone. Was 1999 erstmals für den Mobilfunk vorgestellt wurde, existiert schon länger für die Festnetze. Allerdings gibt es bisher nicht viele Hersteller, die Bildtelefone liefern. Ein Grund sind die noch vergleichsweise hohen Preise, aber auch die noch spärliche Verbreitung. Mit Bildtelefonen kann eine einfache Videokonferenz zwischen zwei Teilnehmern hergestellt werden. Da aber deutlich größere Datenmengen zu transportieren sind als bei einem normalen Telefongespräch, können Bildtelefone nur mit ISDN-Leitungen betrieben werden.
Bei der Vermittlung von Bildern entstehen umfangreiche Dateien, vor allem, wenn sie wie beim Bildtelefon oder auch der Videokonferenz bewegt sind. Doch bei einer ISDN-Leitung stehen oft nur zwei Kanäle, unter Umständen auch nur einer bereit. Daher müssen die Bilddaten komprimiert werden. Für dieses Kompressionsverfahren wurden eigene Standards entwickelt – so ist sichergestellt, daß auch Gesprächspartner mit Telefonen von unterschiedlichen Herstellern optischen Kontakt aufnehmen können. Zur Gewährleistung der Kompatibilität mit anderen Geräten legte die »International Telecommunication Union«, eine Organisation aus Gesellschaften und Unternehmen, Standards der sogenannten H-Reihe fest.
Eine Konferenz mit Bildtelefonen schafft die Voraussetzung für Diskussionen und Auseinandersetzungen. Zwar können auch Zeichnungen oder andere optische Arbeitsergebnisse auf dem kleinen Bildschirm angezeigt werden, doch der entscheidende

Nachteil besteht darin, daß man, während das Gespräch stattfindet, nicht miteinander arbeiten kann. Die Kommunikation verläuft also Schritt für Schritt, während eine Videokonferenz parallele Kommunikation ermöglicht.
Für ein solches Gespräch wird ein Computer benötigt. Er verarbeitet die Bild- und Tondaten, die er aus einer zusätzlichen Kamera und einem Mikrofon empfängt, und schickt sie zur Telefonleitung. Die Kamera wird über dem Monitor montiert. Um dem Rechner die Arbeit der Datenumwandlung zu ersparen, sollte diese digitale und nicht analoge Signale aufnehmen. Beim Kauf ist besonders auf den Anschluß zu achten, der die Kamera mit der Grafikkarte des Computers verbindet, denn die Stecker der Kameras sind nicht standardisiert. Die Kamera muß folglich auf die vorhandenen Anschlußmöglichkeiten am Computer abgestimmt sein.
Außerdem braucht man für Videokonferenzen ein Telefon mit Hörer, das direkt an den PC angeschlossen wird, oder besser noch Mikrofon und Lautsprecher. Mit diesem ist es möglich, am Computer CDs zu hören, interaktive Spiele durchzuführen und Lexikon-Datenbanken zu lesen. Mit dem Mikrofon kann über das Internet billiger telefoniert werden. Ein sogenanntes Headset, bestehend aus Hörer und Mikrofon, das auf den Kopf gesetzt wird, erleichtert das Arbeiten am Computer oder das Notieren von Nachrichten während eines Telefonats, da beide Hände frei bleiben.
Beim Kauf einer Ausrüstung für Videokonferenzen ist außerdem zwischen Profisystemen, die mit Datenraten bis zwei Megabit pro Sekunde arbeiten, und solchen für den halbprofessionellen und privaten Einsatz, die die einfache Übertragung der ISDN-Leitung (64 000 oder 128 000 Bit pro Sekunde) nutzen, zu unterscheiden. Systeme, die die einheitlichen Standards der H-Reihe erfüllen, sind trotz unterschiedlich schnellen Datentransports kompatibel.
Neben dieser Technik benötigt man spezielle Programme für Videokonferenzen. In den meisten Fällen werden Geräte und Programme als Paket angeboten. Sollen mehrere Personen gleichzei-

tig an einer Datei arbeiten, müssen außerdem Document-Sharing-Programme angeschafft werden, die den einheitlichen T.120-Standard bedienen.
Videokonferenzen werden unterschiedlich aufgebaut. Die einfachste Version stellt das Bild-Ton-Gespräch zwischen zwei Personen via Computer und Telefonleitung dar. Auf dem Bildschirm erscheint der jeweilige Gesprächspartner. Sollen mehrere Teilnehmer miteinander verbunden werden, stellen die beteiligten Computer sogenannte Multipoint-Verbindungen zu allen anderen Partnern her. Die Oberfläche auf den Monitoren teilt sich in Bildfelder, in denen die Gesichter der Teilnehmer sowie die zu bearbeitende Datei erscheinen. Für diese Vorgänge sind deutlich höhere Übertragungsraten notwendig. Deshalb ermöglichen bisher nur die leistungsstärkeren Netze, die größere Firmen mit Hilfe von mehreren ISDN-Anschlüssen aufgebaut haben, die Durchführung von Videokonferenzen.
Eine weitere Form der Kommunikation stellt die Multicast-Verbindung dar, die mit einer Fernsehübertragung zu vergleichen ist. Dabei baut nur ein Computer die Verbindung zu mehreren Teilnehmern auf. Zwar sehen sich dann alle Gesprächspartner, sie können allerdings selbst keine Signale an andere Teilnehmer senden. Team-Sitzungen, bei denen lediglich Informationen weiterzugeben sind, werden häufig so durchgeführt. Bisher ist diese Form der Videokonferenz allerdings eher bei Fortbildungen und Telelearning-Seminaren verbreitet.
Videokonferenzen gehören für die meisten Telearbeiter, insbesondere für die freien Mitarbeiter einer Firma, zur Zukunft. Sie werden sich sicher durchsetzen. Denn wie das gewohnte Telefon bieten sie gegenüber E-Mail und Fax einen entscheidenden Vorteil: Sie ermöglichen die direkte Auseinandersetzung und Intervention – nicht nur in Ton, sondern auch in Bild.
Noch ist die Technik aber nicht ausgereift. Videokonferenzen – vor allem wenn sie von den einfacheren Systemen aufgebaut werden – verlaufen oft nicht reibungslos, da die Leitungskapazitäten für den Transfer der Bild- und Tondaten nicht ausreichen. Darüber hinaus brauchen die Teilnehmer Übung und Disziplin im

Umgang mit der Technik: Die Systeme reagieren vor allem auf akustische Signale. Ein Hüsteln oder Räuspern – und das Bild eines Konferenzteilnehmers wird aktiviert, obwohl er gerade gar nichts zu sagen hat.
Das Mikrofon aus dem Videokonferenz-System wird in Zukunft aber nicht nur beim Telefonieren via Computer nützen, sondern auch bei der übrigen Arbeit. Computer sind lernfähig, derzeit wird ihnen das Hören beigebracht. Erste Arbeitsprogramme, die mittels Sprache funktionieren, sind schon auf dem Markt. Allerdings noch nicht mit befriedigenden Ergebnissen: Kein Anwender spricht so akzentuiert und pointiert, wie es die Software derzeit noch erfordert. Zudem ist hier bisher nur die Ausrichtung auf die Stimme und Aussprache eines Menschen möglich. Doch mit der Zeit oder, genauer gesagt, mit dem technischen Fortschritt können auch diese Verständnisprobleme überwunden werden.

5.1.6 Netzwerke

Die Telearbeiter in Telezentren werden sich schon aus praktischen Gründen ein eigenes kleines Computernetzwerk und eine Telefonanlage aufbauen. Untereinander vernetzte Computer erlauben beispielsweise den Zugriff aller auf einen Drucker – das hilft sparen, denn die Kosten für ein Gerät werden geteilt. Und natürlich können die Beteiligten ein gemeinsames Archiv anlegen oder – bei Bedarf – über das Netzwerk auf die Daten der anderen Teilnehmer zugreifen.
Eine gemeinsame Telefonanlage hat z. B. den Vorteil, daß die eingehenden Anrufe von allen Apparaten aus angenommen werden können. Ist jemand nicht an seinem Platz, so reagieren die Kollegen auf das Telefonklingeln. So entstehen Vertrauen und möglicherweise mehr Kundennähe, denn eine freundliche, persönliche Auskunft wirkt immer noch sympathischer als eine automatische Ansage vom Band. Und auch die Grundgebühren verringern sich, da sie geteilt werden. Trotzdem erhält jede Nebenstelle eine gesonderte Abrechnung.

Eine solche Telekommunikationsanlage bietet den Vorteil, daß alle daran angeschlossenen Apparate zu kostenlosen internen Gesprächen genutzt werden können. Der Nachteil: Der Aufbau einer praktischen Telefonanlage für das ganze Büro überfordert den normalen Verbraucher, zumal wenn Faxgeräte und Computer integriert werden sollen. Auch das Einrichten von Komfortfunktionen, wie z. B. das Weiterleiten von Telefonaten oder automatische Rückrufaufforderungen, bringt größeren Aufwand mit sich. Im Zweifelsfall sollte man die Installation und Konfiguration einer Telefonanlage dem Fachmann überlassen.

Bei Computernetzwerken ist die Sachlage ähnlich. Generell sind zwei Verkabelungsarten möglich: der Aufbau in Form einer Kette oder eines Rings und der sternförmige. In jedem Fall müssen die Rechner mit einer zusätzlichen Netzwerkkarte ausgerüstet werden.

In einfacheren Varianten kann jeder Beteiligte auf die freigegebenen Festplatten oder Verzeichnisse anderer zuzugreifen, allerdings nur, wenn der jeweilige Rechner angeschaltet und am Netzwerk angemeldet ist. Auch Geräte wie Modem, Drucker oder Scanner, die an einem der Computer angeschlossen sind, können von den anderen mit der entsprechenden Software benutzt werden. Nachteil hierbei: Private oder vertrauliche Daten müssen eigens geschützt werden, was in einfacheren Netzen nur begrenzt möglich ist.

Mehr Möglichkeiten bietet hier ein *Server/Client-System*. Es eignet sich vor allem für größere Netze mit vielen Rechnern. Sie alle werden dann von einem zentralen Server aus verwaltet. Hierzu braucht man zusätzliche Software, die beispielsweise von Novel NetWare, Microsoft oder Intel geliefert wird. Der Rechner, der als Server dient, verfügt über sämtliche Daten und Programme. Mit ihm sind alle weiteren Computer sowie die Umgebungsgeräte, die von mehreren genutzt werden, verbunden. In einem solchen Netzwerk kann der Zugriff auf Daten, z. B. für eine bestimmte Personengruppe, eingeschränkt werden. Die Software für den Aufbau eines Netzwerks kostet von 200 bis über 1500 Mark pro Arbeitsplatz.

5.2 Immer unterwegs – Technik für mobile Telearbeiter

Kurzübersicht: Der Arbeitsplatz

Technik	*Programme*	*Peripherie*
Laptop (5.2.1)	Anwendungssystem (5.1.1)	Handy (5.2.3)
Organizer (5.2.1)	Betriebssystem (5.1.1)	Zusatzakkus (5.2.1)
Communicator (5.2.1)	Kommunikation (5.1.1)	Mobiles Fax (5.2.3)
PC-Karte (5.2.2)	Remote Access (5.1.1)	Carkit (5.2.3)
Modem (5.2.2)	Document Sharing (5.1.1)	
	Codierung und Verschlüsselung (5.4)	

»Mein Büro ist überall dort, wo ich bin«, lautet die Maxime von Nicholas Negroponte, Gründer und Leiter des Media Laboratory am Massachusetts Institute of Technologies (MIT). Hier im Südosten der USA wird laufend über die Techniktrends der Zukunft nachgedacht. Negroponte hat sich vor allem der Kommunikation und ihrer Medien verschrieben.

Der Wissenschaftler und Autor zahlreicher Bücher erweist sich dabei als besonders flexibel. Er ist nur noch selten in seinem Büro am Institut anzutreffen und hat den Raum deshalb auch längst anderen überlassen. Statt dessen jettet er in der ganzen Welt herum, hält Vorträge, beteiligt sich an Beratungs- und Forschungsprojekten und bleibt dennoch mit seinen Kollegen verbunden. Von seinem Büro ist lediglich ein Notebook, eine Steckkarte für die Kommunikation und ein mobiles Telefon übriggeblieben.

Wie Negroponte bezeichnen sich immer mehr Menschen zeitweise oder sogar ständig als moderne Nomaden, die von Ort zu Ort ziehen. Wie er, der sein Büro als die Tastatur eines Notebooks definiert, profitieren auch diese mobilen Telearbeiter von der steten Verkleinerung der Rechner durch die Weiterentwicklung von Mikrochips. Das hat nicht nur dazu geführt, daß die Desktop-Computer mehr Daten speichern können als die Rechnerschränke der Vergangenheit, sondern auch dazu, daß noch kleinere Rechner gebaut und tragbare Modelle entwickelt wurden.

Laptops nannte man die ersten Modelle, zunächst noch in Abgrenzung zu den Notebooks, die eine etwas abgespecktere Variante darstellten. Heute sind die Grenzen zwischen diesen Bezeichnungen fließend geworden, beide stehen für leistungsfähige, leichte Computer. Eine Untergruppe dazu bildet die sogenannte Jupiter-Klasse. Das sind deutlich kleinere, tragbare Rechner, die noch aussehen wie Notebooks, und eine relativ komfortable Tastatur, aber nicht ganz so viel Arbeits- und Speicherkapazität bieten.

Wenn die Laptops noch vor wenigen Jahren gut und gerne sechs bis acht Kilogramm auf die Waage brachten und relativ sperrig waren, so wiegen sie heute nicht einmal mehr drei Kilogramm, sind flacher, kleiner im Ausmaß und daher noch besser zu transportieren. Die Geräte der Jupiterklasse sind noch leichter: Sie wiegen gerade mal ein Kilogramm und haben in etwa die Größe eines Stenoblocks.

Das Büro von heute paßt also bequem in eine Aktentasche. Und schon erobern die ersten Rechner im Westentaschenformat die Arbeitswelt, die sogenannten Organizer, Handheld- oder Palm-Computer. Sie zeigen wiederum, worauf der technische Fortschritt abzielt: auf die Verschmelzung der Funktionen von Kommunikationsgeräten, Telefonen und Computern.

Diese Communicatoren bieten die Fähigkeiten eines Organizers, also die Adreß- und Datenverwaltung, sowie die wichtigsten Funktionen einer Textverarbeitung und eines Handys. Mit den kleinen Computern kann also telefoniert, aber auch im Internet gesurft oder ein Brief getippt werden. In solchen Geräten sehen nicht nur Arbeitswissenschaftler, sondern auch Vertreter, Spediteure oder Vertriebsfachleute die Zukunft der mobilen Telearbeit.

Doch auch der Fortschritt bei den Mobilfunknetzen schuf neue Impulse. Zwar können tragbare Rechner an das Festnetz angeschlossen werden, doch erst die Datenübertragung von unter-

wegs machte mobile Telearbeit möglich. Die Verbindungen wurden zunächst über analoge Funknetze aufgebaut (A-, B- und C-Netz; letzteres wird gerade schrittweise aufgegeben und nur noch für Autotelefone genutzt). Doch seit Ende der achtziger Jahre werden sie durch die stärkeren digitalen Funknetze (in Deutschland die D- und E-Netze) ersetzt.
Ein mobiler Telearbeitsplatz unterscheidet sich in seiner Ausstattung und den damit verbundenen Möglichkeiten nicht wesentlich von einem festen. Auch hier sind einerseits Computer, andererseits Kommunikationsgeräte und Software anzuschaffen. Der wichtigste Unterschied besteht in der Größe der benutzten Geräte, außerdem werden für die Datenübertragung bei der Telearbeit die Mobilfunknetze benutzt. Ein mobiler Telearbeitsplatz besteht deshalb aus

- Notebook oder Organizer,
- Steckkarten, die Verbindungen zu Mobilfunk- oder Telefonnetzen schaffen,
- Handy oder Telefon sowie
- passender Software: Betriebssystem, Arbeits- und Kommunikationsprogramme.

Zusätzliche Geräte wie mobile Drucker, Faxe oder Fernsprecheinrichtungen für das Auto erleichtern die Kommunikation oder Büroarbeit unterwegs. Heute ist es möglich, im Auto und im Zug autark zu arbeiten. Im eigenen Fahrzeug sorgt der Zwölf-Volt-Anschluß des Zigarettenanzünders oder eine extra dafür vorgesehene Batterie für Energie sowie das Handy mit Außenantenne für die Verbindungen zur Außenwelt. Im Zug sind bereits viele Waggons mit Steckdosen und Repeatern – Antennen, die Mobilfunksignale verstärken – ausgerüstet. Nur im Flugzeug sind noch aus technischen Gründen den Telefonverbindungen in alle Welt Grenzen gesetzt.
Längst haben Gastronomie, Dienstleister und Reiseunternehmen eine neue Klientel für sich entdeckt und neue Angebote für sie erfunden: In Internetcafés oder auf Flughäfen finden die Arbeits-

nomaden öffentliche Computerterminals, an denen sie ihre E-Mails checken, einen Organizer aktualisieren oder Briefe an den Computer im Büro schicken können. Fast kein Hotel kann es sich mehr leisten, auf Business-Zimmer mit Faxgerät, Telefon und Anschlußmöglichkeit für ein Notebook zu verzichten.
In vielen Städten haben sich zudem Büroservices etabliert, die den mobilen Arbeitern tage- oder stundenweise Besprechungsräume oder Sekretariate zur Verfügung stellen. Außerdem sorgen sie dafür, daß ein Heim- oder Kleinbüro auch bei Abwesenheit seines Besitzers nicht vollständig verwaist. Nicht zuletzt stehen auch nützliche elektronische Dienste, z. B. Mailbox-Systeme im Fest- oder Mobilfunknetz sowie im Internet, zur Verfügung, die ebenfalls die Erreichbarkeit mobiler Arbeiter aufrechterhalten.
Die Kehrseite der Mobilisierung von Arbeit: Die Ansprüche an die Erreichbarkeit und das Arbeitstempo steigen. Wer dreimal vergeblich eine Nummer wählt und keine Antwort erhält, ist schon aufgebracht. Umgekehrt erzeugt das Wissen, jetzt gerade nicht für Kunden erreichbar zu sein, Unsicherheit. Daher klingelt und piepst es an allen möglichen und unmöglichen Orten zu jeder Zeit. Ungeachtet dessen, daß ein wichtiges Telefonat Aufmerksamkeit und Konzentration erfordert, wird selbst im Fahrzeug munter telefoniert. Manager besprechen Kündigungen und Millionendeals, während sie ihr Auto durch den Stadtverkehr oder mit hoher Geschwindigkeit über die Autobahnen steuern. Vertreter beraten über wichtige Geschäfte, Angestellte plaudern mit ihren Freunden, weil sie sonst keine Zeit mehr dafür finden. Sie bringen dadurch sich und andere in Lebensgefahr: Das Unfallrisiko steigt um ein Vielfaches an, wenn der Fahrer telefoniert. Nicht umsonst wird ständig über ein Verbot von Handys im Auto diskutiert.
Auch Theater und Restaurants müssen schon zu rigiden Maßnahmen gegen das häufige Klingeln greifen, weil mobile Manager und Angestellte es nicht verstehen, daß ihre Arbeitswut andere stört. Und so wird es die Herausforderung der Zukunft sein, mit den neuen Kommunikations- und Arbeitsmöglichkeiten besser

umgehen zu lernen und sie sinnvoller einzusetzen, um mit der verfügbaren Zeit effizienter umzugehen.
Mobile Telearbeiter, die ihre Arbeitsgeräte auswählen, müssen dieselben Überlegungen anstellen wie ihre Kollegen, die einen Büroarbeitsplatz einrichten. Lediglich die Handlichkeit und das Gewicht der Geräte, die eingesetzt werden sollen, sind weitere Kriterien, die die eingesetzte Technik mitbestimmen. Doch wie der feste Telearbeitsplatz wird auch der mobile mit der AST-Methode geplant: Erst nach genauer Definition der Aufgaben sollten zunächst die Software und dann die Technik ausgewählt werden.

5.2.1 Laptop, Notebook, Organizer

Leichter, flacher, eleganter: Das sind die Eigenschaften, die bei den tragbaren Computern in den vergangenen Jahren weiterentwickelt wurden. Gleichzeitig stieg auch ihre Leistungsfähigkeit. Heute erreichen sie in bezug auf Speicherkapazität und Arbeitsgeschwindigkeit ähnliche Leistungen wie die Desktop-Rechner. Auch die Qualität eines Notebooks läßt sich an der Taktfrequenz des eingebauten Prozessors sowie der Speicherkapazität ablesen. Mindestens drei bis vier Gigabyte sollten selbstverständlich sein, wenn auch unterwegs größere Datenmengen zu verarbeiten sind. Die Mindestvoraussetzung für die Taktgeschwindigkeit liegt bei 300 MHz.
Weitere Kriterien ergeben sich aus den Ansprüchen an die Transportfähigkeit tragbarer Computer. Wer beispielsweise oft fliegt, muß das Gewicht in seine Entscheidung einbeziehen, da das Gepäck nicht unnötig schwer sein sollte. Es gibt bereits Notebooks, die drei Kilo und weniger wiegen.
Tragbare Rechner, die modular aufgebaut sind, bieten in dieser Hinsicht Vorteile. Sie bestehen aus dem eigentlichen Computer mit Tastatur und Bildschirm im Deckel und sind mit einer Leiste ausgestattet, an der sich Schnittstellen für den Anschluß externer Geräte befinden. Dazu zählen z. B. das Fax oder ein Modem, aber auch ein größerer Monitor, eine Maus und eine komfortablere Tastatur. Laufwerke für Speichermedien wie CD-Rom und

Disketten werden bei Rechnern der gehobenen Preisklasse ins Gerät integriert, bei günstigeren Modellen getrennt geliefert.
Bei der weiteren Entwicklung dieser tragbaren Computer kann sicher nochmals eine Reduzierung des Gewichts erfolgen. Bezüglich der Größe ist allerdings die Obergrenze weitgehend erreicht, denn noch kleinere Tasten erschweren erwiesenermaßen die Bedienung, und auf nochmals verkleinerten Bildschirmen kann das Dargestellte nur schlecht erkannt werden. Dies wird im übrigen immer der Nachteil von tragbaren Geräten bleiben: bei aller Leistungsstärke sind Notebooks gerade bei länger dauernden Arbeiten unkomfortabel – vor allem aus ergonomischen Gründen. Daher sollten die Anschlußmöglichkeiten, die ein Notebook bietet, auch genutzt werden. Mit dem gewohnten Bildschirm, einer Maus und einer herkömmlich großen Tastatur kann ein Notebook wie jeder andere Computer eingesetzt werden. Dies erleichtern Docking Stations – Gehäuse, an denen die gewohnte Peripherie schon angeschlossen ist und in die ein passendes Notebook eingeschoben wird. Docking Stations gehören inzwischen zur festen Einrichtung von Unternehmen, die Telearbeit eingeführt haben. Mit ihrer Hilfe wird das raumsparende Desk Sharing möglich. Die Telearbeiter kommen mit ihren Notebooks, auf denen alle Daten verfügbar sind, in das Büro, und loggen sich über die Docking Station in das interne Netz ein.
Telearbeiter sollten bei der Wahl eines Notebooks neben Größe und Gewicht auch die Akku-Kapazitäten beachten: Nicht überall ist ein Netzanschluß verfügbar, daher muß der Rechner also unter Umständen auch längere Zeit ohne direkte Energiezufuhr auskommen können. Lithium-Ionen-Akkus empfehlen sich, wenn nicht nur kurze Nutzungszeiten gefordert werden. Energie für mehrere Stunden sollte ein Notebook-Akku liefern – viele der handelsüblichen Geräte sind außerdem mit zusätzlichen Energiespeichern ausgestattet.
Eines bleibt jedoch für Telearbeiter zu beachten: Im Flugzeug werden Laptops wie auch Mobiltelefone noch kritisch beäugt. Zu Recht, denn die Funkverbindungen beeinflussen die Flugleittechnik. Daher müssen Handys ausgeschaltet werden. Aus dem-

selben Grund werden die Besitzer von Laptops gebeten, auf den Einsatz ihrer Geräte zu verzichten.
Übrigens ist die Anschaffung eines externen Laufwerks unter Umständen sehr sinnvoll: Unterwegs entstehen ständig neue Daten, die sicherheitshalber doppelt abgespeichert werden sollten. Doch die gewohnten Disketten werden wohl bald nicht mehr benutzt. Mehr Zukunft haben CD-Rom- und vor allem Wechsellaufwerke (Syquest oder ZIP), deren Träger größere Datenmengen aufnehmen können. Daher kann beim Notebook auf das fest installierte Diskettenlaufwerk verzichtet und statt dessen ein externes Laufwerk angeschafft werden.
Doch nicht jeder mobile Telearbeiter benötigt unbedingt ein Notebook, um seine Aufgaben zu erledigen. Für Mitarbeiter von Speditionen oder eines Vertriebs reichen kleinere Rechner vollkommen aus. Allein schon aus Platz- und Gewichtsgründen eignen sich die Organizer in solchen Fälle besser. Diese Computer im Westentaschenformat erleichtern – wie ihr Name schon sagt – die Organisation von Arbeit. Sie funktionieren meist mit einer deutlich abgespeckten Version von Windows (Windows CE), wodurch wiederum der Datenaustausch zwischen einem PC und dem Organizer ermöglicht wird. Das ist wichtig, um Adressen und Termine regelmäßig aktualisieren zu können.
Zusätzlich speichern diese kleinen Rechner Programme für die Adressenverwaltung, Zeitorganisation und Textverarbeitung. Allerdings: Sie sind in etwa so groß wie ein Handy, die Bedienung mit den sehr kleinen Tasten fällt schwer. Praktischer sind jene Geräte, auf deren Display mit Hilfe eines besonderen Stifts Tasten aktiviert werden können. Zudem nehmen sie auch handschriftliche Notizen auf, die man direkt auf das Display schreibt. Organizer kosten zwischen 300 und 600 Mark. Sie werden vor allem als Zusatzgeräte eingesetzt, die unterwegs die Funktion eines Notebooks oder Computers übernehmen. Da sie über Schnittstellen verfügen – meist Infrarot –, lassen sie sich an viele Geräte anschließen. Wesentlich vielseitiger sind Organizer in Verbindung mit einem Handy. Diese Communicatoren verwalten nicht nur Adressen und Termine, ihr Besitzer kann auch per

Fax oder E-Mail mit anderen Verbindung aufnehmen, telefonieren oder via Internet in das Firmennetz gelangen.
Communicatoren wiegen nur etwa 300 Gramm und bieten eine Speicherkapazität von vier Megabyte, die sich über zusätzliche Steckkarten noch erweitern läßt. Über Infrarot- oder serielle Schnittstellen können sie mit unterschiedlichsten Geräten verbunden werden. Sie dienen so auch als Modemersatz für einen PC oder ein Notebook. Dies ist von Vorteil, wenn Daten aus Netzwerken direkt beim Kunden auf dem Bildschirm erscheinen sollen.

5.2.2 PC-Karten und Modems

Notebooks nehmen über sogenannte PC-Cards Verbindung zu den Telefon- und Funknetzen auf. Das sind – ähnlich wie die ISDN-Karten für den PC – Steckkarten, die man in das Gerät einbaut. Ein übliches Modem, das an die serielle Schnittstelle angeschlossen wird, kann aber auch Daten aus dem analogen Netz empfangen. Entscheidend bei der Wahl einer PC-Card ist, ob unterwegs vorrangig Verbindungen zum Festnetz, ISDN-Netz oder Mobilnetz aufgebaut werden sollen. Zum einen sind PC-Cards erhältlich, die jeweils eine einzelne Funktion erfüllen, zum anderen solche, die den Zugang zu allen Netzen erlauben.
Die Kompatibilität von PC-Cards und Notebooks, aber auch mit diversen Zusatzgeräten, sichert der sogenannte PCMCIA-Standard: Die »Personal Computer Memory Card Interface Association« hat Anfang der neunziger Jahre die Palette der Erweiterungsmodule für tragbare PCs vergrößert. So lassen sich sämtliche scheckkartengroßen PCMCIA-Karten in alle gängigen Notebooks einbauen.
Die Qualität einer PCMCIA-Modem-Card läßt sich wie bei einem Modem an der Übertragungsrate der Daten abschätzen. Gute Karten transportieren derzeit 33 600 und 56 000 Bit pro Sekunde in den Festnetzen. In den Mobilfunknetzen schaffen sie 9.600 Bit pro Sekunde. Eine langsamere Übertragung bedeutet höhere Kosten – vor allem in den Mobilfunknetzen mit ihren

überdurchschnittlichen Gebühren. Daher lohnt sich die Anschaffung einer teureren, aber leistungsstärkeren PC-Card.
Doch auch einige der älteren PC-Cards, die nur auf das ISDN- oder Analognetz ausgerichtet sind, lassen sich heute für die Übertragung in Funknetzen aufrüsten. Die Ausgaben hierfür liegen unter denen eines Neukaufs. Umgekehrt können einige PC-Cards für Notebooks mit Hilfe eines Adapters als Modemersatz für den Computer zu Hause genutzt werden.
Neuere PC-Cards verfügen zusätzlich über Voice-Funktionen: So kann das Notebook auch akustische Signale verarbeiten und mit einem Handy oder Modem als Anrufbeantworter eingesetzt werden. Des weiteren ermöglichen sie über ihre Schnittstelle nach außen den Anschluß an ein Fax, Modem oder Handy. Doch ist die Steckverbindung zwischen den Geräten gerade unterwegs ziemlich labil. Alternativ dazu erhältlich sind Softmodems; das sind Computerprogramme für Notebooks, die mit einem Kabel ausgeliefert werden, das eine stabilere Verbindung mit dem Handy herstellt. Das mitgelieferte Programm simuliert auf der Festplatte ein Modem, über das künftig der Datenaustausch ablaufen soll. Zu beachten ist allerdings, daß der Großteil der Softmodems nur in Verbindung mit dem Windows-Betriebssystem funktioniert, einige nur analoge Telefonanschlüsse anwählen und die meisten auch nur an ein bestimmtes Handy anzuschließen sind. Die Preise von Softmodems und PC-Cards für den Mobilfunk liegen derzeit etwa auf dem gleichen Niveau.

5.2.3 Peripherie: Handy, Drucker und Co.

Für den mobilen Einsatz von Computern wurden natürlich auch handlichere Umgebungsgeräte entwickelt: Drucker etwa oder Faxgeräte, die in einen Koffer passen. Ob eine solche Anschaffung sich lohnt, muß jeder für sich entscheiden. Jedes zusätzliche Gerät bedeutet mehr Gewicht im Gepäck eines mobilen Telearbeiters. Auch die Überlegung, ob diese Geräte unterwegs benötigt werden, sollte in die Entscheidung einfließen. Es ist wahrscheinlich, daß beispielsweise bei Kunden die herkömmli-

che Büroausstattung zur Verfügung steht, an die das eigene Notebook angeschlossen werden kann. Diese Bedingungen bieten auch Hotels an. Darüber hinaus gibt es Büroservices oder Copyshops, die fremde Dateien ausdrucken. Bei diesen Lösungen muß allerdings vorab geklärt werden, ob die verwendeten Systeme miteinander kompatibel sind.
Ähnliches wie für die Qualität von Druckern und Faxgeräten in festen Büros gilt auch für die mobile Ausstattung. Sie wird durch die Auflösungsrate, das Druckverfahren und die Übertragungsleistung bestimmt. Dabei ist zu beachten, daß die kompakteren Geräte Kompromisse erfordern – sowohl bei der Druck- als auch bei der Übertragungsqualität. Zuweilen erschweren die deutlich kleineren Tasten zudem die Bedienung. Nützlich für den häufigen Transport sind passende Koffer und Taschen für die Geräte – bestenfalls vom Hersteller mitgeliefert –, denn darin sind sie sicher vor Stößen, Feuchtigkeit und Hitze.
Wichtiger noch als eine Peripherie für das Notebook ist sicher die Anschaffung eines mobilen Telefons, zumal es in Verbindung mit dem Computer auch das Fax und Modem ersetzt. Bei der Auswahl eines Handys spielen mehrere Kriterien eine Rolle; vorrangig ist dabei der Vertrag.

- *Kartenvertrag:* Handys funktionieren nur mit einer Telefonkarte. Diese bekommt man mit der Nummer von Mobilfunkgesellschaften, die Funknetze betreiben, sowie von Serviceunternehmen, die mit eigenen Einheiten und Funkkapazitäten arbeiten. Bei Kartenverträgen ist auf die Laufzeit zu achten – meist liegt sie bei zwei Jahren –, aber auch auf die Tarife. Der Interessent sollte genau wissen, zu welcher Tageszeit er am häufigsten telefoniert. Telearbeiter werden sicher tagsüber die meisten Gespräche führen. Darauf gehen die Profi- oder Business-Tarife ein. Gegen eine höhere Grundpauschale werden zusätzliche Dienste angeboten, z. B. eine Mailbox, die auch Faxe und E-Mails empfängt. Häufig wird ein bestimmtes Gesprächsaufkommen vorausgesetzt, für das man auch bezahlen muß, wenn es einmal nicht ausgeschöpft wird. Dafür erhe-

ben diese Firmen billigere Gesprächsgebühren während des Tages.
Wer selten selbst anruft und das Handy eigentlich nur bei sich hat, um für Kunden und Auftraggeber erreichbar zu sein, kann sich auch unter den Family- und Fun-Tarifen umschauen. Bei diesen wird eine niedrigere Grundgebühr erhoben, dafür sind die Tarife für Telefonate während der Arbeitszeiten zwischen neun und 18 Uhr sehr teuer. Nur abends und am frühen Morgen werden günstigere Bedingungen für eigene Gespräche angeboten. In diesen Verträgen sind jedoch keine zusätzlichen Leistungen wie spezielle Mailboxen enthalten.
Ein Kartenvertrag subventioniert außerdem ein Handy. Je moderner das Gerät, um so mehr muß bei Vertragsabschluß zugezahlt werden. Doch: Nicht jedes Handy schaltet in jedem Funknetz auf Empfang. So ist vor der Auswahl eines Modells zu entscheiden, in welchem Mobilfunknetz telefoniert werden soll.

- *Netze:* Derzeit wird in Deutschland zwischen den D- und E-Netzen unterschieden. Beide bedienen die Standards des *Global System for Mobile Communication* (GSM). Das bedeutet, daß Kontakte zwischen diesen Netzen generell möglich sind. Bis zum Jahr 2002 soll ein neuer Mobilfunkstandard entwickelt werden – das *Universal Mobile Telecommunication System* (UMTS) –, mit dem eine verbesserte Datenübertragung angestrebt wird.
  In den D-Netzen übertragen die Deutsche Telekom (D1) und Mannesmann (D2) nach dem auch im Ausland weit verbreiteten GSM-900-Standard. Teilnehmer in diesen Netzen können ohne weiteres auch in anderen europäischen Ländern telefonieren. Der Aufbau der E-Netze erfolgte erst sehr viel später. Hier beherrschen E-Plus und seit 1998 Viag Interkom den Markt. Sie bedienen sich dabei des GSM-1800-Standards, der eine bessere Übertragungsqualität und damit eine klare Verständlichkeit bei Anrufen sichert. Dieser wurde jedoch nicht flächendeckend eingeführt und das Netz nur sehr begrenzt ausgeweitet. Das ist der Grund, warum die E-Plus-Tarife

deutlich günstiger sind als die der D-Netze. Der Nachteil dabei: Weil in nur wenigen Ländern auf diesen Wellen gefunkt wird, funktionieren E-Netz-Handys an vielen Orten nicht.

- *Geräte:* Ein Ausweg aus dem Dilemma bieten neue Handy-Typen. Die ersten Modelle wurden im Herbst 1998 vorgestellt: Dualband-Handys funktionieren in beiden GSM-Standards und überbrücken derartige Hindernisse. Damit kann sich ein E-Netz-Teilnehmer beispielsweise in die GSM-900-Netze des Auslands einloggen und von dort nach Hause oder mit Kollegen telefonieren. Viag Interkom nutzt diese Technik, um den eigenen Anschlüssen größere Erreichbarkeit zu bieten.

Nicht nur von dem neuen UMTS-Standard, der vor allem Übertragungs- und Empfangsqualitäten verbessern soll und in den nächsten Jahren die Handy-Technik verändern wird, erwartet sich die Wirtschaft Impulse, sondern auch von der Satellitentelefonie. Sie ermöglicht endlich die mobile Kommunikation ohne Grenzen. Aufgrund unterschiedlicher Funksysteme können Mobiltelefone in Europa nicht aus den USA erreichbar werden und umgekehrt. Die Dualmode-Handys sind jedoch dafür gerüstet; sie nutzen – wo möglich – für das Senden und Empfangen der Signale terrestrische Netze und den jeweiligen GSM-Standard. An den übrigen Stellen weichen sie auf das Funknetz aus, das aus 60 Satelliten, die sich im Orbit befinden, besteht. Satellitentelefonie ist noch sehr teuer; die Gesprächsminute kostet derzeit zwischen sieben und 14 Mark.

Bei allen mobilen Telefonen sollte darüber hinaus beachtet werden, wie lange sie ohne direkte Energieversorgung betriebsbereit bleiben und wie schwer oder handlich sie sind. Gute Handys erreichen inzwischen Stand-by-Zeiten von bis zu 170 Stunden. So lange bleiben sie nach dem Einschalten auf Empfang. Mit zusätzlichen, möglichst starken Lithium-Ionen-Akkus kann diese noch verlängert werden. Inzwischen sind auch Handys erhältlich, die nicht mehr klingeln, sondern sich durch leichtes Vibrieren bemerkbar machen. Mobile Telefone sollten deutlich unter 200 Gramm wiegen und vor allem flach sein, so daß sie sich auch in einer Jackentasche transportieren lassen.

- *Zubehör:* Beim Kauf eines Handys empfiehlt es sich, auch einen Blick auf das angebotene Zubehör zu werfen. So läßt es sich beispielsweise zu einem akzeptablen Autotelefon ausbauen oder kann bequemer und länger genutzt werden.
  Carkit: Für den Empfang im Auto ist zunächst eine Antenne, die Halterung und ein Ladekabel, das der Strom für das Handy aus dem Zigarettenanzünder leitet, nötig. Die Installation eines kleinen Mikrofons im Fahrerraum, die Freisprecheinrichtung, sorgt dafür, daß die Hände beim Sprechen am Lenkrad bleiben und der Blick nicht von der Straße gewendet wird. Einbausätze für die zeitweilige Montage eines Handys im Auto enthalten alle nötigen Details. Beim Kauf eines Carkits sind der Autotyp und das Handymodell relevant. Einige der Freisprecheinrichtungen reagieren zwischenzeitlich auch schon auf Spracheingaben, wählen also gesprochene Zahlenreihen oder suchen im gespeicherten Handy-Adreßbuch die richtige Nummer zu einem Namen.
  Trotzdem: Telefonieren erfordert Reaktions- und Konzentrationsvermögen. Deshalb ist ab dem Jahr 2000 das Telefonieren im Auto ohne Freisprecheinrichtung verboten. Doch auch die Besitzer von Freisprecheinrichtungen sollten wichtige Telefonate mit Rücksicht auf die Sicherheit anderer Verkehrsteilnehmer in Fahrpausen erledigen. Außerdem kommen während der Fahrt meistens nur schlechte Verbindungen zustande, die leicht abbrechen. Das führt zu unnötigen Mißverständnissen und ärgert die Angerufenen. Dasselbe gilt, wenn mit dem Handy und einem Notebook eine Verbindung aufgebaut werden soll, um im Internet nach Informationen, z. B. einer Wegbeschreibung oder Landkarte zu suchen. Auch das lenkt den Fahrer zu sehr ab und ist deshalb ebenfalls verboten.
  Koffer: Handys, Notebooks, tragbare Drucker oder Faxe sind nicht nur teure, sondern auch sensible Geräte. Vor allem das Handy und die Festplatte des Computers müssen vor schädlichen Einflüssen geschützt werden, beispielsweise vor der Wirkkraft von Magneten. So sollte das Arbeiten mit einem Notebook auf den Klapptischen eines Interregio-Zugs vermie-

den werden, denn diese haften mittels Magneten am Vordersitz. Zum Schutz für die Gerätschaften haben Hersteller längst Bürokoffer entwickelt, in denen sich die gesamte Ausrüstung vom Handy bis zum Rechner sicher verstauen läßt. Für Telearbeiter, die ständig unterwegs sind, lohnt sich diese Anschaffung, da sie so ihre Geräte schützen und gut transportieren können.

5.3 Nützliche Dienste

Die veränderten Möglichkeiten, die sich aus der Verbindung zwischen Funk- oder Telefonnetz und dem Computer ergaben, haben nicht nur die Arbeitsweisen verändert. Sie brachten auch neue elektronische Dienstleistungen mit sich, die gerade für die Einzelkämpfer unter den Telearbeitern nützlich sind.
So bietet das ISDN-Netz in seinen Leitungen verschiedene Leistungsmerkmale an, die vor allem den Büroalltag erleichtern: etwa die Mailbox oder den Anrufbeantworter, aber auch Möglichkeiten für Konferenzen mit mehreren Gesprächspartnern. Teilweise sind solche Services auch im analogen Telefonnetz abzurufen, dort fallen aber manchmal zusätzliche Gebühren an.

- *Weiterleitung:* Dieser Service ist vor allem für mobile und alternierende Telearbeiter interessant. Er ermöglicht, daß im ISDN-Netz alle Anrufe für einen bestimmten Anschluß auf andere Handy- oder Festnetznummern umgeleitet werden. So verbessert sich die Erreichbarkeit, wenn z. B. ein langfristiger Einsatz bei einem Kunden erforderlich ist oder eine längere Geschäftsreise unternommen wird. Der Anrufer nimmt nicht wahr, wo sich der Telearbeiter gerade aufhält – es sei denn, daß sich dieser gerade beim Einkaufen im Supermarkt oder im Gartenlokal neben einem plätschernden Brunnen befindet. Die Kosten, die durch die Rufumleitung entstehen, trägt allerdings der Nutzer dieses Leistungsmerkmals. Das ist wichtig, wenn die eingehenden Telefonate in andere Fernsprech- und Tarifzonen weitergeleitet werden.

- *Büroservice:* Selbständige brauchen, auch wenn sie ihre Arbeit vom Heimbüro aus organisieren und häufiger unterwegs sind, nicht unbedingt ein Sekretariat. Dank der komfortablen Rufumleitung können sie, ohne daß es der Kunde bemerkt, die Dienste eines professionellen Büroservices in Anspruch nehmen. Allein arbeitende Anwälte, Steuerberater oder Journalisten nutzen solche externen Sekretariate besonders häufig. Auch Unternehmen, in denen sich durch mobile oder alternierende Telearbeit ganze Abteilungen aufgelöst haben, beauftragen häufig einen Büroservice, der die Kontakte zwischen Mitarbeitern und Kunden koordiniert.
  Für Selbständige bietet diese Lösung mehrere Vorteile. Statt eines unpersönlichen Anrufbeantworters meldet sich ein Mensch an der anderen Seite der Leitung, der – vorab gründlich informiert – an jeden Anrufer eine Nachricht weitergeben oder auch neue Aufträge annehmen kann. Außerdem ist es möglich, eine Rufnummer zu hinterlassen und so in dringenden Fällen doch erreichbar zu sein. Der Bürodienst erledigt darüber hinaus auch andere Tätigkeiten, z. B. die Annahme und den Versand von Briefen oder Mahnungen. In Rechnung gestellt werden am Ende auch nur die Dienstleistungen, die der Kunde tatsächlich in Anspruch genommen hat.
  Besonders die Dienstleister, die über mehrere Filialen an verschiedenen Orten verfügen, bieten einen weiteren Vorteil: Wer sich zuweilen in anderen Städten mit Kunden besprechen muß und dazu ungern Restaurants oder Hotelzimmer nutzt, kann bei den jeweiligen Niederlassungen seines externen Sekretariats die entsprechenden Räume mieten. Das wirkt auf potentielle Auftraggeber professionell und ist meist effizienter, als wenn man sich zu Besprechungen in einem Restaurant trifft. Und: Nach Beendigung der Gespräche kann der daraus resultierende Schriftverkehr – Verträge, Protokolle oder Briefe – sofort erledigt werden.
- *Unify Messaging Services (UMS):* Auch hier steht der Gedanke im Vordergrund, daß ein Telearbeiter, der häufig unterwegs ist, trotzdem erreichbar bleibt und seine Büroarbeiten so

schnell wie möglich durchführen kann. UMS bezeichnet solche Mailboxdienste, die dank Internet weitaus vielseitiger sind als ein üblicher Anrufbeantworter. Teilnehmer bekommen von entsprechenden Anbietern gegen eine Monatspauschale eine Telefonnummer und eine E-Mail-Adresse zugewiesen. Faxbriefe, Anrufe oder elektronische Post kommen hier an, können aber – und das ist der entscheidende Vorteil – von überall über unterschiedliche Kommunikationskanäle abgerufen werden.

UMS stellt Faxbriefe oder E-Mails auch als Voice Mail, also als gesprochene Nachricht, telefonisch zur Verfügung. Ebenso können verbale und geschriebene Nachrichten über die E-Mail-Adresse am Computer abgerufen werden. Viele Anbieter komplettieren ihren vielseitigen Nachrichtendienst durch das Angebot eines Postversands. Der Teilnehmer hinterläßt telefonisch oder per E-Mail eine Nachricht und eine Adresse, der Mitarbeiter des UMS-Anbieters wiederum verfaßt daraus einen Brief – bei Bedarf sogar mit dem eigenen, vorher übersandten Briefkopf des Kunden –, den er sofort kuvertiert und abschickt.

Unter Umständen kann UMS mit seinen Diensten ein komplettes Sekretariat ersetzen. Die Ausgaben hierfür halten sich in Grenzen, sie liegen zwischen neun und 20 Mark im Monat, zuzüglich der Kosten für den Briefversand. UMS-Anbieter offerieren zudem unterschiedliche Einwahlknoten für ihren Server, d. h., daß auch das Abrufen der Nachricht relativ günstig bleibt.

- *Short Message Service (SMS):* Nicht zuletzt bieten auch Handys zusätzliche Möglichkeiten, um mit anderen Kontakt aufzunehmen. So können mit dem Mobilfunktelefon geschriebene Nachrichten auf das Display eines anderen Handys oder an eine E-Mail-Adresse übermittelt werden. SMS ist für Mobilfunkteilnehmer weitgehend kostenlos, es können bis zu 160 Buchstaben oder Zeichen transportiert werden.

  Über das Tastenfeld können die kurzen Nachrichten eingetippt und anschließend versendet werden. Umgekehrt empfängt das Handy auch Botschaften aus anderen Kanälen. Eigene SMS-Dienste im Internet verschicken E-Mails an Handys, oder aber die Operatoren der Mobilfunkgesellschaften ermöglichen das Verschicken von kurzen Texten.

- *Servicenummern:* Selbständige, die oft von ihren Kunden angerufen werden, können auch eine Servicenummer beantragen. Diese ist unter einheitlicher Vorwahl (01 30, 01 80, 01 90) von überall aus zu erreichen. Die Anrufe bei diesen Anschlüssen sind teilweise kostenlos. Sobald allerdings eine ungewohnt hohe Gebühr für den Anrufer anfällt, sollten konkrete Informationen abzufragen sein.
  Servicenummern können bei den Telefongesellschaften beantragt werden; die Modalitäten sind für den Einzelfall abzusprechen. Dieses Angebot ermöglicht Unternehmen, ein virtuelles Telefonnetz aufzubauen, ein sogenanntes Virtual Private Network, in dem die unterschiedlichen Standorte einer Firma unter der gleichen Rufnummer zu erreichen sind. Ein solcher Nummernverbund lohnt sich unter Umständen auch für virtuelle Teams, die häufiger zusammenarbeiten, in denen die Beteiligten aber ihre Eigenständigkeit nicht verlieren wollen.

5.4 Vertraulich! – Der Datenschutz

Die Konzepte, die sich Karin Braun für ihren Arbeitgeber Siemens zu Hause ausdenkt, sollten der Konkurrenz sicher nicht in die Hände fallen. Denn hier bewertet die Produktmanagerin beispielsweise Marktchancen für ein Handy oder ein anderes elektronisches Gerät. Sie verarbeitet dazu Zahlen und Ergebnisse der Kollegen von der Marktforschung – also sensible Daten ihres Unternehmens.
Der Fachjournalist Jens Hiller geht zwar meistens mit Informationen um, die schon weitgehend bekannt sind. Aber auch er hat es zuweilen mit Daten zu tun, die wichtig für eine Geschichte, exklusiv oder vertraulich sind. Und natürlich kann er es sich nicht leisten, daß die Basis seiner Arbeit – die mit der Zeit ge-

wachsene Adreß- und Faktendatenbank sowie die Resultate von Recherchen – im Computer gelöscht wird. Weil aber gelegentlich auch die Kinder an diesem Rechner spielen, ist die regelmäßige Sicherung seiner Daten unerläßlich.

Beide Telearbeiter, Jens Hiller wie auch Karin Braun, müssen außerdem davon ausgehen können, daß die Informationen und Daten, die sie via Computer und Telefonkabel an Auftrag- und Arbeitgeber verschicken, dort auch so ankommen, wie sie es sich vorstellen: also vollständig samt eingegebenen Formatierungen, lesbar und unverändert. Doch dies kann bei einem Datentransport nicht als selbstverständlich vorausgesetzt werden. Die verwendete Technik bietet noch zuwenig Sicherheiten.

So ergeben sich beispielsweise Probleme, wenn unterschiedliche Computersysteme oder Programme an dem Datenaustausch beteiligt sind. Dann kann es durchaus vorkommen, daß der Empfänger einen Text erhält, in dem die Umlaute ä, ü und ö oder andere Sonderzeichen nicht erscheinen bzw. durch andere Zeichen ersetzt werden. Aus dem gleichen Grund verschieben sich auch Formatierungen eines Textes und von Tabellen, Grafiken oder Konstruktionszeichnungen. Das führt unter Umständen nicht nur zu Mißverständnissen, sondern erfordert auch einen höheren Arbeits- und Zeitaufwand, um beispielsweise Texte wieder einwandfrei herzustellen oder Tabellen neu zu formatieren.

Außerdem sind die verschickten Informationen nicht sicher vor Neugierigen: Vor allem E-Mails können an allen Knotenpunkten des Weges – den Servern des Providers oder des Online-Dienstes – abgefangen, verändert und erst dann weitergeben werden. Es wäre fatal, wenn vertrauliche Firmen- oder Personendaten über diesen Weg verschickt und dabei ausspioniert würden.

Die Sicherheit von sensiblen Informationen und der Schutz von Dateien müssen gerade bei Telearbeitsverhältnissen gewährleistet sein. Denn solche Informationen entwickeln sich zunehmend zu einer wirtschaftlichen Größe und bilden heute die Grundlage zur Herstellung von Produkten, Dienstleistungen und damit auch für Arbeit. Wissen über z. B. neue Techniken, Verfahrensweisen, Konsumgewohnheiten und einzelne Menschen hat Unternehmen seit jeher Wettbewerbsvorteile gebracht und wird daher besonders geschützt. Gleiches gilt für Verwaltungen und Institutionen, aber auch in Arztpraxen oder juristischen Kanzleien und bei Selbständigen, die ebenfalls nicht um die Früchte ihres (geistigen) Tuns gebracht werden wollen.

Wenn sich alle Arbeits- und Funktionsbereiche wie bisher an einem Ort befinden, ist die Sicherheit und der Schutz von Daten eine zentrale Aufgabe und damit relativ überschaubar. Durch Telearbeit verändert sich diese Situation, und es entstehen neue Anforderungen. Sie basiert auf dem dezentralen Umgang mit Informationen und dem Austausch von Dateien auch über Entfernungen und innerhalb von Netzwerken. Diese müssen zudem vielen angestellten und freien Mitarbeitern sowie diversen Abteilungen zur Verfügung gestellt werden. Das ist zunächst eine Frage des Vertrauens: Denn ein Unternehmen oder eine Verwaltung kann nicht besonders gut kontrollieren, ob sich die Telearbeiter jederzeit um den Schutz von sensiblen Daten kümmern und auch mit ihrer Technik so umgehen, daß sie dem Verlust vorhandener Datenbestände entgegenwirken.

Benutzt wird überdies eine Technologie, die nicht viel Sicherheit bietet: weder in puncto Vertraulichkeit und Datenschutz noch in bezug auf die Authentizität und Integrität der Daten. Was in den sensiblen Systemen gespeichert ist, kann schnell für immer verlorengehen.

So müssen sich Unternehmen und Telearbeiter bei der Auswahl ihrer Technik auch Gedanken darüber machen, wie sie Informationen und Daten sichern und schützen können. Eine Aufgabe, die oft vernachlässigt und kaum beachtet wird, die aber auch – und das muß allen Beteiligten stets bewußt sein – niemals vollständig zu lösen ist. Absolute Sicherheit gibt es hier nicht. Spezielle Programme können zumindest dazu beitragen, die Möglichkeiten in diesem Bereich auszuschöpfen. Wie hoch der damit erzielte Schutz wird, hängt wiederum stark von der Disziplin der Beteiligten und ihrer Einsicht ab.

Datenschutz und -sicherheit müssen für drei Bereiche gewährleistet werden:

- Am Computerarbeitsplatz ist sicherzustellen, daß vertrauliche Daten geheim (Vertraulichkeit) und gespeicherte Informationen verfügbar bleiben (Verfügbarkeit).
- Beim Austausch von Daten sollten sensible Informationen nicht in die Hände von Fremden fallen (Vertraulichkeit) und von ihnen manipuliert werden können (Integrität); außerdem ist dafür zu sorgen, daß durch den Transport keine Datensätze verlorengehen oder verändert werden (Authentizität).
- Netzwerke wiederum müssen interne und externe Risiken abwehren. Intern muß jeder auf die für seine Arbeit relevanten Informationen zugreifen können (Verfügbarkeit). Zudem ist das gesamte Netzwerk gegen Angriffe von außen zu schützen. Computerviren, die Dateien verändern oder zerstören, und sogenannte Trojanische Pferde, die Funktionen ausschalten oder zu Datenmißbrauch führen, stellen eine solche Gefahr dar. Zum Schutz vertraulicher Informationen und zum Erhalt gespeicherter und verschickter Dateien sind zudem eigene Regeln nötig, die Telearbeiter mit ihren Auftrag- und Arbeitgebern aushandeln und festlegen sollten.

5.4.1 Sicherheit am Computerarbeitsplatz

Für Karin Braun ist es inzwischen selbstverständlich geworden: Außer ihr darf kein anderes Familienmitglied den Arbeitscomputer benutzen. Für Mann und Kinder wurde daher ein eigenes Gerät angeschafft, um die Sicherheit der arbeitsrelevanten Daten nicht zu gefährden. Andere Telearbeiter nehmen die entsprechenden Verbote ihrer Arbeitgeber nicht so selbstverständlich hin. Zumal wenn die finanziellen oder räumlichen Möglichkeiten nicht gegeben sind, um einen weiteren Computer für den Familiengebrauch anzuschaffen.

Doch der Computer ist in erster Linie Arbeitsplatz, das sollte sich jeder bewußtmachen. Dort sind Daten und Informationen gespeichert, von denen der Erfolg des Unternehmens wie auch des jeweiligen Angestellten abhängt. Lassen extern Beschäftigte es zu, daß auch andere Menschen mit ihrem Handwerkszeug

umgehen, dann haben sie für den Schutz vorhandener Daten und Informationen, aber auch für einen vertraulichen Umgang mit den abgelegten Inhalten zu sorgen – eine Verantwortung, die sich im übrigen nicht nur auf den Computer beschränkt, sondern die sich auch auf das ganze Heimbüro und die darin befindlichen Unterlagen der Firma bezieht.
Während Papiere einfach weggeschlossen werden können, erfordert der Schutz und die Sicherheit von Dateien mehr Aufwand: Um dem Verlust von Informationen vorzubeugen, sollte der Inhalt der Festplatte regelmäßig, am besten täglich, gesichert werden. Für diese Back-ups oder Sicherheitskopien sind Disketten meist zu klein. Sie können diese Datenmengen nicht aufnehmen. Als Alternative bieten sich Wechselplatten, also voluminösere Speichermedien, an. Stürzt der Computer nach einem Bedienungsfehler oder durch andere äußere Einflüsse einmal ab, stehen Programme wie auch Inhalte durch die Sicherheitskopie schnell wieder zur Verfügung.
Lediglich die Arbeitsschritte, die nach der letzten Datensicherung durchgeführt wurden, gehen dann verloren und müssen aus dem Gedächtnis wiederholt werden – wenn sie nicht durch eigene Programme zur Datenrettung zumindest teilweise wiederherzustellen sind. Solche Hilfen gibt es für jedes Computersystem. Angestellte Telearbeiter sollten sich das in ihrem Unternehmen verwendete Programm erklären lassen. Selbständige kaufen sich hierfür am besten selbst eine einfache Software.
Auch Textverarbeitungssysteme enthalten oft bereits integrierte Sicherheitsvorkehrungen. Sie erstellen beispielsweise regelmäßig eine Sicherungsdatei, die einen Computerabsturz überstehen kann. In diesem Fall sind in diesen Dateien die zuletzt durchgeführten Änderungen noch zu finden.
Allerdings: Datenretter bieten keine absolute Sicherheit zur Wiederherstellung aller Daten. Eine Sicherheitskopie muß trotzdem regelmäßig angelegt werden. Sie bietet zudem den Vorteil, daß neben Programmen und Inhalten auch die Konfiguration des Computers festgehalten wird. Sollte diese einmal, etwa durch einen falsch angewendeten Befehl, schwer beschä-

digt oder vollständig gelöscht werden, ist der Schaden begrenzt. Durch die Auslagerung auf externe Speichermedien, die weggeschlossen werden, sind natürlich auch vertrauliche Informationen vor den Augen Unbefugter geschützt. Noch sicherer läßt sich das mit Kompressionsprogrammen bewerkstelligen: Sie sind zwar eigentlich dafür gedacht, größere Datenmengen auf kleinerem Speicherplatz unterzubringen, enthalten aber meist noch die Funktion, Daten zu splitten, um sie so auf mehreren Speichermedien unterzubringen. Dies kann auch dazu genutzt werden, Informationen auf unterschiedliche Speichermedien zu verteilen. Auslagern stellt eine einfache, wenn auch zuweilen umständliche Strategie dar. Deutlich eleganter ist es, die Festplatte gleich beim Konfigurieren in verschiedene Partitionen zu unterteilen und den Arbeitsbereich durch ein Paßwort zu schützen. Diese Möglichkeit bietet jedes Betriebssystem, aber auch die meisten Arbeitsprogramme lassen sich sperren. Wer Dateien wie Arbeitsbereiche auf lange Sicht vor dem Zugriff Fremder schützen will, muß seine Paßwörter regelmäßig austauschen und beim Erstellen Phantasie walten lassen. Beliebige Buchstaben- und Zahlenkombinationen sind von Außenstehenden schwerer zu knacken als z. B. Namen von Freunden, Titel von Lieblingsbüchern, Geburtsdaten oder Jahrestage.

Gegen kurzfristigere Spionageversuche – etwa wenn der Computer noch läuft, der Arbeitsplatz aber verlassen werden muß – lassen sich Dateien mit sensiblem Inhalt umbenennen: und zwar mit solchen Namen, die das Arbeitsprogramm, mit denen sie erstellt wurden, nicht »versteht«. So können Dateien nicht mehr geöffnet werden und sind zudem für einen Dritten nur schwer zu identifizieren. Ein Beispiel: Aus »Konzept.doc« wird dann beispielsweise »Obscure.dat«, aus »Zeugnis« »Omabrief«. Das sind Namen, die nicht sofort auf den Inhalt schließen lassen. Zudem fehlt im ersten Beispiel die Kennung »doc«, die Datei kann so nicht mehr ohne weiteres durch das Programm Word für Windows geöffnet werden, obwohl sie damit erstellt wurde. Darüber hinaus kann ein Bildschirmschoner eingerichtet werden, der nur dann verschwindet, wenn ein Paßwort eingegeben wird.

Eine weitere Sicherheitsmaßnahme besteht darin, Dateien zu verschlüsseln. Dies ist der wirksamste Schutz vor fremdem Zugriff, auch im Hinblick auf den Versand. Dafür gibt es unterschiedlichste Programme, die teilweise sogar kostenfrei aus dem Internet zu laden und leicht verständlich sind. Ausschlaggebend für die Qualität eines Programms ist die Zeit, die gebraucht wird, um den verwendeten Schlüssel zu knacken. Das amerikanische »Federal Bureau of Investigation« (FBI) bewertet den *Data Encryption Standard* (DES) als sicher. Hacker und Spezialisten brauchen derzeit rund 22 Stunden, um ihn zu decodieren.
Software zur Verschlüsselung funktioniert nach zwei Methoden: Entweder sie verändert die gespeicherten Daten, so daß sie erst nach einer Decodierung wieder mit dem gewohnten Arbeitsprogramm zu öffnen und zu lesen sind. Oder sie legt die Dateien in gesonderten Sicherheitsverzeichnissen ab, die ebenfalls nur nach Eingabe eines Paßworts zugänglich sind. Im abschließenden Glossar finden Sie unter den Internetadressen einige Anbieter solcher Programme.
Mobile Telearbeiter müssen nicht nur technische Maßnahmen zur Wahrung der Vertraulichkeit der Dateien nutzen, sondern auch in bestimmten Situationen besonders wachsam sein: Beispielsweise dann, wenn sie sensible Informationen unterwegs bearbeiten. Ein Blick über die Schulter offenbart Dritten schnell Geheimnisse, die nicht für sie bestimmt sind. Eine kurze Abwesenheit können Fremde außerdem schnell nutzen, um Dateien zu kopieren, die eigentlich nicht nach außen gelangen dürfen. Nicht zuletzt ist es möglich, ein Notebook samt seinem wichtigen Inhalt einfach und unauffällig zu stehlen: Der Telearbeiter sollte es daher niemals aus den Augen lassen und die wichtigen, vertraulichen Daten noch disziplinierter sichern oder sogar verschlüsseln.

5.4.2 Datenschutz in Netzwerken

Selbständige, die mit Kollegen oder innerhalb ihrer Firma ein Netzwerk aufgebaut haben, werden sich mit dieser Problematik deutlich intensiver auseinandersetzen müssen als Angestellte.

Wie das natürliche Vorbild – das Netz der Spinne – ist auch das technische Netzwerk ein filigranes, leicht verletzbares Gebilde: Ein größerer Anwendungsfehler an einer der integrierten Stationen kann es zum Abstürzen bringen. Unternehmen sollten mit Rücksicht auf ihre wertvollen Informationen die Telearbeiter gründlich im Umgang mit den verwendeten Arbeitsprogrammen schulen.

Riskanter sind jedoch die Bedrohungen von außen – gerade dann, wenn das Netzwerk mit dem Internet und so auch mit der Öffentlichkeit verbunden ist. Hier stellen Computerviren oder sogenannte Trojanische Pferde eine Gefahr dar, die mittels elektronischer Post, durch das Laden von Programmen aus dem Internet oder aber durch den Austausch von befallenen Disketten und Speichermedien eingeschleppt werden können. Beides sind zerstörerische Grüße von Programmierern, die andere Nutzer verärgern oder sabotieren wollen. Die weite Verbreitung von Windows hat dazu geführt, daß für dieses Betriebssystem und damit kompatible Arbeitsprogramme weit mehr Viren und Trojanische Pferde entwickelt und weitergegeben wurden als für Apple- oder Unix-Systeme.

Unter Computerviren versteht man kleine Programmteile, deren wichtigste Aufgabe darin besteht, sich rasant zu vermehren und zu verbreiten. Sie verändern oder zerstören Funktionen von Arbeitsprogrammen. So erschien beispielsweise 1998 ein Virus, der den in der Brieffunktion des Textprogramms Word eingespeicherten Satz »mit freundlichen Grüßen« veränderte in »mit schweißigen Füßen«. Diese Manipulation fand erst mit der Speicherung eines Briefs auf der Festplatte statt, war also für den Schreiber nur im Ausdruck zu erkennen oder wenn er die betroffene Datei nochmals öffnete, um sie zu bearbeiten.

Einmal auf der Festplatte eines Computers, verändert oder zerstört ein Virus sukzessive Dateien des Betriebssystems oder solche, die mit Hilfe eines Arbeitsprogramms erstellt wurden. Oft läßt sich ein Virus an den Icons – den Bildern, die Programme oder Dateien symbolisieren – erkennen, da diese anders als gewohnt aussehen, doch die meisten bleiben unentdeckt.

Programme, die solche Viren unschädlich machen, sind im Internet oder im Handel erhältlich. Sie lassen sich so einrichten, daß regelmäßig die Festplatte, aber auch Disketten und andere Speichermedien auf unerwünschte Eindringlinge überprüft werden. Erkennt das Programm einen Virus, zerstört es diesen sofort. Allerdings muß bei solchen Hilfsmitteln beachtet werden, daß sie nicht lange aktuell sind. Destruktive Programmierer entwickeln immer neue Viren, die ein älteres Schutzprogramm nicht mehr identifizieren und beseitigen kann. Der Virenschutz muß also immer wieder auf den neuesten Stand gebracht werden.

Vorsorge schafft aber immer noch die größte Sicherheit: Vor allem beim Tausch von Disketten, aber auch bei E-Mails sollte man vorsichtig sein. Erscheinen auf einer Diskette Icons, die sich von denen auf der Festplatte unterscheiden, sollte der Datenträger besser nicht verwendet oder zumindest vorher von einem Virenschutzprogramm überprüft werden. Befinden sich im Anhang elektronischer Briefe Programmteile, die nicht identifizierbar sind und auch nicht erwünscht waren, bleiben diese besser geschlossen, da ein Virus seine zerstörerische Kraft häufig erst entfalten kann, wenn der Nutzer eine infizierte Datei geöffnet hat (Makroviren).

Gleiches gilt auch für Trojanische Pferde. Die Wirkungsweise dieser zerstörerischen Programme erinnert an die Kriegslist, die ihnen den Namen gab. Einst schmuggelten sich griechische Soldaten, in einem überdimensionalen Holzpferd versteckt, in die Stadt Troja. Es war getarnt als ein Geschenk der Feinde und sollte ein Friedensangebot darstellen. Mit genau diesem Trick geraten auch die Computerprogramme auf die Festplatte: Ihre Namen lassen ein Geschenk in Form einer kleinen Datei vermuten. Werden sie geöffnet, beginnen sie im Hintergrund eines aktivierten Programms ihr zerstörerisches Werk.

Ein gutes Beispiel für ein neuzeitliches Trojanisches Pferd ist die Datei »picture.exe«, die via E-Mail verbreitet wurde. Öffnete man den Anhang, dessen Namen neugierig machte, passierte zunächst gar nichts auf dem Bildschirm. Doch nach dem nächsten Einschalten und Hochfahren des Computers teilte sich das ein-

geschleuste Programm auf. Ein Bereich startete Windows automatisch und ergänzte diese Software um einen weiteren Programmteil. Künftig wurden alle Paßwortdateien für den Online-Dienst AOL, die auf der Festplatte gespeichert waren, gesammelt und in einer zusätzlichen Datei abgelegt. Der zweite versuchte dann – immer im Hintergrund und meist ohne vom Anwender bemerkt zu werden – von »picture.exe« aus eine Internetverbindung aufzubauen, um die gestohlenen Paßwörter via E-Mail an den Absender des Trojanischen Pferdes zu schicken. Gelang dies, konnte der Urheber künftig auf Kosten eines anderen gebührenpflichtige Dienste im Internet nutzen.
Wie für Viren gibt es ebenfalls Schutzprogramme gegen Trojanische Pferde, die Unregelmäßigkeiten aufspüren. Noch mehr Sicherheit bietet allerdings auch hier ein vorsichtiger Umgang mit E-Mails aus unbekannten Quellen oder Anlagen, die sich nicht identifizieren lassen. Vor allem die Teilnehmer eines Netzwerks sollten sehr mißtrauisch sein. Denn von ihrer Festplatte aus können sich Computerviren durch den Datenaustausch besonders schnell verbreiten, Trojanische Pferde bedrohen unter Umständen das gesamte Netzwerk. Nicht zuletzt ist es möglich, daß sich Dritte auf diese Weise Zugriff auf interne Paßwörter und Codes verschaffen, um künftig die gespeicherten Informationen eines Unternehmens zu durchstöbern.
Eine weitere Gefahr stellen die sogenannten Hacker dar: Computerspezialisten, die aus eigenem Spaß oder im Auftrag anderer versuchen, an die Daten eines Unternehmens oder einer Organisation heranzukommen. Auch von dieser Seite droht eine Manipulation der Informationen. Sie können außerdem kopiert oder an Unbefugte weitergegeben werden. Deswegen sollten Unternehmen alles dafür tun, daß ihr Datenbestand vor dem Zugriff Fremder oder der Zerstörung durch Eindringlinge geschützt ist und bleibt. Die gängigste Methode ist das Errichten einer *Firewall* – einer virtuellen Schutzmauer –, die das gesamte Netzwerk umfaßt. Sie ist lediglich mit Codes und Paßwörtern zu überwinden; und sie kappt sicherheitshalber bestehende Verbindungen, wenn längere Zeit kein Zugriff auf Daten erfolgt.

Eine Firewall wird entweder durch eigene Software auf jedem einzelnen integrierten Computer oder aber auf dem zentralen Netzwerkrechner (Server) aufgebaut. In den meisten Fällen kombiniert man beide Verfahren miteinander. Zusätzlich bekommen die integrierten Rechner einen Code und jeder Nutzer ein persönliches Paßwort zugewiesen. So erkennt und speichert die Software, wer sich wann eingeloggt hat, um den internen Datenbestand zu nutzen. Ein Zugriff darauf ist also nur über die Anmeldung und die richtige Eingabe der Schlüsselwörter möglich.
Ein Fremder, der über ein internes Terminal Verbindung aufnehmen will, muß daher das richtige Paßwort kennen. Vom eigenen Rechner aus funktioniert der Zugriff nicht, denn diesem fehlt ein Code. Ebenfalls verweigert sich das System, wenn ein Paßwort, das für einen bestimmten Nutzer gilt, nicht von dessen Terminal aus eingegeben wird. Die Sicherheit erhöht sich noch, wenn Paßwörter und Codes regelmäßig erneuert und geändert werden. Darüber hinaus lassen sich bestimmte Datenstämme durch zusätzliche Anmeldeverfahren sowie eigene Codes sichern – und stehen dann nur einer festgelegten Gruppe von Mitarbeitern zur Verfügung.
Den Nutzern eines Netzwerks kommt die besondere Verantwortung zu, Codes und Paßwörter sicher aufzubewahren. Weiterhin sollten sie Verbindungen zum Netzwerkcomputer kappen, wenn der Zugriff auf Daten nicht notwendig ist. Möglicherweise wird ihnen als weitere Schutzmaßnahme außerdem verboten, neue Programme aus dem Internet auf den eigenen Rechner zu laden – denn auch dadurch schleichen sich Viren und Trojanische Pferde ein. Zudem versuchen zuweilen auch Hacker, auf diesem Weg an Informationen zu gelangen, um sich in den Zentralrechner eines Netzwerks einloggen zu können.

5.4.3 Sicherheit beim Datenaustausch

Auch der Austausch von Informationen stellt in puncto Datensicherheit und -schutz besondere Anforderungen. Zunächst geht es um die Authentizität der Daten: Wer Dateien via E-Mail verschickt, will, daß sie lesbar und unverändert beim Empfänger ankommen. Alle aktuellen Internetprogramme enthalten zur Versendung größerer Datenmengen eine Funktion, mit der Dateien an einen elektronischen Brief angehängt werden können (Attachement). Allerdings: Die Authentizität der verschickten Daten ist nicht gewährleistet, wenn Sender und Empfänger auf unterschiedlichen Computersystemen arbeiten. So kann ein Apple-Rechner z. B. Textdateien eines Windows-Rechners nur dann verwerten, wenn sie in einem bestimmten Textformat abgespeichert wurden. Daher ist es für einen Nutzer wichtig, daß er weiß, an welches System er Dateien schickt und wie er diese formatieren muß, damit sie möglichst unverändert beim Empfänger ankommen.

Auch für den Versand via Internet müssen Dateien umformatiert werden. Bei einfachen Texten macht sich der Unterschied kaum bemerkbar, doch sobald Sonderzeichen – die deutschen Umlaute zählen beispielsweise dazu – oder grafische Formatierungen auftauchen, muß der MIME-Standard benutzt werden. Die *Multipurpose Internet Mail Extensions* sorgen dafür, daß eine Datei einmal für den Internetversand und nach der Ankunft beim Empfänger nochmals umgepackt wird. Der erste Vorgang dient dazu, die Daten in eine Form zu bringen, in der sie verschickt werden können, während beim zweiten die Wiederherstellung der Formatierungen erfolgt. Was noch vor wenigen Jahren per Hand eingegeben werden mußte, übernimmt heute eine eigene Funktion, der *E-Mail-Client*, in den Internetprogrammen. Er gewährleistet die technische Authentizität.

Doch das größte Problem, die mangelnde Datensicherheit im Internet, bleibt bestehen. Es ist nach wie vor so, daß theoretisch an jedem Knotenpunkt im Internet, den die elektronische Post passiert, jeder den Inhalt lesen und verändern könnte. Zwar mögen persönliche E-Mails zwischen Freunden nur wenige interessieren, anders verhält es sich jedoch bei unternehmerischen oder personenbezogenen Daten aus Arztpraxen sowie aus Kanzleien von Steuerberatern und Rechtsanwälten. Solche vertraulichen Daten sind vor dem Versand über das Internet zu verschlüsseln.

In den vergangenen Jahren wurde brauchbare Software zum Chiffrieren entwickelt. Relativ weit verbreitet ist beispielsweise *Pretty Good Privacy* (PGP), mit dem vier Millionen Nutzer weltweit arbeiten. Voraussetzung für einen Datenaustausch über diesen Weg ist, daß sowohl Absender als auch Adressat das jeweilige Programm installiert haben.
Die Funktionsweisen derartiger Programme ähneln sich. Meist basieren sie auf zwei Schlüsselsystemen, einem privaten und einem öffentlichen. Beide werden nach der Installation durch Eingabe von Buchstaben- und/oder Zahlenkombinationen erzeugt, dabei ist der private Schlüssel Teil des öffentlichen. Die verschiedenen öffentlichen Schlüssel wiederum werden mit den Empfängern von vertraulichen Nachrichten ausgetauscht, der private gilt wie eine Unterschrift. Auf diese Weise kann man jede E-Mail chiffrieren: Nachrichten und Dateien werden nach der angegebenen öffentlichen Verschlüsselung des Empfängers verändert und mit der persönlichen Signatur versehen. Diese wiederum wird durch den öffentlichen Schlüssel des Absenders, der beim Empfänger gespeichert vorliegt, decodiert. Der Adressat kann erkennen, daß die Post tatsächlich vom angegebenen Absender stammt. Mittels seines Schlüssels wiederum vermag er Nachricht und Datei zu lesen.
Diese Vorgehensweise stellt ein relativ sicheres, wenn auch umständliches Prinzip dar. Zu erwarten ist, daß diese Verfahren noch weiterentwickelt und verbessert werden. Denn auch der Handel im Internet, auf den Politik wie Wirtschaft größte Hoffnungen setzen, erfordert Maßnahmen, um persönlicher Daten und Angaben chiffrieren zu können. Um dies zu gewährleisten, werden in Zukunft sicher noch mehr Programme wie PGP sowie neue Methoden auf den Markt kommen.

6.

Stark unterschätzt: Gesundheit am Telearbeitsplatz

Länger als drei Stunden hält es der Journalist Jens Hiller nicht vor seinem Computer aus. Er versucht sich den Arbeitstag so einzuteilen, daß die Zeiträume, in denen er am Schreibtisch sitzt, von Pausen und Tätigkeiten mit Bewegung unterbrochen sind. »Ich merke, daß ich dann deutlich konzentrierter und effizienter arbeiten kann«, lautet seine Begründung dafür. Auch Karin Braun hat sich so eingerichtet, daß sie immer mal wieder ihre Arbeit am Computer unterbricht, um mit Kollegen und Geschäftskunden zu telefonieren, die Ablage zu pflegen oder sich um die Familie zu kümmern.

Orthopäden und Arbeitsmediziner begrüßen diese Abwechslung im Berufsalltag. Denn sie haben beobachtet, daß Arbeit am Computer durchaus die Gesundheit gefährden kann. Normalerweise sitzen Beschäftigte stundenlang vornüber gebeugt vor ihrem Rechner. Um auf den Monitor schauen zu können, heben sie den Kopf an. Es entsteht ein typischer Rollnacken über einem krummen Rücken. Verspannungen in Armen und Nacken sind die Folgen, auf Dauer kommt es zu Kopf- und Rückenschmerzen. Zudem bewegt eine Hand ständig die Maus – eine einseitige Belastung, die das Handgelenk und die Sehnen strapaziert und ebenfalls schmerzhaft werden kann.

Doch bedrohlicher erscheinen die langfristigen Folgen dieser Symptome: Eine schlechte Haltung bei der Arbeit und vor dem Computer führt auf Dauer zu einer Deformation des gesamten Halte- und Stützapparats des Körpers: Nur einseitig belastete

Muskeln verspannen sich, die Abstände zwischen den Knochen an den Gelenken verengen sich unnatürlich. Infolgedessen entsteht an den Knorpelflächen Druck, und diese nutzen sich deshalb schneller als normal ab. Um diese Belastungen gleichmäßig zu verteilen, bildet der Organismus Wucherungen aus. Es entstehen Überbeine an den Wirbelkörpern und Knochen, die auf Nerven und Adern drücken. Dies ist ein langsamer Prozeß, von dem der Computerarbeiter außer Schmerzen und Druckgefühlen zunächst nicht viel mitbekommt. Doch nach längerer Zeit kann es passieren, daß der so aus der Form geratene Haltungsapparat auch Schwindel- und Ohnmachtsanfälle hervorruft. In diesem Fall wird der Druck auf Nerven oder Blutbahnen zu stark, und der Kreislauf wird an seiner empfindlichsten Stelle unterbrochen – schnelles Reagieren ist angezeigt.

Hinzu kommt die permanent trockene Luft in unseren Büros. Sie verstärkt laut Bundesanstalt für Arbeitsschutz und Arbeitsmedizin die Wirkung elektromagnetischer Strahlung. Die schwebenden Staubpartikel in trockener Luft laden sich eher elektrisch auf. Wer dann zu nah am Bildschirm sitzt, dessen Augen werden folglich ständig von aufgeladenen Teilchen bombardiert. Die Folge: Sie brennen, schmerzen, tränen und entzünden sich schnell.

Die täglichen Beschwerden an Rücken, Nacken oder Augen werden gewöhnlich vernachlässigt – und im Krankheitsfall oft genug viel zu lange auf die falschen Ursachen zurückgeführt. Gesundheit am Arbeitsplatz – ob der sich nun zu Hause oder in der Firma befindet – zählt wenig bei Unternehmern, mehr noch bei ihren Angestellten. Und das, obwohl körperliche Verspannungen oder schmerzende Augen in kurzer Zeit zu Streß führen, die Konzentration und Aufmerksamkeit beeinträchtigen. Darunter leidet schließlich die Arbeitskraft, was wiederum wirtschaftliche Verluste nach sich zieht.

Amerikanischen Forschern zufolge verursacht ein Bürostuhl, der nicht nach ergonomischen Kriterien konstruiert wurde, ein Verlust von etwa fünf Minuten Produktivität pro Stunde. Denn ein Mensch, der sich nicht wohl fühlt, gerät langsam in einen

Teufelskreis. Der Körper macht sich durch Zwicken und Kneifen bemerkbar. Zunächst werden diese Symptome beim Arbeiten jedoch vernachlässigt, doch sie verstärken sich. Trotz Unterdrückung bleibt die Störung gegenwärtig. Sie bindet im Unterbewußtsein Aufmerksamkeit und damit Konzentration. Folglich fällt es schwerer, die Arbeit zu erledigen, Ärger und Streß wachsen. Die Schmerzen werden stärker – der Aufwand an Zeit zur Aufgabenlösung steigt, die Qualität der Ergebnisse sinkt.

Die wirtschaftlichen Folgen von Krankheiten, die sich relativ leicht beheben ließen, belegen auch Zahlen von Krankenkassen und Sozialversicherungen: Sie registrierten allein in Deutschland rund 85 Millionen Fehltage pro Jahr durch Rückenschmerzen. Diese Volkskrankheit Nummer eins wird in erster Linie durch einen überstrapazierten Haltungsapparat und unpassende Einrichtung verursacht. Ganz ähnlich Volkskrankheit Nummer zwei, Kopfschmerzen, die zum größten Teil ebenfalls auf schlechte Ausstattung, z. B. einen unbequemen Stuhl oder zu niedrigen Tisch, zurückzuführen ist.

Der Körper mit seinem Muskelapparat ist nicht dafür gemacht, den ganzen Tag still zu halten. Im Gegenteil: Eigentlich soll er bewegt und damit der Organismus sowie der Geist angeregt werden. Auch die Augen streiken, wenn sie stundenlang einseitig belastet werden und nur in einen Bildschirm schauen, zumal sie zusätzlich den geladenen Staubteilchen ausgesetzt sind. Beide Arten von Beschwerden, Haltungsschäden und Augenschmerzen, sind Folgen einer unangemessenen Einrichtung des Arbeitsplatzes und nicht – wie in den Anfangsjahren des Computerzeitalters häufig beklagt – der schädlichen elektromagnetischen Strahlung, die von den Geräten ausgeht. Und so hat die Weltgesundheitsorganisation WHO in Genf 1998 festgestellt: »Wer täglich mehrere Stunden vor dem Computerbildschirm sitzt, muß nicht mit Gesundheitsschäden rechnen.« Diese Aussage schränkten die Mediziner jedoch ein. Flimmernde Bildschirme oder eine schlechte Beleuchtung verursachen nach Meinung der Ärzte Augenprobleme. Langes Sitzen vor dem Computer oder ein ungünstiges Klima im Raum – in unseren Breitengraden ist damit meist ein zu warmes und zu trockenes gemeint – führe zu Gesundheitsproblemen. Trotz dieser Erkenntnis ist – wenn überhaupt – gerade mal jeder zehnte Computerarbeitsplatz optimal eingerichtet. Nur in diesen Fällen steht der Bildschirm so, daß die Sicht nicht durch Spiegelungen von Lampe oder Fenster beeinträchtigt wird, sind Tisch und Stuhl so ausgewählt und eingestellt, daß die Sitzposition aufrecht ist und die Wirbelsäule entlastet wird, können zudem die Hände entspannt über die Tastatur gleiten und tragen Luftbefeuchter oder Pflanzen zu einem besseren Raumklima bei.

Doch diese Vernachlässigung erstaunt auch aus einem anderen Grund: Der Schutz der Gesundheit am Arbeitsplatz ist in Deutschland gesetzlich verankert. Unternehmer sind verpflichtet, Unfallgefahren und Gesundheitsrisiken regelmäßig aufzuspüren und auszuschalten. Das wiederum erfordert eine stete Kontrolle der diversen Arbeitsplätze eines Betriebs, enthält aber zugleich auch die Berechtigung, einen komfortablen, nach ergonomischen Kriterien gestalteten Arbeitsplatz einzufordern.

Welche Risiken für die Gesundheit eines Menschen an seinem Arbeitsplatz entstehen können, ist im vierten Paragraphen des Arbeitsschutzgesetzes nachzulesen. Dort sind erste Maßnahmen beschrieben, die sich auf die Einrichtung eines Computerarbeitsplatzes beziehen. Weitere Forderungen enthält außerdem die Bildschirmrichtlinie der EU. Sie stellt Bedingungen an die Qualität von Monitoren, die Ausstattung des Arbeitsplatzes, aber auch die Arbeitsorganisation. Danach muß garantiert sein, daß das Arbeiten vor dem Computer regelmäßig durch andere Tätigkeiten – z. B. Telefonieren, Ablage, Besprechungen – unterbrochen werden kann. Nicht zuletzt zählt auch das Arbeitszeitgesetz zu den Schutzmaßnahmen für die Gesundheit von Angestellten und Arbeitern.

Telearbeit schafft hier allerdings neue Umstände, insbesondere was die Einrichtung von Arbeitsplätzen oder die Einhaltung von Arbeitszeiten betrifft. Laptops und Notebooks erfüllen beispielsweise die ergonomischen Voraussetzungen nicht, die für Büro-

arbeitsplätze gelten. Ihre Tasten und Bildschirme sind zu klein, um daran einen ganzen Arbeitstag bequem arbeiten zu können. Tätigkeiten an diesen Geräten müssen daher, um die Gesundheit von flexibel eingesetzten Telearbeitern zu schützen, zeitlich beschränkt oder durch Docking Stations erleichtert werden. Allerdings ist dies im mobilen Einsatz weder zu kontrollieren, noch immer einzuhalten, wenn etwa besonders viel Arbeit anfällt.
Ähnliches gilt für die alternierende Telearbeit: Die Kontrolle des häuslichen Arbeitsplatzes ist letztlich für den Arbeitgeber nicht möglich. Denn einerseits garantiert Artikel 13 des Grundgesetzes die Unversehrtheit einer Wohnung, d. h., daß ohne die Erlaubnis des Bewohners kein anderer diese betreten darf. Andererseits erfordert der Arbeitsschutz jedoch regelmäßige Kontrollen. Daher wird aus praktischen Gründen die Einhaltung von schutzrechtlichen Vorgaben in die Verantwortung des Telearbeiters gelegt – das ist nicht immer zum Vorteil seiner Gesundheit.
Und dabei spielt ein weiterer Faktor eine Rolle: Während die technische Ausrüstung in den meisten Fällen vom Arbeitgeber angeschafft wird, wählt der Telearbeiter die übrige Einrichtung oft selbst aus. Er erhält eine Pauschale, mit der er sich Möbel kaufen kann, die dann auch zu seiner Wohnumgebung passen. Problematisch dabei ist allerdings, daß der Experte für Arbeitsschutz, der Betriebs- oder Amtsarzt nur sehr selten hinzugezogen werden, obwohl sie sicher gute Ratschläge zum Kauf von Schreibtisch und Stuhl geben könnten.
Darüber hinaus bezieht sich der Schutz von Gesundheit nicht nur auf die Einrichtung eines Büros, sondern auch auf die abzuleistende Arbeitszeit. Im eigenen Interesse nehmen die meisten Vorgesetzten diese Prüfung nicht so genau. Während in den Betrieben die soziale Kontrolle durch Kollegen und Mitarbeiter ein durchaus wirksames Korrektiv für ein Übermaß an Arbeit ist, bleibt der Telearbeiter im Heimbüro auf sich allein gestellt und hat keine realistischen Vergleichsmöglichkeiten über die Belastung seiner Kollegen. Zudem lassen sich viele Heimarbeiter – sei es aus Angst um die Stelle, aus Loyalität oder Dankbarkeit für die Möglichkeit, zu Hause arbeiten zu dürfen – ausnutzen. Sie

sind sowieso daheim und dort gut erreichbar, daher stehen sie auch nach einem Achtstundentag für kleinere Arbeiten oder schnelle Aufträge zur Verfügung. Oder sie wehren sich nicht dagegen, wenn ihnen für bestimmte Aufgaben viel zu wenig Zeit zugestanden wird. Statt sich dem Vorwurf auszusetzen, zu Hause langsamer und ineffizienter zu arbeiten, erledigen sie Arbeiten auch nach Feierabend oder gar am Wochenende, ohne aber dafür einen Zeitausgleich zu beanspruchen.

An dieser Stelle zeigt es sich wieder ganz deutlich: Vertrauen ist die wichtigste Bedingung überhaupt für Telearbeit – dies gilt für den Schutz der Gesundheit, aber auch für die Sicherheit von Daten. Besteht kein Vertrauensverhältnis zwischen Arbeitnehmer und -geber, ist von Telearbeit generell abzuraten. Denn in diesem Fall wäre es unrealistisch anzunehmen, gegenüber Vorgesetzten Grenzen setzen und Aufträge mit dem Verweis auf Auslastung ablehnen zu können. Im Gegenteil: Mißtrauen und Unsicherheit führen zu Druck, vor allem aber zu überzogenen Erwartungen. Hinzu kommt, daß der Schutz der Gesundheit Einsicht von allen Beteiligten erfordert: Auch im eigenen Interesse sollten Unternehmer gute, bequeme und ergonomisch sinnvolle Arbeitsplätze einrichten; für die Angestellten wiederum empfiehlt es sich, daß sie auf ihre Rechte und optimales Handwerkszeug bestehen. Zwar ist es schwierig, dafür das nötige Selbstbewußtsein aufzubringen, doch um ihr eigenes Kapital, die Arbeitskraft, zu erhalten, müssen sie Pflichten, die andere zu erfüllen haben, einfordern.

Es folgt nun die Darstellung der wichtigsten Bedingungen für eine angemessene Büroeinrichtung. Angestellte Telearbeiter sollten sich vor dem Kauf ihrer Geräte und Möbel unbedingt an den Beauftragten für Arbeitsschutz im Unternehmen oder einen Betriebsarzt wenden und um Rat fragen. Auch für Selbständige ist es vorteilhaft, wenn sie sich ebenfalls umfassend darüber informieren, welche ergonomischen Kriterien bei der Ausstattung ihres Arbeitsplatzes zu berücksichtigen sind. Tatsache ist: Wer hier spart, verursacht hohe Kosten und baut Hindernisse auf dem Weg zum Erfolg auf.

6.1 Schluß mit Schmerzen: optimal sitzen und sehen

Der beste flimmerfreie Bildschirm ist umsonst gekauft, steht er im falschen Licht; und auch die ergonomisch gestaltete Tastatur kann nicht viel Gutes für die Gelenke bewirken, wenn sich beim Arbeiten Arme, Nacken und Rücken verspannen. Die Einrichtung eines Computerarbeitsplatzes will also gut überlegt sein.
Erste Voraussetzung: Der Raum, in dem er installiert wird, sollte genügend groß und luftig sein. Wer künftig seine Aufgaben zu Hause erledigen will, sollte sich also zunächst fragen, ob in der Wohnung überhaupt genügend Platz dafür ist. Aus Sicherheitsgründen muß neben einem ausreichend großen Schreibtisch und dem Stuhl mindestens ein abschließbarer Schrank oder Container hineinpassen. Zusätzlich sollte genügend Bewegungsfreiheit garantiert sein, denn dies fördert die Motivation und Konzentration. Nicht zuletzt produzieren Computer und andere Geräte Wärme und beeinflussen gerade in kleinen Räumen das Klima beträchtlich. Das Arbeitszimmer sollte also groß genug sein und über gute Lüftungsmöglichkeiten verfügen.
Die Abstell- oder Vorratskammer ohne Fenster zum Arbeitszimmer herzurichten ergibt keinen Sinn, denn hier soll täglich bis zu acht Stunden konzentriert gearbeitet werden. Auch wenn die Möbelhersteller gerade für das kleinste Heimbüro viele praktische Lösungen wie Klapptische oder Aus- und Anbausysteme liefern, sind Gesundheit und gute Arbeitsbedingungen die ausschlaggebenden Kriterien bei der Wahl der Ausstattung. »Der Telearbeitsplatz ist so zu bemessen und einzurichten«, rät das Bundesministerium für Arbeit und Sozialordnung, »daß ausreichend Platz vorhanden ist, um wechselnde Arbeitshaltungen und -bewegungen zu ermöglichen. Die freie Bewegungsfläche am Arbeitsplatz sollte 1,5 Quadratmeter, darf aber an keiner Stelle unter einem Quadratmeter groß sein.«
Der Raum muß zudem mit einer ausreichenden Anzahl an Steckdosen und einer Anschlußdose für das Telefon ausgerüstet sein.

Mehrere laufende Geräte sollten das Wärmeklima nicht stark beeinflussen können. Mediziner empfehlen als ideale Raumtemperatur für ein Büro zwischen 20 und 22 Grad Celsius, die bei hohen Außentemperaturen bis zu 26 Grad steigen kann. Die optimale Luftfeuchtigkeit liegt zwischen 55 und 80 Prozent. So läßt sich die negative Auswirkung der elektromagnetischen Strahlungen aus dem Bildschirm und der Elektrostatik der Geräte vermindern bzw. vermeiden. Für Feuchtigkeit sorgen Pflanzen oder Wasserbehälter. Mit einem Hygrometer kann die Luftfeuchtigkeit immer wieder kontrolliert werden.
Der Standort des Computers und vor allem des Bildschirms bestimmt die gesamte Einrichtung des Büros. Fällt das Licht vom Fenster oder der Decken- bzw. Schreibtischlampe auf den Monitor, stören Blendungen und Reflexe. Steht er direkt vor einem Fenster, werden die Augen durch Einstellung auf die unterschiedlichen Helligkeitswerte von Tageslicht und Bildschirm unnötig belastet. Günstig plaziert ist der Monitor also seitlich von einem Fenster – und damit steht der optimale Platz für den Schreibtisch im Büro schon fest.

- *Schreibtisch, Stehpult oder Computertisch:* Neben den Platzverhältnissen im Zimmer sind die Größe der Arbeitsplatte, aber auch die Höhe des Tisches Auswahlkriterien für den Kauf. Als Mindestmaße werden 1,60 Meter Länge, 80 Zentimeter Tiefe und 72 Zentimeter Höhe empfohlen.
  Die angegebene Tiefe sorgt für ausreichend Beinfreiheit und läßt zu, daß der Beschäftigte sich während seiner Arbeit lang ausstrecken und so Durchblutungsstörungen vorbeugen kann. Die Höhe orientiert sich an den gängigen Maßen von Bürostühlen, sollte aber je nach Körpergröße individuell einstellbar sein. Größere Menschen sollten vor allem darauf achten, daß ihre Knie nicht an die Tischplatte stoßen, wenn sie davor sitzen. Ist eine Regulierung der Tischhöhe nicht möglich, bietet es sich für kleinere Menschen an, Fußstützen zu verwenden. Auch sie sollten sich verstellen lassen, und zwar in der Höhe und der Neigung. Zusätzlich ist darauf zu achten, daß Ein-

richtungen für die ergonomische Installation einer Fußsteuerung (z. B. für ein Diktaphon) vorhanden sind. Die Gesamtgröße der Arbeitsplatte wiederum muß so gewählt werden, daß sich Tastatur, Bildschirm, Telefon und Ablagen nach Bedarf anordnen und verschieben lassen.

Ein kleinerer Tisch reicht dann aus, wenn Computer, Monitor und Drucker entweder auf einem eigenen Computertisch oder aber teilweise (z. B. Drucker, Rechner) auf Containern oder Regalen aufgestellt werden. Sowohl bei der Wahl eines Computer- als auch eines Schreibtisches ist darauf zu achten, daß um die Tastatur herum genügend Platz bleibt, um Hände und Unterarme auflegen zu können, da sonst die Gelenke zu stark abknicken und schneller ermüden.

Sollen verschiedene Tische kombiniert werden, sind diese so anzuordnen, daß nicht ständig Drehungen zur Seite notwendig sind, um beispielsweise während der Arbeit am Bildschirm Informationen aus Schriftstücken abzulesen. Wenn es sich aber wegen der räumlichen Verhältnisse nicht anders einrichten läßt, sorgen Vorlagenhalterungen für Abhilfe. Weiterer Vorteil dieser praktischen Stellagen: Sie wirken ermüdenden und schädlichen Körperhaltungen entgegen, da sie eine aufrechte Position beim Tippen erfordern. Sie sollten so montiert sein, daß sie sich etwa in Augenhöhe befinden. Gute Halterungen lassen sich zudem so einstellen, daß die Vorlagenplatte geneigt werden kann.

Viele Möbelhersteller haben das Problem der schlechten Arbeitshaltungen erkannt. Als Alternative zu den gewohnten, statischen Schreibtischen bieten sie Büropulte an, deren Arbeitsplatte sich mit pneumatischen Hebevorrichtungen schnell verstellen läßt. So kann eine Zeitlang auch im Stehen gearbeitet oder zwischen verschiedenen Sitzgelegenheiten (Sitzball, Hocker, Bürostuhl) gewählt werden, was der Wirbelsäule ebenfalls guttut.

Doch solche Tische sind aufgrund der eingebauten Technik noch vergleichsweise teuer. Die billigere Variante besteht aus einer eigenen Halterung für die Tastatur, die dann unter den

Schreibtisch geschraubt wird. Meist ist auch diese in der Höhe verstellbar und ermöglicht ebenfalls das Arbeiten im Stehen. Eine weitere Alternative besteht in der Kombination von Computertisch und Stehpult. Dies bringt nicht nur aus orthopädischer Sicht Vorteile: Erwiesenermaßen beeinflußt die Haltung die Stimme und deshalb auch die Wirkung eines Menschen bei Telefonaten.

- *Sitzball, Bürostuhl, Kniestuhl:* Ein Büroarbeiter verbringt in seinem Leben ungefähr 80 000 Stunden am Schreibtisch – sitzend selbstverständlich. Diese Zahl spricht für sich und sollte die Anforderungen an einen Bürostuhl auf das höchste Niveau schrauben. Doch leider entsprechen nur die wenigsten der Norm. Folgende Bedingungen sollte ein geeigneter Bürostuhl erfüllen:
  Standfestigkeit: Drehstühle müssen mindestens fünf von der Säule abgespreizte Beine aufweisen.
  Bequeme Sitzfläche: Sie sollte gepolstert sein, um den Stoß beim Hinsetzen zu dämpfen. Mit einer Tiefe von 38 bis 42 Zentimetern bietet sie genügend Platz für Po und Oberschenkel, die so fast bis zu den Kniekehlen aufliegen können.
  Entlastung von Armen und Schultern: Sie wird durch Armlehnen erreicht.
  Hohe Lehne: Mindestens 35 Zentimeter sollte sie hoch sein und zwei Drittel des Rückens stützen. Der Abstützpunkt sollte sich – dies ist durch ein längeres Probesitzen feststellbar – etwa 17 bis 23 Zentimeter über der Sitzfläche und etwa im Lendenwirbelbereich des Sitzenden befinden.
  Viele Einstellungmöglichkeiten für Sitzhöhe und Neigung der Lehne: Die Sitzhöhe sollte zwischen 42 und 53 Zentimetern verstellbar sein, um sie auch an unterschiedliche Tischhöhen anpassen zu können. Für einen Haltungswechsel läßt sich überdies die Sitzfläche um mindestens drei Grad und mehr nach vorne neigen. Auch die Neigung der Lehne läßt sich auf Wunsch verändern und fixieren.
  Stabile Hebel: Die Hebel zum Verstellen der Sitzfläche und der Rückenlehne sind leicht erreichbar, stabil und sicher.

Auch die Hersteller von Bürostühlen haben inzwischen Alternativen zu gewohnten Modellen entwickelt. Die Verbreitung von Sitzbällen beispielsweise ist in den vergangenen Jahren von den Krankenkassen gefördert worden. Auf diesen großen Gummibällen gerät die Wirbelsäule mit jeder Drehung in Bewegung und muß sich einen neuen Fixpunkt suchen. Dadurch wird ein ständiger Haltungswechsel erzwungen. In Verruf gekommen sind die Bälle allerdings wegen der erhöhten Unfallgefahr: Wenn der Sitzende kurz aufsteht, rollen sie weg, was beim erneuten Hinsetzen schon böse Stürze verursacht hat. Dies läßt sich aber durch Halterungen ausgleichen, die den Ball an einer Stelle fixieren. Auch Kniestühle wurden lange Zeit von Orthopäden favorisiert. Sie bieten statt einer Rückenlehne zwei Auflagen für die Knie und zwingen so zu einer gesünderen, aufrechten Haltung. Zudem folgen sie der Bewegung des Rückens. Bei Knieschäden ist von diesen Stühlen jedoch abzuraten.

- *Die passende Umgebung – Licht und Stauraum:* Container, Regale oder ein Schrank komplettieren die Einrichtung des Büros. Mindestens ein Möbelstück, das Stauraum für Unterlagen und Materialien bietet, sollte aus Gründen des Datenschutzes und der Sicherheit abschließbar sein. Wenn die geeigneten Standorte für Schreibtisch und Stuhl festgelegt sind, kann sich der Telearbeiter durch geschicktes Positionieren der anderen Möbel die notwendige Bewegung bei der Arbeit verschaffen, indem er Schränke, Regale und Ablagen so stellt, daß sie nicht aus der Sitzposition erreichbar sind. Häufiges Aufstehen und Herumlaufen, um an Dokumente oder Papier zu kommen, mag zwar wie Zeitverschwendung und unpraktisch erscheinen, trägt aber zur Gesundheit bei.
  Ob am Schreibtisch angebracht oder an der Decke: Eine taugliche Bürolampe sollte mit mindestens 500 und höchstens 750 Lux strahlen. Bei der Montage der Deckenbeleuchtung ist darauf zu achten, daß der Lichteinfall nicht in einem 45-Grad-Winkel zu der Linie steht, die Augen und Bildschirmmitte miteinander bilden.

6.1.1 Eine Frage der Einstellung: die Haltung

Jetzt bleibt nur noch die Frage offen, wie Bildschirm und Computer selbst auszurichten und einzustellen sind, um Haltungsschäden und den damit verbundenen Spätfolgen vorzubeugen. Hierbei helfen folgende Vorgaben.

- Der Abstand zwischen den Augen und dem Monitor sollte mindestens 50 Zentimeter betragen. So sind Buchstaben mit einem Schriftgrad von fünf Millimetern bequem und ohne Beugung nach vorne erkennbar. Ist dies nicht der Fall, ist ein Augenarzt zu konsultieren.
- Die Bildschirmoberkante befindet sich in Augenhöhe. Noch besser ist es aber, den Mittelpunkt des Bildschirms auf die direkte Sehlinie auszurichten, die im Sitzen um rund 15 bis 20 Grad abgesenkt ist. In dieser Stellung fallen die Augenbewegungen am leichtesten, Farben und Kontraste können mühelos wahrgenommen werden. Licht- und Farbreize, die in einem Winkel von bis zu 30 Grad über der Sehlinie und mit bis zu 40 Grad auf die Netzhaut treffen, nimmt das Auge unverfälscht wahr. Auch ein großer Monitor kann so gut überblickt werden.
- Der Schulter- und Nackenbereich ist nicht verkrampft oder hochgezogen.
- Die Sitzhöhe ist schließlich so einzurichten, daß die Unterarme gerade auf der Arbeitsfläche aufliegen und der Ellenbogen zu 90 Grad abgewinkelt ist. Auch die Knie sind im 90-Grad-Winkel gebeugt. Die Füße stehen fest auf dem Boden. In dieser Sitzhaltung rutschen Po und Lendenwirbelsäule ganz nah an die Lehne – eine optimale Stütze ist garantiert. Wird nun die Arretierung der Neigung der Rückenlehne gelöst, kann man sich zum Entspannen leicht nach hinten lehnen. Beim Arbeiten am Computer empfiehlt es sich hingegen, die Sitzflächen- und Lehnenneigung leicht nach vorne einzustellen – dies ist die beste Strategie gegen Rollnacken und Verspannungen.

6.2 Fit am Computer

Möglichst schon beim Einrichten eines Arbeitszimmers sollten lange Wege zum Aktenschrank, Faxgerät oder Telefon eingeplant werden. Wer zum Telefonieren aufsteht und vielleicht sogar herumgeht, wechselt nicht nur räumlich, sondern auch im übertragenen, geistigen Sinne den Standort und damit den Blickpunkt. Zudem ist es sinnvoll, in einer längeren Pause auch einmal an die frische Luft zu gehen: Es sind die kleinen Dinge, die die Arbeit am Computer auch für den Organismus erträglicher machen und die ganz einfach in einen normalen Büroalltag einzugliedern sind. Dasselbe gilt für die folgenden zehn Entspannungs- und Sehübungen, mit denen sowohl Haltungsschäden als auch Augenschmerzen schnell vorgebeugt werden kann. Die Grundlage besteht in einem stetigen Wechsel zwischen Anspannung bzw. Verkrampfung und Entspannung.

- *Fernsehen:* Lassen Sie hin und wieder den Blick in die Ferne schweifen, denn das entspannt die Muskeln, die die Linse zur Scharfeinstellung vor dem Bildschirm bewegen. Gehen Sie dazu an das offene Fenster, so versorgen Sie sich zwischendurch noch mit Frischluft.
- *Blitzblinzeln:* Blinzeln Sie regelmäßig schneller als gewohnt. Dadurch wird die Pupille mit mehr Feuchtigkeit versorgt und die Gefahr der Austrocknung gebannt.
- *Trimmtrab für die Augen:* Werfen Sie mehrmals einen kleinen Gegenstand in die Luft, und fangen Sie ihn wieder auf. Folgen Sie dem Radiergummi, der Münze oder dem Stift mit den Augen, um Ihre Augenmuskulatur auf Trab zu bringen.
- *Kopfdrehen:* Schließen Sie die Augen. Drehen Sie Ihren Kopf abwechselnd nach rechts und links, und halten Sie die Position jeweils kurz. Schultern und Becken sollten dabei gerade bleiben. Hektische Bewegungen sind zu vermeiden.
- *Nackendrücken:* Legen Sie beide Handrücken vor die Stirn, die Ellenbogen zeigen dabei nach außen. Drücken Sie mit den Armen nach hinten und mit dem Nacken den Kopf

gegen die Hände. Atmen Sie währenddessen möglichst tief ein und aus.

- *Anspannung:* Setzen Sie sich in lockerer Haltung auf einen Stuhl, und spannen Sie alle verfügbaren Muskeln für einige Sekunden an. Dann lassen Sie die Anspannung los. Wiederholen Sie dies fünfmal.
- *Dehnen:* Versuchen Sie, auf dem höchsten Regal, noch über den Ordnern, ein Buch oder einen anderen Gegenstand zu plazieren, um so Ihre Muskeln von den Zehen- bis zu den Fingerspitzen zu dehnen. Wiederholen Sie dies mehrmals – am besten in Abwechslung mit einem Bücken.
- *Händeschütteln:* Schütteln Sie Ihre Hände, als wären sie naß. Strecken Sie die Arme waagerecht aus. Öffnen und schließen Sie Ihre Hände mehrmals schnell hintereinander. Führen Sie Ihre Arme nach oben über den Kopf und langsam wieder zurück.
- *Wadenstrecken:* Setzen Sie sich aufrecht hin, strecken und beugen Sie Ihre Beine abwechselnd. Dies ist ein Test, ob die Beinfreiheit unter Ihrem Tisch wirklich ausreicht und Sie so für eine bessere Durchblutung sorgen können.
- *Türsteher:* Stellen Sie sich breitbeinig in einen Türrahmen. Strecken Sie Ihre Arme aus. Dann drücken Sie mit den Händen fest gegen den Rahmen. Anschließend lockern Sie die Arme wieder.

7.

Rechtsfragen rund um Telearbeit

Ein Einzelstück und daher auch ein Musterbeispiel: Obwohl Telearbeit in einigen Unternehmen schon seit Jahren zum Alltag gehört, entstand erst 1998 ein Tarifvertrag für angestellte Telearbeiter. Für diese Pioniertat waren die Deutsche Telekom, die Deutsche Postgewerkschaft, die Industriegewerkschaft Medien sowie die Gewerkschaft Handel, Banken und Versicherungen verantwortlich. Von 1995 bis 1998 begleiteten Vertreter dieser Gewerkschaften die Einführung von Telearbeit bei der Deutschen Telekom und paßten das zunächst entwickelte Vertragswerk laufend an die entstehenden praktischen Erfordernisse an. Das Ergebnis ist ein Vertrag, der in acht Punkten das Verhältnis zwischen angestelltem Telearbeiter und dessen Vorgesetzten regelt. Er bestimmt beispielsweise einerseits, wie die tägliche Arbeitszeit festgelegt und kontrolliert, andererseits, wie Telearbeit vergütet und nachgewiesen werden kann. Darin festgelegt ist aber auch, wie Besitz- und Haftungsfragen bezüglich der Einrichtung und Technik eines Telearbeitsplatzes zu beantworten sind und anderes mehr. Der »Tarifvertrag Telearbeit« ist bei den genannten Gewerkschaften und beim Online Forum Telearbeit (Onforte), einem Interessenverband aus Gewerkschaften, Anwälten und Telearbeitern aus verschiedenen Branchen, erhältlich. Er dient nicht nur als ein Musterbeispiel, weil sich hier zwei Parteien mit durchaus unterschiedlichen Standpunkten einigen konnten. In allererster Linie sticht dieser Vertrag deshalb hervor, weil bestehende Unsicherheiten und offene Rechtsfragen bezüglich der neuen Arbeitsform endlich einmal offensiv angegangen

und für alle Beteiligten zufriedenstellend gelöst wurden. Daher gilt dieser Tarifvertrag als Vorbild für Einigungen in anderen Unternehmen und Branchen.
Bisher beschränkte man sich nämlich darauf, die neuen Arbeitsbeziehungen lediglich in zusätzlichen Betriebsvereinbarungen zu klären oder – allerdings seltener – durch Zusatzbestimmungen in den betreffenden Beschäftigungsverträgen der Telearbeiter zu regeln. Eine durchaus praktikable Alternative, denn generell ändert die Einführung von Telearbeit nichts am bestehenden Arbeitsvertrag, wenn sich beide Parteien, Arbeitgeber wie Arbeitnehmer, vertrauen.
Lediglich über die verfügbare Technik sowie über das Verhalten am heimischen Schreibtisch müssen Abmachungen getroffen werden, um den Telearbeiter auch in die gesamte Organisationsstruktur einer Firma integrieren zu können. Doch trotz der Betriebsvereinbarungen, die einige Unternehmen zusammen mit den Interessenvertretern von Arbeitnehmern schufen und die – so schreibt es das Betriebsverfassungsgesetz vor – für alle Mitarbeiter gelten, blieb meist ein Rest von Unsicherheit. Viele Rechtsfragen, die sich durch Telearbeit ergeben, können nicht eindeutig beantwortet werden, auch der Tarifvertrag läßt einiges offen. Generell sind Verträge jedoch als sicherere Grundlage zu bewerten als nur allgemeine Vereinbarungen.
Zudem war das Verhältnis zwischen Unternehmern und Arbeitnehmern vorbelastet, da schon in der Vergangenheit Veränderungen von Arbeitsverträgen nicht immer im Interesse aller vorgenommen wurden: Einigen Unternehmen gelang es, sich mit der Einführung von Telearbeit ihrer Angestellten und damit ihrer Pflichten bezüglich Sozialkosten und Steuern zu entledigen. Sie hatten, wenn ein Interesse an Telearbeit bestand, auf eine Wandlung der bestehenden Verträge hingewirkt, diese aufgekündigt und so verändert, daß Angestellte zu freien Mitarbeitern wurden. Sie entließen ihre Telearbeiter also mit Dienst- oder Werkverträgen in eine Selbständigkeit, die allerdings nur vorgetäuscht war. Für die Betroffenen bestand trotz allem weiterhin eine Abhängigkeit von Unternehmen und Arbeitgebern. Denn durch die

starke Auslastung ihrer Arbeitskraft hatten sie kaum Zeit, sich um andere Aufträge von fremden Firmen zu bemühen. Ihre Ansprüche auf soziale Leistungen (Rente, Krankengeld, Versicherungen, Betriebsrenten etc.) dagegen verfielen mit den neuen Beschäftigungsverhältnissen. Zudem hoben die neuen Verträge den Kündigungsschutz und die Lohnfortzahlung im Krankheitsfall auf. Aus diesen Gründen ist Angestellten dringend zu raten, sich nicht auf eine Änderung bestehender Verträge einzulassen, wenn sie alternierend zu Hause und im Unternehmen beschäftigt sein wollen. Betriebe sollten die Einführung der neuen Arbeitsweise nicht durch Mißtrauen und Unsicherheiten belasten.
Telearbeit als indirekte Rationalisierungsmaßnahme – gründlicher konnten die Potentiale dieser Arbeitsform nicht mißverstanden werden. Die egoistische Haltung mancher Unternehmer erklärt auch die anfänglich kompromißlose und ablehnende Haltung gegenüber Telearbeit, die Gewerkschaften und viele Angestellte in den ersten Jahren ihrer Verbreitung einnahmen. Doch inzwischen hat sich die Stimmung gewandelt. Mehr Informationen über Telearbeit, deren wachsende Umsetzung und die dadurch bekannt gewordenen positiven Beispiele haben dazu beigetragen. Allerdings bleibt trotz aller Euphorie anzumerken, daß ein Großteil der rechtlichen Fragen bis heute ungeklärt ist. Darauf bezog sich Claus Mundorf, als er im März 1999 im Handelsblatt auf entstehende Ungerechtigkeit und Ungleichheit hinwies: »Arbeitsrechtlich jedoch sind wesentliche Fragen weiterhin offen. Das individuelle Arbeitsrecht, das Betriebsverfassungsrecht, wie übrigens auch das Sozialversicherungsrecht gehen noch immer aus vom Typus des in den Betrieb integrierten Arbeitnehmers; es gibt kein Telearbeitsgesetz, sondern nur individuelle Arbeitsverträge oder Betriebsvereinbarungen, wobei oft genug ein gegebenes Gefälle in der Vertragsmacht der Partner deutlich zum Ausdruck kommt.«
Es liegt allerdings nicht allein in der Hand des Staats als Gesetzgeber, dies zu verändern. Mitverantwortlich sind vor allem die Unternehmen. Während sich staatliche Stellen, aber auch die Gewerkschaften auf Druck ihrer Mitglieder zunehmend um eine

Neugestaltung von Arbeitszeit und Beschäftigungsverhältnissen bei gleichzeitiger sozialer Absicherung bemühen und durchaus taugliche Modelle hervorgebracht haben, verschließen sich die Betriebe und Manager noch immer. Angesichts hoher Arbeitslosigkeit und zunehmenden Rationalisierungsdrucks erliegen sie oft genug der Versuchung, durch die Hintertür die soziale Sicherheit ihrer Angestellten auszuhebeln.
Ein weiteres Problem ergibt sich durch die Begleiterscheinungen von Telearbeit, die sich auf das Gefüge innerhalb der Unternehmen auswirken und von Vorgesetzten nicht eben begeistert aufgenommen werden. Telearbeit stellt die bestehenden Macht- und Hierarchiestrukturen in Frage. Unfähig, sich von Kontrollansprüchen gegenüber Angestellten zu lösen, haben Arbeitgeber bisher nur wenige Vorschläge oder Forderungen zur Lösung von rechtlichen Fragen bei Telearbeit eingebracht. Das wird sich ändern müssen, sollen die Vorteile von Telearbeit beiden Parteien zugute kommen. Denn: Telearbeit setzt eine hohe Motivation der Mitarbeiter und ein großes Maß an Vertrauen der Beteiligten voraus. Beides ist sicher nicht vorhanden, wenn rechtliche Fragen nur im einseitigen Interesse gelöst werden.
Fest steht auch: Telearbeit, vor allem die damit verbundenen Visionen von flexibler Arbeit an unterschiedlichen Orten und zu verschiedensten Zeiten, wird zwangsläufig das gegenwärtig geltende Arbeitsrecht verändern. Noch ist es stark geprägt von den gewohnten Vorstellungen fester betrieblicher Arbeitsplätze. Die ständige Anwesenheit sowie die Kontrollmöglichkeiten der Arbeitsergebnisse gelten als feste Strukturen. Ebenfalls ist bei solchen Verhältnissen eindeutig geklärt, wer für Betriebsunfälle und Sachschäden aufkommt, wer Raum-, Energie- oder Telefonkosten bezahlt.
Telearbeit weicht diese Sicherheiten auf, denn der Heimarbeitsplatz eines Telearbeiters ist nicht eindeutig zu bewerten: Wird er Teil der unantastbaren Wohnung, oder bleibt er Teil eines Betriebs? Neben Methoden, um nachvollziehbare Zeit- und Arbeitsnachweise zu erstellen, muß außerdem festgelegt werden,

wie externe Telearbeiter in die betriebliche Mitbestimmung und Organisation eingebunden werden, wie sie ihre Gleichberechtigung gegenüber ihren Kollegen behalten und Karrieremöglichkeiten wahrnehmen können. Telearbeit stellt darüber hinaus nicht nur neue Anforderungen an das geltende Arbeits-, Tarifvertrags- und Betriebsverfassungsgesetz. Ebenso müssen für Fragen bezüglich Versicherungen, Steuern und Mietrecht Lösungen gefunden werden.

Wer sich für Telearbeit entscheidet – egal ob Unternehmer oder Angestellter –, muß sich darüber im klaren sein, welche Regeln es im Vorfeld zu klären gilt; und alle Beteiligten sollten wissen, daß die Einführung von Telearbeit nicht von einem Tag auf den anderen zu bewerkstelligen ist. Die meisten Betriebe, die die Einführung von Telearbeit ernsthaft betreiben wollen, bereiten diesen Schritt in länger angelegten Projekten vor, an denen sie Vertreter des Betriebsrats, des Managements sowie ausgewählte Telearbeiter beteiligen.

Doch die schlechten Erfahrungen aus vergangenen Jahren haben immerhin dazu geführt, daß Angestellte, die heute ihren Schreibtisch nach Hause verlagern wollen, im Internet, bei den Gewerkschaften oder beim Bundesverband Telearbeit die aktuellsten Regelungen für derartige Arbeitsverhältnisse abfragen können. Hier finden sich auch Anlaufstellen, die bei auftretenden Schwierigkeiten Unterstützung anbieten. Dreh- und Angelpunkt aller Rechtsfragen ist das Verhältnis zwischen Telearbeiter und Arbeit- oder Auftraggeber. Dafür gibt es drei Varianten:

- *Der Telearbeiter ist angestellt:* Er ist ausschließlich für ein Unternehmen tätig, von diesem also persönlich abhängig. Von dort bekommt er seine Aufträge, aber auch fachliche Anleitung oder Weisungen, im Gegenzug erhält er sein Gehalt und soziale Leistungen. Ein unternehmerisches Risiko trägt der Angestellte nicht. Die Basis ist der Arbeitsvertrag, in dem Arbeitsort und -zeit festgelegt sind, aber auch die Verpflichtung, den Betrieb über krankheitsbedingte oder andere Fehlzeiten zu informieren. Bezahlt wird die Arbeitszeit, zusätzlich die sozialen Kosten wie Krankenkasse, Rente, Sozialversicherungen und Steuern.

- *Der Telearbeiter ist Heimarbeiter:* Er ist zwar ebenfalls weitgehend für einen Betrieb tätig, von diesem aber nur wirtschaftlich abhängig. Im Gegensatz zum Angestellten ist er nicht in interne Prozesse eingebunden, kann daher seine Arbeitszeit, aber auch den -ort freier bestimmen. Lediglich das Arbeitsergebnis unterliegt der Kontrolle. Er gilt als arbeitnehmerähnlicher Beschäftigter und genießt daher einen gewissen Schutz bei Kündigung und im Krankheitsfall. Die Grundlage für dieses Verhältnis ist ein Heimarbeits-, ein fester Dienst- oder Werkvertrag, bezahlt wird jeweils nach Stückzahl oder Zeiteinheiten.
- *Der Telearbeiter ist selbständig:* Er erledigt Aufträge für unterschiedliche Unternehmen und bestimmt seine Arbeitszeit sowie seine Tätigkeit selbst. Es besteht weder eine persönliche noch eine wirtschaftliche Abhängigkeit von einem Auftraggeber, daher hat er auch selbst für seine Steuern und soziale Absicherung zu sorgen. Vereinbarungen werden in den meisten Fällen mündlich getroffen oder in Dienst- und Werkverträgen festgelegt. Die festgelegten Honorare berechnen sich aus der beanspruchten Zeit oder Dienstleistung.

7.1 Telearbeit im Angestelltenverhältnis

Als Karin Braun vor einigen Jahren begann, sich mit Telearbeit zu beschäftigen und mit Hilfe ihres Arbeitgebers ein zusätzliches Büro zu Hause einzurichten, waren Rechtsfragen zweitrangig. Karin Braun war sich bewußt, daß ihre Leistungen an ihren Konzepten zur Einführung von neuen Geräten, aber auch an deren praktischer Umsetzung gemessen werden konnten. Die Vorgesetzten wiederum schätzten die Fähigkeiten der Produktmanagerin und wollten auf ihr Engagement nicht verzichten. Sie mußten also ihrer Mitarbeiterin den Kompromiß zwischen Arbeit und Familie erleichtern.

Beide Seiten hatten also ihre guten Gründe, einen Versuch mit Telearbeit zu wagen. Hinzu kam, daß sich alle Beteiligten gegenseitig vertrauten. Man kannte einander lange genug. Inzwischen ist dieses Telearbeitsverhältnis längst durch zusätzliche, vertragliche Vereinbarungen geregelt und näher bestimmt worden. Fest steht, daß Karin Braun jederzeit und ohne Probleme ihren Telearbeitsplatz aufgeben und ins Siemens-Werk zurückkehren kann. Diese Absprache gehört heute ebenso wie die Freiwilligkeit zu den Bestandteilen aller Verträge oder Betriebsvereinbarungen, die Telearbeit näher beschreiben. Kein Angestellter kann aus einem bestehenden Arbeitsverhältnis zur Telearbeit gezwungen werden.

Und das aus mehreren Gründen: Telearbeit ordnet das bestehende Beschäftigungsverhältnis nicht neu. Die wirtschaftliche und persönliche Abhängigkeit von einem Unternehmer bleibt weiterhin bestehen. Lediglich die äußeren Rahmenbedingungen müssen eindeutiger und für beide Seiten verbindlich ausgemacht werden. Deshalb kann der Wechsel zur Telearbeit allein auch nicht zu einer Änderung des Gehalts oder zu einer neuen Eingruppierung führen. Der Telearbeiter bleibt gegenüber seinen Kollegen, die weiterhin im Betrieb tätig sind, gleichberechtigt.

Der gewöhnliche Arbeitsvertrag bestimmt außerdem den Ort der Beschäftigung oder beinhaltet, daß ein Angestellter an wechselnden Orten tätig wird. Sollte sich durch Telearbeit daran etwas ändern, muß der bestehende Vertrag gekündigt und der Ortswechsel in den neuen aufgenommen werden – im beiderseitigen Einvernehmen, versteht sich. Ebenfalls sind Versetzungen, z. B. in betriebseigene Satellitenbüros oder Telezentren, aus diesem Grund nicht willkürlich möglich. Sie setzen ebenfalls eine Änderung des Arbeitsvertrags voraus.

Hinzu kommt: Will ein Unternehmen die Arbeitsplätze in die Wohnung seiner Angestellten verlegen, so ist das sowieso nur mit deren Zustimmung möglich. Artikel 13 des Grundgesetzes schützt die Privatsphäre eines Menschen vor staatlichem Einfluß, aber auch vor dem Zugriff Dritter. Allerdings berührt Telearbeit an dieser Stelle das geltende Mietrecht: Um Wohnbereiche und

Mietpreise zu schützen, bestehen rechtliche Regeln, die das Arbeiten sowie das Ausüben eines Gewerbes in Wohnungen ausschließen. Die Telearbeit zu Hause fällt jedoch nicht unter diese Schutzbestimmungen. Ein in der Wohnung eingerichtetes Arbeitszimmer verändert die Nutzung einer Wohnung nicht wesentlich, so hat es der Gesetzgeber bestimmt. Folglich darf auch die Miete nach der Einrichtung eines Telearbeitsplatzes nicht erhöht werden. Ähnliches gilt auch in Eigentumswohnungen, allerdings ist dies noch nicht eindeutig geregelt. Empfohlen wird deshalb, die Miteigentümer zumindest über die geplante Telearbeit zu informieren.

Der Schutz von Intimsphäre und Wohnung bereitet allerdings noch in anderer Hinsicht Probleme, und zwar bezüglich der Kontrollmöglichkeiten für die Arbeitsplätze und zur Vermeidung von gesundheitlichen oder datenschutzrechtlichen Risiken. Es ist sicher verständlich, wenn sich ein Unternehmer regelmäßig über den Zustand der Einrichtung und Technik ein Bild machen will. Dazu besteht laut Arbeitsschutz- und Gesundheitsverordnung sogar eine Verpflichtung. Daher räumt das Betriebsverfassungsgesetz ihm, aber auch dem Betriebsrat ein Zutrittsrecht in alle Büros der Firma ein. Dies gilt jedoch nicht ohne weiteres für einen externen Arbeitsplatz, der in der Wohnung eines Angestellten eingerichtet wurde; zumal anzunehmen ist, daß die meisten Telearbeiter nicht alleine, sondern mit Partnern oder ihrer Familie zusammen wohnen, deren Intimsphäre ebenfalls zu schützen ist. Bisher ist der Widerspruch zwischen berechtigter Überprüfung und Wahrung der Privatsphäre rechtlich noch nicht eindeutig gelöst. Juristen vertreten unterschiedliche Meinungen zu diesem Thema. Wandelt man ein Zimmer zum betrieblichen Arbeitsplatz um, so ein Standpunkt, müssen auch die vollen Kontrollmöglichkeiten eingeräumt werden. Dazu besteht die gegenteilige Meinung, die die Schutzbedürftigkeit des Privatlebens in den Mittelpunkt stellt und dementsprechend vehement eine Zutrittsberechtigung ablehnt. Empfohlen wird hier ein Kompromiß, bei dem der Telearbeiter durch einen individuellen Vertrag oder aber durch Betriebsvereinbarungen den Zugang nach vorhe-

riger Ankündigung erlaubt. Zu erwarten ist, daß sich diese vernünftige und pragmatische Lösung auch in Urteilen oder Gesetzen durchsetzen wird.
Eindeutig geklärt sind hingegen die sicher aufkommenden Fragen bezüglich des Datenschutzes: Die Verarbeitung von personenbezogenen Informationen hat bei extern Beschäftigten zu unterbleiben, wenn Vertraulichkeit und Schutz der Daten nicht garantiert werden können. Während der Arbeitgeber hierfür die technischen Sicherungen einrichten muß, hat der Telearbeiter die Einhaltung des Datenschutzes in seinem Bereich zu verantworten. Zur Verfügung gestellte Arbeitsunterlagen und elektronisches Datenmaterial sind vor den Blicken Dritter zu schützen und sollten in einem abschließbaren Schrank am Heimarbeitsplatz gelagert werden können. Die Grenzen der Verantwortung des Telearbeiters sind erreicht, wenn Arbeitgeber keine technischen, organisatorischen und vertraglichen Maßnahmen zum Datenschutz durchführen. Kommen vertrauliche Nachrichten an die Öffentlichkeit, weil etwa die elektronischen Transportwege nicht ausreichend gesichert sind, trägt daher das Unternehmen die daraus resultierenden rechtlichen und möglichen finanziellen Folgen.
Ebenso klar geregelt sind die Besitzverhältnisse im Heimbüro des Telearbeiters: Die technische Ausstattung, soweit vom Arbeitgeber angeschafft, gehört dem Unternehmen. Das gilt auch für die Möbel, selbst wenn diese vom Telearbeiter ausgewählt, aber über eine Pauschale vom Arbeitgeber finanziert wurden. Dementsprechend enthält die Betriebsvereinbarung oder der Telearbeitsvertrag eine Auflistung aller Geräte und Möbel, die dem Telearbeiter zur Verfügung gestellt wurden und die nach der Auflösung des Büros wieder zurückzugeben sind.
So weit, so gut: Aber wer haftet, wenn Schäden an Computer und Möbeln entstehen oder – schlimmer noch – wenn sich ein Telearbeiter im Büro verletzt? Normalerweise sind Unfälle am Arbeitsplatz, auf dem Weg zum Unternehmen oder auf Dienstreisen über die Berufsgenossenschaft versichert. Dieser Schutz umfaßt inzwischen auch Telearbeitsplätze, die sich in Wohnun-

gen befinden. Dies sollte aber vorsorglich auch schriftlich niedergelegt werden. Ebenso besteht auch weiterhin die Haftungspflicht des Unternehmens für Schäden, die sich durch die Arbeit eines Telearbeiters bei Dritten ergeben. Ganz ähnlich die Regelung für Technik und Einrichtung: auch hier übernimmt die Versicherung des Unternehmens anfallende Kosten. Dies gilt genauso für die Wartung der Arbeitsgeräte. Allerdings behalten sich viele Unternehmen vor, die Nutzung der technischen Ausstattung durch Angehörige und Besucher des Telearbeiters zu verbieten. Die Einhaltung dieser Vorgabe ist allerdings nur schwer zu kontrollieren, gibt aber eine gewisse Sicherheit für den Arbeitgeber, wenn ein Telearbeiter beispielsweise mit vertraulichen Daten grob fahrlässig umgeht oder Geräte sowie Einrichtung vorsätzlich zerstört.

Um zusätzliche Ausgaben für Versicherungen zu vermeiden, sollte der Telearbeiter sich mit seinem Sachbearbeiter in Verbindung setzen und alle Arbeitsgeräte aus den Hausrat- und Schadenspolicen ausschließen. Ist dies nicht möglich, handelt er am besten mit dem Arbeitgeber einen Zuschuß für den höheren Versicherungsbeitrag aus. Dasselbe gilt auch für die Miete, da sich die wenigsten Unternehmen bisher daran beteiligen. Für anfallende Heizungs-, Strom- und Mietkosten wird meist aus praktischen Gründen eine Pauschale gezahlt, die wie alle anderen Ausgleichszahlungen nach dem Einkommensteuergesetz von der Lohnsteuer ausgenommen ist.

Dagegen ist bei den Telefonkosten eine genaue Abrechnung möglich. Wenn der externe Anschluß nicht sowieso in die Anlage des Unternehmens integriert wird, kann ein eigener eingerichtet werden. Anhand der in der Rechnung aufgelisteten Telefonnummern können Privatgespräche von den beruflichen getrennt, die Kosten also genau benannt werden.

Der äußere Rahmen von Telearbeit ist – das zeigt sich an diesen Aspekten – relativ einfach zu klären. Anders sieht es jedoch bei den inhaltlichen Bedingungen von Telearbeit aus. Das liegt auch daran, daß Angestelltenverhältnisse generell durch spezifische Eigenschaften charakterisiert sind. Denn ein solches basiert –

einfach ausgedrückt – auf dem Tausch von Arbeitskraft gegen materielle Sicherheit. Neben der Weisungsgebundenheit des Beschäftigten beinhaltet es auch dessen Verpflichtung zur Leistung. Hier genau zeigt sich das schon zuvor angesprochene Problem, das sich bei der Einführung von Telearbeit ergibt: die Kontrolle der Erfüllung von Rechten und Pflichten sowohl durch den Arbeitgeber als auch den Arbeitnehmer. Nicht nur, um Mißtrauen auszuschalten, braucht der Arbeitgeber Möglichkeiten, sich über die Leistung, aber auch über die zeitliche Anwesenheit eines Telearbeiters zu informieren. Denn schließlich soll ein Mitarbeiter in die Organisation eines Unternehmens integriert werden und auch am Telearbeitsplatz gleichberechtigt bleiben.
Und nicht zuletzt hat der Arbeitgeber Auflagen zu erfüllen, so z. B. die, für die Einhaltung der geltenden Arbeitszeitbestimmung und weiterer Schutzverordnungen zur Gesundheit zu sorgen. Beispielsweise darf die Höchstarbeitszeit pro Tag nicht über acht Stunden und nur ausnahmsweise über zehn Stunden liegen; generell ausgeschlossen sind Sonn- und Feiertagsarbeit. Zudem gibt es eine verbindliche Regelung für tägliche Ruhepausen.
Während die Integration der Mitarbeiter im Betrieb oder in Satellitenbüros relativ einfach durchzuführen ist und deren Anwesenheit kontrollierbar bleibt, entzieht sich der Telearbeiter im Heimbüro der ständigen Aufsicht und fällt auch aus den Organisationsstrukturen heraus. Damit sind Probleme der Leistungs- und Aufwandsbewertung – eine Schlüsselfrage im Angestelltenverhältnis – vorprogrammiert.
Beides verdeutlicht, daß sich die Rahmenbedingungen für Beschäftigung und Management verändern müssen: Die bisherige an Prozessen orientierte Führung von Arbeitnehmern wird durch ein *Management by Objectives* ersetzt, bei dem das sichtbare Ergebnis von Arbeit zu beurteilen ist. Die anfallenden Aufgaben sind klar zu formulieren und mit einem festen Zeitrahmen vorzugeben. Wie sie gelöst werden, liegt jeweils in der Eigenverantwortung der Angestellten. Verständlich daher, daß Unternehmen Telearbeit vorrangig für eingearbeitete Routiniers anbieten werden, die nicht nur über den Betrieb und ihre Ansprechpart-

ner Bescheid wissen, sondern sich bereits im Berufsalltag bewährt haben.
Doch trotz aller Eigenständigkeit der Mitarbeiter, die eine solche Arbeitsweise zuläßt und erfordert, sind einheitliche Regeln einzuhalten. Einerseits sind diese zur Organisation der Arbeitsplätze – ein Großteil der Telearbeiter wird sich zeitweilig im Unternehmen aufhalten –, andererseits zur Abstimmung der Projekte mit den beteiligten Kollegen nötig. Hier liegen die Grenzen der individuellen Zeit- und Tätigkeitsgestaltung eines Telearbeiters: Denn auch wenn längere Pausen möglich sind und noch später am Abend gearbeitet werden kann, können selbst ausgesprochene Nachteulen unter den alternierend Telearbeitenden sicher nicht die Nacht zum Tag machen. Sie werden zu festgelegten Kernzeiten am Schreibtisch sitzen müssen, damit gewährleistet ist, daß sie auch im Büro zu Hause für Kollegen oder Kunden erreichbar sind.
Zudem besteht weiterhin die Verpflichtung, den Vorgesetzten über Krankheiten oder über andere Ursachen für Arbeitsausfälle zu informieren. Solche Absprachen werden ebenfalls in Vereinbarungen und Zusatzverträgen zur Sicherheit schriftlich formuliert. Unter Umständen verlangt der Arbeitgeber darüber hinaus, daß über die abgeleistete Zeit ein Tagebuch zu führen ist. Andernfalls kann er sie auch elektronisch überprüfen lassen, etwa anhand der Zeiten, in denen der Telearbeiter online auf die Daten eines Servers im Unternehmen zurückgreift oder mit Kollegen kooperiert.
Aber eine hundertprozentige Kontrolle der Arbeitszeit ist bei Telearbeit nicht möglich. Auch die Einhaltung von Arbeitsschutzmaßnahmen läßt sich nicht vollständig überwachen. Und nicht zuletzt kann die Leistung ebenfalls nur über die erzielten Ergebnisse bewertet werden. Um sich gegenseitig abzusichern, wird deshalb zu den Zusatzvereinbarungen auch eine genaue Stellen- und Aufgabenbeschreibung des künftigen Telearbeiters gehören. Daran orientiert, können die Arbeitsergebnisse verglichen und Zwischenzeugnisse ausgestellt oder aber Aufstiegschancen eröffnet werden.

Denn auch wenn sie größtenteils zu Hause arbeiten, dürfen Telearbeiter nicht vom Leben im Unternehmen ausgeschlossen werden. Sie sind auch weiterhin über geplante Stellen, interne Ausschreibungen für führende Positionen, Zusammenkünfte wie (Betriebs-)Versammlungen und Feste zu informieren. Allerdings wird es nicht mehr genügen, dies auf einem zentralen schwarzen Brett anzukündigen. Einfach und ohne Umwege müssen solche Informationen für alle Mitarbeiter zugänglich sein: entweder über elektronische Wege oder über den Post- bzw. Faxversand.

Ganz ähnlich wird für angestellte Telearbeiter auch das Mitbestimmungsrecht praktisch umgesetzt werden. Da Betriebs- und Personalrat laut Betriebsverfassungsgesetz mitzureden haben, wenn sich die Organisationsstrukturen oder Hierarchien eines Betriebs oder die technische Ausstattung der Arbeitsplätze ändern, ist es zwischenzeitlich zur Regel geworden, sie bei der Planung und Einführung von Telearbeit einzubeziehen. Nach der praktischen Umsetzung ist der Betriebsrat dabei zu unterstützen, die externen Mitarbeiter über betriebliche Maßnahmen zu informieren. Umgekehrt muß es den Telearbeitern ermöglicht werden, bei Schwierigkeiten mit dem Betriebsrat, Kollegen oder Vorgesetzten ohne größere Anstrengungen und in aller Diskretion Kontakt aufnehmen zu können. Nicht zwingend muß diese Kommunikation über das firmeninterne Datennetz laufen, aus Gründen der Vertraulichkeit und des Datenschutzes kann z. B. der Betriebsrat ein eigenes Netzwerk aufbauen.

Das alles zeigt: Im Grunde genommen verändert sich das Angestelltenverhältnis auch nach Einführung von Telearbeit nicht wesentlich. Daher ist auch die Auflösung des Arbeitsvertrags nicht notwendig. Es reicht aus, ihn durch individuelle oder für den ganzen Betrieb geltende Vereinbarungen zu ergänzen, die ebenfalls schriftlich festgehalten werden. Dabei muß der Arbeitgeber einen Teil seiner Verantwortung – z. B. bezüglich des Gesundheits-, aber auch des Datenschutzes – in die Hände des Angestellten legen können. Umgekehrt muß auch dieser davon ausgehen dürfen, daß er an seinem externen Arbeitsplatz über alle relevanten Informationen, die das Unternehmen betreffen, informiert wird. Telearbeit beruht also auch in rechtlicher Hinsicht auf gegenseitigem Vertrauen. Schon deshalb kann es keinen Zwang zur Telearbeit, aber auch keinen Anspruch auf diese Arbeitsform geben.

7.2 Telearbeit als Heimarbeit

Statt im festen Angestelltenverhältnis kann ein Telearbeiter auch als Heimarbeiter für ein Unternehmen oder eine Organisation tätig werden. Dabei sind in einem Dienst- oder Werkvertrag bestimmte Tätigkeiten – beispielsweise Telefondienste, Schreibarbeiten, Recherchеleistungen, Dokumentationen oder Datenerfassung – oder aber das Ergebnis der Arbeit als bezahlbare Leistungen festgelegt. Die Abrechnung erfolgt auf Stunden- oder Tagesbasis. Die rechtlichen Grundlagen einer solchen Arbeitsbeziehung sind im Heimarbeitsgesetz und im Tarifvertragsgesetz festgehalten und geregelt.
Heimarbeit, bei der der Computer an ein Netzwerk angebunden ist, kommt relativ selten vor. In den meisten Fällen werden eher Tätigkeiten ausgeführt, die – wie in anderen Bereichen und Branchen auch – unattraktiv, unqualifiziert und dementsprechend schlecht bezahlt sind. Außerdem bieten die Arbeitgeber für Heimarbeiter geringere soziale Sicherheiten, obwohl sich diese in einer ähnlich ausgeprägten Abhängigkeit vom Auftraggeber befinden wie ihre angestellten Kollegen. Daher verwundert es nicht, daß nach Angaben des Stuttgarter Fraunhofer-Instituts lediglich rund 25 000 Telearbeiter diese Arbeitsform gewählt haben. Es ist angesichts fehlender Möglichkeiten und Aufstiegschancen kaum zu erwarten, daß ihre Zahl im Vergleich zu den selbständigen und festangestellten Telearbeitern prägnant wachsen wird.
Der Status eines Heimarbeiters läßt sich in einigen Punkten mit dem eines Angestellten vergleichen: Wie dieser trägt er kein eigenes unternehmerisches Risiko, ist wirtschaftlich von seinem Auftraggeber abhängig und dessen Anordnungen unterworfen. Letz-

teres allerdings nicht in dem Maße wie ein Angestellter. Denn im Gegensatz zu diesem teilen Heimarbeiter ihre Zeit frei ein, werden nicht kontrolliert und nicht in den organisatorischen Ablauf eines Betriebs eingebunden.

Arbeitsrichter definieren diese Position als »arbeitnehmerähnlich«. Wenn die wirtschaftliche Abhängigkeit vom Arbeitgeber genauso groß ist wie bei einem gewohnten Arbeitsverhältnis, besteht folglich eine »soziale Schutzbedürftigkeit«. Diese umfaßt zum einen geregelte Kündigungsfristen, die nicht ohne Fortzahlung unterlaufen werden können. Zum anderen erhalten Heimarbeiter im Krankheitsfall 80 Prozent ihrer Einnahmen von der gesetzlichen Krankenkasse. Darüber hinaus können sie im Verhältnis zur abgeleisteten Arbeitszeit Urlaub beanspruchen.

Auch bei der Heimarbeit ändern sich die schon bestehenden Regeln nicht grundsätzlich. Die Form sowie Höhe der Bezahlung und die geschilderten Rahmenbedingungen bleiben gleich. Sie sind im Heimarbeitsgesetz nachzulesen. Allerdings: Die Kommunikationstechnik erleichtert die Einbindung eines Heimarbeiters in die Organisationsstrukturen eines Betriebs. Sind seine Aufträge nur durch dauerhafte und häufige Online- oder Telefonverbindungen zu bewerkstelligen, kann sich dadurch die Position des Heimarbeiters unter Umständen ändern. Vor dem Gesetzgeber verliert er dadurch seine persönliche Freiheit, wird damit direkt weisungsgebunden oder kontrollierbar und ist daher rechtlich wie ein Angestellter zu behandeln. Heimarbeiter können in diesem Fall auf die Änderung ihres Beschäftigungsverhältnisses pochen und auf eine Wandlung des Vertrags drängen – sie kommen dann in den Genuß einer Anstellung mit allen sozialen Sicherheiten. Es empfiehlt sich allerdings, derartige Vorhaben mit einem Anwalt, der sich auf Arbeitsrecht spezialisiert hat, zu besprechen.

Andere Regelungen gelten für die wenigen Heimarbeiter, die einen Teil ihrer Aufgaben von Hilfskräften erledigen lassen. Sie gelten nicht als arbeitnehmerähnlich, sondern als selbständig und können folglich auch keine Ansprüche auf soziale Leistungen wie Krankengeld oder Kündigungsfristen erheben.

Im Normalfall sind Heimarbeiter freie Mitarbeiter eines Betriebs, auf deren Dienste regelmäßig zurückgegriffen wird. Sie schaffen sich ihre Ausrüstung, mit der sie ihre Aufträge erledigen, größtenteils selbst an. Nur wenn der Arbeitgeber bestimmte Programme oder Geräte fordert, stellt er diese für einen gewissen Zeitraum zur Verfügung, die aus Sicherheitsgründen meistens ausschließlich der Heimarbeiter selbst benutzen darf.
Erledigen Heimarbeiter Aufträge mit Hilfe der eigenen technischen Ausrüstung, sollten sie beim Aushandeln des Lohns darauf achten, die Abnutzung der Geräte und deren Wartung anteilig einzukalkulieren. Dies gilt ebenfalls für die benötigten Verbrauchsmaterialien, wenn diese ebenfalls selbst gekauft und nicht vom Auftraggeber gestellt werden.
Diese Datenschutzbestimmungen gelten auch für Heimarbeiter. Im Gegensatz zu den Angestellten sind sie jedoch selbst für die Einhaltung verantwortlich. Das bedeutet, daß sie – gerade, wenn sie ihre Ausstattung selbst gekauft haben – bei der Verarbeitung von personenbezogenen Daten alle technischen Vorsichtsmaßnahmen treffen müssen, die einen Mißbrauch durch Dritte ausschließen. Ansonsten sollten sie sichergehen, daß entsprechende Fragen in ihrem Vertrag eindeutig geklärt sind.

7.3 Selbständige Telearbeit

Seit geraumer Zeit muß sich der Journalist Jens Hiller viele Fragen von seinen Auftraggebern gefallen lassen, die er eigentlich ungern beantwortet, weil sie seine wirtschaftliche Situation, etwa die tatsächliche Zahl seiner Auftraggeber, betreffen. Doch einige Kunden drängen auf Antworten und wollen die Angaben sogar schriftlich bestätigt haben. Eine Vorsichtsmaßnahme, zu der sie sich durch das »Gesetz zur Sicherung der Arbeitnehmerrechte« gezwungen sehen. Dieses Gesetz – am 1. Januar 1999 von der damals neuen Regierungskoalition aus SPD und Bündnis 90/Die Grünen erlassen – sollte Scheinselbständigkeit verhindern. Denn genau das ist es, was einige Unternehmen in der Vergangenheit

durch die Einführung von Telearbeit versucht haben: Arbeitnehmer aus Kostengründen in eine Selbständigkeit zu drängen, die wirtschaftlich gesehen keine ist.
In solchen Fällen besteht eine persönliche und wirtschaftliche Abhängigkeit von einem einzigen Auftraggeber, der für seinen freien Mitarbeiter allerdings weder Sozialleistungen noch andere Abgaben bezahlt. »Scheinselbständigkeit besteht«, definiert das Bundesministerium für Arbeit und Sozialordnung, »wenn der Beschäftigte vertraglich als Selbständiger bezeichnet wird, er jedoch aufgrund der tatsächlichen Umstände der Aufgabenerfüllung wie ein Arbeitnehmer in persönlicher Abhängigkeit steht. Die Merkmale seiner persönlichen Abhängigkeit sind z. B. die örtliche, zeitliche und fachliche Weisungsgebundenheit sowie die Eingliederung in eine fremde Arbeitsorganisation.«
Die Idee hinter dem Gesetz – Arbeitnehmer zu schützen und Unternehmer von indirekten Rationalisierungsmaßnahmen auf Kosten ihrer Mitarbeiter abzuhalten – ist grundsätzlich positiv zu bewerten, gerade hinsichtlich der zunehmenden Telearbeit und den negativen Erfahrungen aus der Vergangenheit. Doch die Sache hat einen Haken: Freiberufler und selbständige Einzelkämpfer, die sich bewußt für ihre wirtschaftliche Unabhängigkeit entschieden haben, werden dadurch in ihren Möglichkeiten eingeschränkt. Auch Existenzgründer, die sich in den ersten Jahren keine hohen Löhne leisten können und daher Beschäftigte wie freie Mitarbeiter mit Werkverträgen an sich binden, sind durch dieses Gesetz behindert.
Der Gesetzgeber definiert den Sachverhalt anhand von vier Kriterien. Danach ist scheinselbständig, wer

- erwerbsmäßig tätig ist, aber keinen versicherungspflichtigen Arbeitnehmer beschäftigt oder
- regelmäßig und im wesentlichen nur für einen Auftraggeber arbeitet oder
- für Angestellte typische Tätigkeiten erbringt und dabei den Anordungen seines Auftraggebers Folge leistet oder in dessen Organisation integriert wird oder

- nicht durch Werbung oder Akquise unternehmerisch am Markt auftritt und nicht seine Preise selbständig festlegt.

Treffen nur zwei dieser Eigenschaften auf ein Arbeitsverhältnis zu, wird Scheinselbständigkeit angenommen. Doch für diese rigiden Kriterien wurden schon nach kurzer Zeit Ausnahmen formuliert, und zu erwarten ist, daß die Abführung von Lohnsteuer und Sozialversicherungsbeiträgen für freie Mitarbeiter an neue, überarbeitete Eigenschaften der Beschäftigten gebunden wird. Denn wie Jens Hiller verdienen viele andere Freiberufler – neben Journalisten auch Anwälte, Steuerberater oder Architekten – ihren Lebensunterhalt als Einzelkämpfer ohne Angestellte. Sie sind dabei oft genug und auch für längere Fristen nur für einen Auftraggeber tätig, werden während dieser Zeiten sogar in dessen Firma integriert. Und wenn sie vielleicht noch für ihre Dienstleistungen werben, so müssen sie sich spätestens beim Berechnen ihrer Honorare an eine Gebührenordnung (Anwälte, Ärzte, Steuerberater oder Architekten) halten. Zwei der beschriebenen Kriterien treffen jedenfalls auf einen großen Teil der Freiberufler immer zu, auch wenn diese »Scheinselbständigen« in bezug auf Krankheit, Unfall oder Rente versorgt sind und nicht zuletzt auch Einkommens- und/oder Gewerbesteuer zahlen.
Vergleichbar die Situation von Existenzgründern, die – um anfangs Kosten und bürokratischen Aufwand zu minimieren – Mitarbeiter zunächst auf Honorarbasis beschäftigen, bevor sie diese im zweiten oder dritten Jahr anstellen. Gerade in der ersten Zeit können sie oft nicht mehr als einen Auftrag in ihren Büchern verzeichnen oder, ebenfalls aus finanziellen Gründen, für ihre Produkte/Services (noch) nicht werben.
Um also die freien Berufe und die jungen Unternehmer zu unterstützen, aber auch um die Bildung von virtuellen Teams aus Individualisten zu fördern, hat die Kommission des Bundesarbeitsministeriums Ende 1999 eine Änderung des Gesetzes gegen die Scheinselbständigkeit formuliert: Danach fallen jene Freiberufler nicht unter das Gesetz zur Zahlung von Lohnsteuer und Sozialversicherung, die ihre Einnahmen regelmäßig versteuern

und für ihr Alter wie auch für den Krankheitsfall Vorsorge getroffen haben. Außerdem wird das Gesetz gegen Scheinselbständigkeit nicht auf freie Mitarbeiter angewendet, wenn das Unternehmen jünger als drei Jahre ist und diese Personen ausreichend abgesichert sind.

Können beide durch ihre Beteuerungen und Nachweise die Vermutung nicht widerlegen, werden Nachzahlungen fällig – kein Wunder also, wenn Unternehmen gegenüber dem Einsatz freier Mitarbeiter äußerst mißtrauisch geworden sind und Aufträge erst nach Überprüfung ihrer freien Mitarbeiter an diese vergeben.

Erst die Ausnahmen ermöglichen dem Staat, einerseits ungesicherte Arbeitsverhältnisse zu verhindern, andererseits abgesicherte Individualisten zuzulassen und sogar Existenzgründer zu unterstützen.

Die Regelung zur Scheinselbständigkeit ist zwar nicht nur auf Telearbeit zu beziehen, doch gerade hier schränkt sie die Beschäftigungsverhältnisse ein. Selbständige Telearbeiter – und in diesem Bereich ist davon auszugehen, daß die Zahl der Einzelpersonen und Freiberufler besonders hoch ist – müssen also ihren Auftraggebern gegenüber mit offenen Karten spielen oder ihnen zumindest schriftlich bestätigen, auch für andere Unternehmen tätig zu sein.

Basis der selbständigen Telearbeit sind meistens Werk- und Dienstverträge, nach denen entweder ein konkreter Arbeitserfolg (ein Werk) oder aber eine Dienstleistung vergütet wird. Sie regeln die Lieferfristen und die Begleitumstände des Auftrags, enthalten also Anforderungen an den Datenschutz und führen die zu verwendenden Techniken und Gerätschaften auf. Wie, wann und wo der Telearbeiter schließlich seinen Auftrag erfüllt, liegt allein in seiner Verantwortung. Dem Auftraggeber bleibt lediglich die Bewertung und Abnahme der fristgerechten Lieferung.

Verständlich, daß bei solchen freien Beschäftigungsverhältnissen keine weiteren Abmachungen zu treffen sind. Für seine Ausstattung und Technik kommt der selbständige Telearbeiter auf, ebenfalls für die anfallenden Telefon- und Nebenkosten, die er in seine Honorare mit einkalkuliert.

Allerdings müssen selbständige Telearbeiter, die in ihrer Miet- oder Eigentumswohnung tätig werden, klären, ob sie das auch dürfen. Nur bei den freien Berufen – wenn sie selbständig ausgeübt werden – muß kein Gewerbe angemeldet werden, hier reicht der Antrag auf eine Einkommensteuernummer. Für andere Berufsgruppen gilt das nicht: Sie brauchen einen Gewerbeschein – und damit können Probleme bei der Nutzung einer Wohnung entstehen. In reinen Wohnanlagen muß eine Ausnahmeregelung mit der Stadt oder der Gemeindeverwaltung, unter Umständen auch bei den Miteigentümern getroffen werden.

7.4 Steuerliche Fragen

Investitionen, die für Telearbeit getätigt wurden, können steuerlich abgeschrieben werden. Zusätzlich kann auch das heimische Büro steuerlich angesetzt werden. Dies gilt jedoch nicht, wenn ein angestellter Telearbeiter eine Ausgleichspauschale für Miete und anfallende Nebenkosten erhält. Eine solche Zahlung durch den Auftraggeber wird grundsätzlich nicht besteuert. Allerdings können Ausgaben für diese Posten dann auch nicht beim Lohnsteuerausgleich geltend gemacht werden.
Anders bei jenen Mitarbeitern, die keine Erstattung vom Arbeitgeber bekommen oder aber selbständig arbeiten: Die anteilige Miete sowie sämtliche anfallenden Nebenkosten inklusive der benötigten Putzmittel können bei der Veranlagung geltend gemacht werden und senken Lohn- wie Einkommensteuer. Dabei ist allerdings zu beachten, daß Belege penibel aufbewahrt und zusammen mit Kontoauszügen dokumentiert werden müssen.
Ähnliches gilt für die technische Ausstattung: Wer sie angeschafft und bezahlt hat, kann sie als Investition geltend machen. In wenigen Fällen benutzen auch angestellte Telearbeiter eigene Geräte und Rechner. In diesem Fall können sie wie im übrigen auch Möbel drei Jahre lang abgeschrieben werden. Eng damit zusammen hängen inzwischen auch Telefon- und vor allem Internetkosten. Auch sie fallen, wenn sie in Verbindung mit der beruflichen

Tätigkeit entstanden sind, unter die geltenden Einkommen- und Lohnsteuergesetze.
Schwierig kann es für den angestellten Telearbeiter werden, wenn er alternierend zu Hause und im Unternehmen tätig wird. Die zuständigen Finanzbeamten wollen dann wissen, wo der überwiegende Teil der Arbeit erledigt wird, und errechnen daraus die Absetzmöglichkeiten der entstandenen Kosten für die Lohnsteuer. Auf jeden Fall sollten sich Angestellte alle anfallenden Ausgaben und Investitionen ebenso wie die dafür erhaltenen Ausgleichszahlungen einzeln belegen lassen, um über genaue Nachweise verfügen zu können. Außerdem sollten selbständige Telearbeiter bei der Einrichtung ihres Heimbüros aus steuerlichen Gründen auf solche Möbel verzichten, die auf eine private Nutzung des Raums schließen lassen. Finanzämter behalten sich vor, Büros zu inspizieren und – je nach Einrichtung – Anrechnungssätze zu senken. Haus- und Wohnungseigentümer sollten sich darüber hinaus erkundigen, inwieweit die Errichtung eines gewerblich genutzten Raumes steuerlich geltend gemacht werden kann.
Selbständige wie Freiberufler unterliegen der Einkommensteuerpflicht. Außerdem werden sie auf ihren Rechnungen die Mehrwertsteuer ausweisen. Erreichen sie eine bestimmte Umsatzgrenze, haben sie regelmäßig die Umsatzsteuer anzumelden und zu bezahlen.

8.

Einmal hier, einmal dort – die Organisation von Telearbeit

Die Produktmanagerin Karin Braun organisiert heute ihren Alltag – Pausen und Arbeitszeiten, aber auch Büro- und Heimarbeitstage – selbst. Regelmäßige Treffen in der Abteilung ermöglichen die Kooperation zwischen einzelnen Telearbeitern, ihren Kollegen im Unternehmen und den Vorgesetzten. In diesen Teamsitzungen – häufig schon per Videokonferenz abgehalten – wird der gegenwärtige Stand der Aufgaben abgestimmt und besprochen, wo Probleme zu erwarten, neue Fragen aufgetaucht oder Terminpläne nicht einzuhalten sind. In den Gesprächen bekommen die Mitarbeiter zudem neue Aufgaben oder Projekte überantwortet und entwerfen die Teilnehmer neue Zeit- sowie Organisationspläne. Außerdem werden hier laufend die Arbeitsergebnisse beurteilt und die Schwierigkeiten im Zusammenspiel aller zur Sprache gebracht.

Solche Konferenzen sind in anderen Betrieben, die Telearbeit noch nicht eingeführt haben, selten, denn dort braucht man sie nicht. Ein Klärungsbedarf zur Koordination einer Abteilung besteht kaum bis gar nicht. Die Vorgesetzten können schließlich jederzeit Kontakt zu ihren Mitarbeitern aufnehmen, sich Übersicht über die laufenden Prozesse und Arbeiten verschaffen, die Leistungen beurteilen, Aufgaben oder Zwischenergebnisse weiterreichen sowie Probleme lösen. Ihre Ansprechpartner wiederum sind ebenfalls ständig anwesend und aufnahmebereit für geänderte Vorgaben. Wenn Abläufe stocken – etwa durch

Mißverständnisse, Überforderung oder mangelnde Erfahrung junger Kollegen –, können sofort Gegenmaßnahmen getroffen werden.
Bei regelmäßiger Abwesenheit einiger oder gar aller Mitarbeiter sind diese Kontrolle und der nahe Kontakt nicht mehr möglich. Zudem muß die Arbeit gründlicher vorausgeplant werden. Statt täglich kann sich ein Vorgesetzter nur sporadisch einen Überblick über den Verlauf eines Projekts oder die Qualität der Arbeit verschaffen. Eventuelle Mißverständnisse oder auftretende Fehler können unter Umständen erst bei der Präsentation von (Zwischen-)Ergebnissen gelöst und behoben werden.
Diese Voraussetzungen verändern die Arbeitsweisen, vor allem aber die Beziehungen der Beteiligten: Alternierende wie mobile Telearbeit nehmen auf die bestehenden Organisationsstrukturen eines Unternehmens Einfluß. Sie erfordern einen neuen Weg, an Aufgaben heranzugehen, und damit auch andere Führungsstrategien. Während gewöhnlich die Prozesse und Abläufe im Mittelpunkt der Planung stehen, miteinander verknüpft werden und aufeinander aufbauen, fordert Telearbeit die Orientierung an den gewünschten Ergebnissen.
Die Ziele sind umfassender und gründlicher vorzubereiten sowie klarer zu formulieren als bisher. Während die Arbeit von anwesenden Angestellten kurzfristig an veränderte Ansprüche angepaßt, also jederzeit in Abläufe eingegriffen werden kann, besteht diese Möglichkeit bei Abwesenheit eines Teils der Arbeitsgruppe nicht.
Um Telearbeit erfolgreich durchzuführen, sind daher die jeweiligen Forderungen in Form abgeschlossener Projekte mit einzelnen Aufgabenschritten zu definieren und zu organisieren. Schon zu Beginn ist zu klären, was genau erreicht werden soll und wie dies durchzuführen ist. Dabei ergeben sich wiederum Zwischenschritte, die die Aufgaben für alle im Team festlegen. Telearbeit orientiert sich an der näheren Zukunft und leitet daraus die gegenwärtigen Aufgaben ab; die herkömmliche Arbeitsweise dagegen richtet sich stärker nach den gegenwärtigen Gegebenheiten und lenkt diese in Richtung Zukunft.

Die zweite Bedingung für Telearbeit besteht darin, einen Zeitrahmen festzulegen, in dem die jeweiligen Aufgaben zu lösen sind. Wie schließlich jeder zum Ziel kommt, liegt in seiner Verantwortung und hängt von der Persönlichkeit und Erfahrung ab.
Das Management wird durch eine solche Planung und Organisation dazu aufgefordert, eigentliche Führungsaufgaben an die Mitarbeiter zurückzugeben: Lösungswege zu diktieren, Vorschriften zu machen – dies ist bei Telearbeit unmöglich. Doch das richtige Delegieren fällt nicht jeder Führungskraft leicht. Das ist heute einer der wichtigsten Umstände, die Telearbeit behindern: »Weil der Mitarbeiter nicht mehr effizient kontrolliert werden kann, lehnt das mittlere Management Telearbeit ab«, hat nicht nur Alfred Jändl, im Landwirtschaftsministerium Bayerns verantwortlich für die Telearbeitsprojekte im ländlichen Raum, beobachtet. »Es sind neue Kriterien für Beschäftigung und Beurteilung von Mitarbeitern gefragt.« Leistung kann nicht mehr durch Anwesenheit und Motivation oder Engagement bewertet, sondern muß ausschließlich an der Qualität der gelieferten Ergebnisse gemessen werden.
Das mittlere Management, vornehmlich die Schnittstelle zwischen Unternehmensleitung und den Mitarbeitern, sieht daher seine Position, ja sogar seine Daseinsberechtigung, gefährdet. Hintergrund ist nicht nur die neue Organisationsform und die Notwendigkeit, stärker Aufgaben an Mitarbeiter zu delegieren, sondern vor allem eine neue Verteilung des Wissens. Darauf basieren gewöhnlich Hierarchien in Unternehmen und Institutionen. Nicht umsonst heißt es: »Wissen ist Macht.«
In prozeßorientierten Unternehmen erhalten Führungskräfte von der Leitung Aufträge, geben sie an die Angestellten weiter und überprüfen die Erledigung im Interesse der Firma. Eine klare vertikale Hierarchie, in der sich Wissen von oben nach unten verteilt. Macht entsteht dadurch, daß die für Arbeiten relevanten Informationen nur schritt- oder teilweise vermittelt werden, der Beschäftigte daher einen nur begrenzten Überblick über Absichten, Zweck und Ziele seiner Arbeit gewinnen kann. Die Prozesse müssen daher von außen, vom Management, das den

Überblick wahrt, immer wieder auf ihre Richtigkeit kontrolliert und aufeinander abgestimmt werden.
Diese Aufgaben entfallen, wenn die arbeitsrelevanten Informationen – die dezentrale Telearbeit und die Abwesenheit von Kollegen erfordert das – allen zugänglich sind. Technische Speicher- und Abfragemöglichkeiten bewirken, daß jeder erfahren kann, was sein Kollege gerade tut und welches Ziel mit der gemeinsamen Arbeit erreicht werden soll. Wissen und Informationen müssen, um das Arbeiten an anderen Orten gewährleisten zu können, weiter verteilt werden. Weiche, horizontale Hierarchien ersetzen die herkömmlichen vertikalen Strukturen.
Die Mittler- und Kontrollfunktion einer Führungskraft wird deshalb überflüssig. Allerdings ergibt sich für sie ein neuer Aufgabenbereich: Statt Leistung und Präsenz zu überprüfen, kann der Manager als Moderator und Koordinator eines Arbeitsteams wirken. Er erfüllt dann die Funktion eines Trainers und Beraters einer Gruppe, steht also eher als Partner zur Verfügung, weniger als Vorgesetzter. In Anlehnung an den Sport bezeichnet man diese Rolle mit Coach und den eher kooperativen Führungsstil als Coaching.
Was im Grunde positiv zu bewerten ist und auch die Effizienz steigern könnte, damit kommen Menschen, die jahrelang auf eine ganz andere Rolle und Position vorbereitet wurden, jedoch nur schlecht zurecht. Zumal bei einem solchen Rollenwechsel auch andere persönliche Eigenschaften gefragt sind. Außerdem bringt Telearbeit ein höheres Maß an Organisation und Aufwand mit sich: Arbeitsplätze und ihre Beanspruchung von externen Mitarbeitern müssen organisiert, Abläufe umgestellt und aufeinander abgestimmt, für alle Beteiligten ein praktisches Kommunikationsforum mit regelmäßigen Treffen eingerichtet werden. Doch hier muß nicht nur das Management umdenken, denn auch auf Telearbeiter kommt Neues, Unbekanntes, Schwieriges zu: Der kooperative Führungsstil bringt ihnen größere Eigenständigkeit, aber auch mehr Verantwortung und Pflichten – eine durchaus höhere Belastung. Wer alleine zu Hause, bei einem Kunden oder im Telezentrum arbeitet, sieht sich gezwungen, selbst für seine

Motivation oder Erfolgserlebnisse zu sorgen und einen eigenen Plan aufzustellen.
Das ist ohne weiteres machbar, wenn alle Aufgaben leicht von der Hand gehen. Schwierig wird die Selbstorganisation erst dann, wenn Probleme auftauchen, Erfolgserlebnisse einmal ausbleiben oder Lob und Anerkennung nicht mehr regelmäßig ausgesprochen werden. Ebenfalls fällt es vielen Angestellten nicht leicht, die anfallenden Arbeiten ohne den Vergleich mit den Kollegen effizient zu planen und den Tagesablauf zu organisieren. Alternierende Telearbeit läßt schließlich Privates und Berufliches näherrücken – so entstehen neue Fragen, die Regeln in Familien oder zwischen Partnern betreffen.
Von einem Telearbeiter wird besondere Selbstdisziplin verlangt, denn gerade zu Hause lauern viel Ablenkungen – ein Spiel mit den Kindern, der Kühlschrank mit Leckerbissen, die Couch für ein Nickerchen, Einkäufe, die noch zu erledigen sind – und damit viele Gründe, unliebsame Arbeiten aufzuschieben. Telearbeiter müssen sich außerdem selbst in neue Zusammenhänge stellen, ihre Rolle in größeren Abläufen sehen als bisher gewohnt. Diese Sicht kann auch zu einer Fehleinschätzung oder zur Selbstüberschätzung führen und damit zu Problemen in der Organisation eines Arbeitsteams.
Mit der größeren Verantwortung für sich und ihre Leistungen übernehmen Telearbeiter zusätzlich administrative Aufgaben: Häufig müssen Heimarbeiter beispielsweise nicht nur Arbeits- und Zeitprotokolle ausfüllen, sondern auch das Handling mit Anträgen für Reisen, Einkauf der Arbeitsmaterialien oder die Einberufung von nötigen Besprechungen bzw. Konferenzen selbständig leisten, Telefongebühren abrechnen und anderes mehr. Darüber hinaus ist auch noch technisches Verständnis sowie die Bereitschaft gefragt, selbst Hand anzulegen, wenn der Drucker aufgibt oder die Mail-Funktion einmal nicht will. Der Computerbeauftragte kann schließlich nicht wegen jeder Kleinigkeit angerufen oder herbeizitiert werden; dieser muß außerdem Anpassungen oder Erweiterung der Computerausstattung telefonisch und mit Hilfe des Telearbeiters bewerkstelligen können.

Telearbeit bringt neue Führungs- und Arbeitsqualitäten hervor: Beides stellt vor allem höhere Forderungen an die sozialen Fähigkeiten aller Beteiligten. Die partnerschaftliche Trainerrolle des Managers kann sicher nicht mit Autorität ausgefüllt werden; eigenverantwortliche Mitarbeiter dürfen auf Dauer nicht phlegmatisch bleiben, sondern müssen Initiative zeigen. Gefragt sind vor allem Teamgeist und Kooperationsbereitschaft, aber auch ein aktives Kommunikationsverhalten.

Telearbeiter und Vorgesetzte können nicht erwarten, daß sie wie gewohnt die notwendigen Informationen zum richtigen Zeitpunkt erreichen. Sie müssen sich selbst darum kümmern, sich über den Stand der Arbeit im Team auf dem laufenden halten und daher ständig Auskunft bei Kollegen einholen. Gefordert ist außerdem die Bereitwilligkeit, sich regelmäßig mit den anderen auseinanderzusetzen und selbstkritisch, konstruktiv mit Fehlern umzugehen. Und das weitgehend über technische Kanäle, die ein Gespräch von Angesicht zu Angesicht oder den informellen Small talk nicht immer ausreichend ersetzen, wodurch es leichter zu Mißverständnissen kommen kann.

Telearbeit verändert die Arbeitsbeziehungen und mit ihnen die Strukturen eines Unternehmens. Hierarchien wandeln sich und müssen mit neuen Aufgaben gefüllt werden. Dies wirkt sich zuallererst auf die Philosophie und die herrschende Arbeitskultur in einem Unternehmen aus, genauer gesagt, auf die *Corporate Identity*, die Seele eines Betriebs. Firmen mit konventioneller Prägung, die einen eher patriarchalischen Führungsstil verfolgen, stehen sicher vor einem grundlegenderen Wandel, wenn sie Telearbeit einführen wollen, als jene Unternehmen, in denen ein liberaler, offener Umgangston herrscht. Große Veränderungen kommen auch auf jene Teams und Firmen zu, in denen das enge Miteinander und eine intensive persönliche Gesprächskultur gepflegt wird.

Bei der Betrachtung dieser Aspekte von Telearbeit wird es verständlich, daß die meisten Unternehmen sie erst nach reiflicher Überlegung, meistens nach einer ausgiebigen Probephase und der Auswertung von praktischen Versuchen mit ausgewählten Gruppen und in übersichtlichen Bereichen eingeführt haben.

8.1 Unbedingt erhalten: Unternehmenskultur

Unternehmen sind zu vergleichen mit Küchen und Köchen: Ein und dasselbe Rezept, die gleichen Zutaten – und trotzdem schmeckt jedes Gericht anders. Die Mischung aus Erfahrungen, Geschmack, Einstellungen und Persönlichkeit des Kochs bringt die individuellen Geschmacksnoten hervor, führt aber auch zu seinem persönlichen Erfolg. Gäste kommen nur des besonderen Aromas wegen immer wieder.

Aus ganz ähnlichen Gründen wählen Verbraucher bestimmte Produkte und andere nicht. Obwohl die Technik durchaus vergleichbar ist, gibt es eben nicht nur Autos, sondern einen Volkswagen, den Toyota oder einen Renault. Es kann jedoch nicht sein, daß die Unterschiede zwischen den Marken oder Produktgruppen nur von Werbung und Marketing festgesetzt werden. Im Gegenteil, Werbung verstärkt die jeweiligen Eigenheiten nur. Sie betont das Einzigartige, das durch die Kultur und das Image eines Unternehmens, von der Einstellung, die hinter der Fertigung seiner Produkte steckt, und letztlich auch von seinen Mitarbeitern bestimmt wird.

Corporate Identity – die Seele des Unternehmens –, dieser schwer zu definierende Begriff ist ein maßgeblicher Faktor für den Erfolg. Sie prägt nicht nur die Produktion oder die Darstellung nach außen, sondern viel wichtiger ist es, daß sie die Identifikation der Mitarbeiter mit ihren Aufgaben oder mit den Zielen eines Unternehmens fördert; so entstehen Loyalität und Engagement. Dies wertete man erst in den vergangenen Jahren als wichtigen Erfolgsfaktor, der allerdings auch heute noch in vielen Unternehmen verkannt oder mißachtet wird. Im Zusammenhang mit der Einführung von Telearbeit gewinnt diese Funktion jedoch eine noch höhere Bedeutung: Denn Dezentralisierung kann die Identität eines Unternehmens zerstören. In diesem Fall wäre das ganz spezielle Erfolgsrezept verlorengegangen. Daher sollte – auch wenn sich die Arbeitsstrukturen wandeln – die Corporate Identity eines Betriebs erhalten bleiben. Anders gesagt:

Telearbeit kann nur dort erfolgreich eingeführt werden, wo unter den Angestellten und Mitarbeitern eine starke Zugehörigkeit zum Unternehmen besteht.
Um im Bild zu bleiben: Müßten die Köche Gründe für den unterschiedlichen Geschmack ihrer vergleichbaren Speisen nennen oder die Grundlagen ihres Erfolgs, würde jeder von ihnen ins Stammeln geraten. Individualität ist kaum in Worte zu fassen oder wenn, dann nur in abstrakte, emotionale Begriffe. Genauso verhält es sich bei den Besonderheiten einer Unternehmenskultur, auch sie sind nur schwer zu beschreiben.
So werden die Grundsätze, nach denen eine Firma ihre Produkte oder Dienstleistungen herstellt und liefert, nur selten schriftlich niedergelegt. Vielmehr teilen sie sich neuen und jungen Mitarbeitern indirekt mit: durch routinierte Kollegen, aber auch durch Vorgesetzte oder das Klima, das in einem Betrieb herrscht. Die Einarbeitungsphase umfaßt die Gewöhnung an einen anderen Arbeitsstil und eine andere Einstellung. Beides kommt in Kritik, Anerkennung und Vor- bzw. Ratschlägen zum Ausdruck.
Auch das hat Folgen für die Einführung von Telearbeit in einem Unternehmen: »Mitarbeiter in der Probezeit machen sicher keine Telearbeit«, stellt Gilbert Anderer fest. Der Pressesprecher des Software-Entwicklers Athos ist selbst erfahrener Telearbeiter. Zudem beriet er früher Firmen bei der Umstellung auf die neue Arbeitsform und weiß daher, wie die Unternehmenskultur auch mit einer dezentralen Organisation zu erhalten ist: »Diese Arbeitsweise ist erfahrenen Mitarbeitern vorzubehalten, von denen bekannt ist, daß sie sich mit dem Unternehmen, seinen Produkten und seiner Philosophie identifizieren.«
Wochen, sogar Monate sind nötig, um sich ein umfassendes Bild von einem Mitarbeiter und seiner Arbeitseinstellung zu machen. In dieser Zeit kann das gegenseitige Vertrauen wachsen, aber auch die Reaktionsweisen und das Temperament beobachtet werden. Zwar wird die Möglichkeit, einen neuen Kollegen bei der Telearbeit einzusetzen, die Einstellungskriterien des Arbeitgebers beeinflussen, doch wird er sicher zunächst genauestens geprüft. Selbst dann, wenn er schon beim vorigen Arbeitgeber an den

mobilen Einsatz beim Kunden oder an den Wechsel zwischen Betrieb und Heimbüro gewöhnt war.
Es darf nicht vergessen werden, daß jeder Mitarbeiter sein Unternehmen nach außen widerspiegelt. Nicht nur, wenn er als Vertreter Kooperationspartner oder Kunden besucht oder mit diesen telefoniert. Auch die Mitarbeiter ohne Außenkontakte sprechen im Freundes- und Verwandtenkreis über ihre Arbeitsstelle. Der in diesen Gesprächen ausgedrückte Stolz oder die Loyalität prägen ebenfalls das Bild eines Unternehmens, das sich in der Öffentlichkeit verbreitet. Daher muß der Arbeitgeber davon überzeugt sein, daß der Angestellte seine Interessen unterstützt, bevor er diesen weitgehend eigenständig am Schreibtisch zu Hause arbeiten läßt. Dazu ist Vertrauen nötig, daß der Mitarbeiter auch an anderen Orten und ohne Kontrolle in seinem Sinn handelt.
Die Eingewöhnungszeit hat aber auch eine ganz pragmatische Seite: Telearbeit erfordert ein großes Maß an Kommunikation; zudem führt sie zu einer Auflösung von Hierarchien, zuweilen auch zur Vermischung einzelner Bereichen innerhalb eines Unternehmens. Um eigenständig arbeiten und entscheiden zu können, müssen Telearbeiter also wissen, wie sie mit ihren Kollegen umzugehen haben, aber auch, welche Ansprechpartner in anderen Abteilungen zur Verfügung stehen. Dies ist erforderlich, um sich mit den nötigen Arbeitsmaterialien oder Informationen eindecken, aber auch um Ergebnisse und Lösungen abstimmen zu können. Wer telearbeiten will, sollte über ein eigenes Netzwerk von Vertrauensleuten im Betrieb verfügen. Nicht nur, um Hilfe und Unterstützung bei beruflichen Fragen zu finden, sondern auch, um weiterhin die informellen, inoffiziellen Nachrichten zu erfahren.
Walter Zorn, Manager von IBM Deutschland und Telearbeiter, beschreibt, daß sich als eine Folge der neuen Arbeitsweise und dem daraus resultierenden Desk Sharing neue Gruppierungen bilden können. Dann setzen sich die Mitarbeiter eines Teams während ihrer Arbeitstage im Unternehmen nicht mehr unbedingt zu den Kollegen aus ihrer Abteilung, sondern sie lassen

sich dort nieder, wo sie Ansprechpartner für andere Fragestellungen finden, bei denen sie Informationen einholen oder mit denen sie Probleme klären, um effizienter arbeiten zu können.
Telearbeitende Produktmanager beispielsweise suchen sich, wenn sie ins Unternehmen kommen, einen leeren Schreibtisch in der Abteilung, in der neue Produkte entwickelt werden. Dort klären sie mit den Kollegen letzte Fragen und Besonderheiten, die ihre Konzeption und Organisation der Verkaufs- und Werbestrategien für eine Neueinführung auf den Markt betreffen. Sicherlich fördert eine derartige Auflösung von Abteilungen und Bereichen die Effizienz eines Unternehmens, bedingt aber gleichzeitig, daß überall derselbe Umgangston und dieselbe Einstellung herrscht, daß also eine einheitliche Unternehmensphilosophie im ganzen Betrieb gepflegt wird.
Der Erhalt einer gewissen Arbeitskultur ist für Gilbert Anderer daher der Grund dafür, daß sich statt der reinen Teleheimarbeit vor allem die mobile sowie die alternierende Telearbeit durchgesetzt haben. Er meint: »Alternierende Telearbeit fördert die Unternehmenskultur. Denn dabei muß für mehr Kommunikation gesorgt werden und für mehr Möglichkeiten dazu – etwa regelmäßige Meetings und Konferenzen.« Der Kontakt zu Kollegen und zum Betrieb führt wiederum zu einem ständigen, wenn auch unbewußten Abgleich mit den dort herrschenden Einstellungen und Fragestellungen. Dies bietet durchaus eine Kontrollmöglichkeit für beide Seiten, ob sie immer noch denselben Weg und dieselben Ziele verfolgen.
Bei dem Software-Hersteller GFT im Schwarzwald wollte man sich nicht allein auf regelmäßige Kontakte zwischen den Mitarbeitern in den Satellitenbüros und in der Zentrale oder auf die gezielte Einarbeitung von neuen Mitarbeitern verlassen. Dort wurde die Unternehmensphilosophie, die Ziele, aber auch die vorherrschenden Einstellungen in einem kleinen Handbuch niedergelegt. Ein Schritt, zu dem sich die Gründer des Unternehmens aufgrund der zunehmenden Dezentralisierung, aber auch des übermäßigen Wachstums gezwungen sahen: denn der ehemals überschaubare Betrieb mit kurzen Wegen und wenigen Mit-

arbeitern benötigte neue Strukturen und Informationskanäle, bei aller Dezentralisierung aber auch eine einheitliche Basis. Vorstand und Führungskräfte zogen sich also ein ganzes Wochenende zurück, um gemeinsam die Eigenschaften zusammenzustellen, für die GFT und seine Produkte standen und stehen sollten. Aus den gesammelten Kriterien und Begriffen entwickelten sich wie von selbst markante, emotional geprägte Kernsätze, die ein ansprechend gestaltetes Handbuch füllen.

In knappen Sätzen und präzisen Thesen enthält dieses Manual die Visionen der Firma: gesundes Wachstum, partnerschaftliches Verhältnis zu Kunden und unter Kollegen, hohe Qualität der entwickelten Software, aber auch menschliche Maximen, durch die diese Ergebnisse erreicht werden sollen, wie z. B. Fairneß, Gründlichkeit, Ehrlichkeit, Respekt.

Das Handbuch der Unternehmensphilosophie erhält jeder neue Angestellte der Firma während der mindestens einmonatigen Einarbeitungszeit, die er in der Zentrale in Sankt Georgen verbringt. Hier durchläuft er alle Abteilungen, um die Ansprechpartner kennenzulernen, die ihm helfen können, wenn er sich an seinem mobilen Arbeitsplatz bei einem Kunden oder in einem der GFT-Satelliten in Deutschland oder Europa aufhält. Das Manual der Unternehmenskultur beeinflußte außerdem die Auswahl von Seminaren und Fortbildungen für Führungskräfte. Darüber hinaus finden regelmäßig Tagungen und Vorträge für alle Mitarbeiter statt. Um daran teilnehmen zu können, rotieren sie zwischen den Satelliten des Unternehmens und seiner Zentrale – auch das fördert den Zusammenhalt und die Kooperation. Das Erfolgsrezept eines Unternehmens besteht also darin, Identität zu stiften sowie die herrschenden Regeln und Normen zu sammeln – doch die Corporate Identity bedeutet noch mehr: sie bietet Sicherheit für alle, die an einer Arbeitsbeziehung beteiligt sind. Arbeitgeber können auf die Loyalität ihrer Mitarbeiter vertrauen, Arbeitnehmer dagegen auf den Schutz, den die Anpassung und der Erfolg verleiht. Neue Kollegen einzuarbeiten, sie an Arbeitsweisen und an die Darstellung nach außen zu gewöhnen, das erfordert großen Aufwand, kostet Zeit und damit Geld.

Arbeitgeber werden deshalb viel dafür tun, um verdiente, erfahrene Mitarbeiter langfristig an sich zu binden.
Dies gilt auch oder gerade für dezentrale Arbeitsformen, die – wie schon häufiger betont – auf gegenseitigem Vertrauen aufbauen. In Unternehmen mit einer starken Corporate Identity können Angestellte davon ausgehen, daß die Einführung von Telearbeit keine indirekte Kündigung bedeutet. Denn eine Unternehmensphilosophie lebt und ist abhängig von jedem einzelnen Mitarbeiter. Die Identität von Firmen erfordert den Erhalt von Partnerschaft und Kooperation zwischen den Menschen. Sie ist auch, wie Werner Dostal, Leiter des Instituts für Arbeitsmarkt- und Berufsforschung (IAB) in Nürnberg, weiß, das beste Argument gegen die oft befürchtete Isolation durch Telearbeit oder – langfristig gesehen – die Arbeit in virtuellen Teams: »Man braucht treue Mitarbeiter und einen festen Nukleus aus Erfahrungen«, sagt der Arbeitsforscher. »Deshalb besteht die Gefahr einer völligen Vereinzelung des Individuums durch Telearbeit nicht.«
Weil sie einen Teil ihrer Arbeitszeit nicht im Betrieb verbringen, brauchen Telearbeiter dort ein stabiles Netzwerk, sonst reißt die Verbindung ab, und die Isolation wächst.

Checkliste: Netzwerke schaffen

- Neue Mitarbeiter sollten sich erst einarbeiten und die Kollegen in unterschiedlichen Abteilungen kennenlernen, bevor sie alleine beim Kunden oder zu Hause eingesetzt werden.
- Ein offenes Gesprächsklima sowie die offensive Auseinandersetzung mit Fehlern sorgen dafür, daß der Eingewöhnungsprozeß beschleunigt wird.
- Telearbeiter müssen über viele Verbindungen in die unterschiedlichsten Abteilungen verfügen, aber auch über Vertrauenspersonen, mit denen sie offen über berufliche Themen sprechen können.

- Unternehmer sollten viel Wert auf eine gesunde Philosophie und Arbeitskultur legen, die jeder Mitarbeiter mitträgt: Vertrauen und die Identifikation mit den Zielen bieten den besten Schutz sowohl gegen Kündigung als auch gegen Mißtrauen.
- Zusammenhalt, Kollegialität und ein offener Umgang miteinander prägen jene Unternehmen, in denen Telearbeit ohne grundsätzliche Probleme möglich ist.

8.2 Das Ergebnis wird wichtig: Umgang mit Telearbeitern

Noch ist es in den meisten Unternehmen so, daß alle Angestellten und Arbeiter an jedem Wochentag anwesend sind. Telearbeit verändert diese Situation und stellt damit neue Forderungen an die Führungsebene: »Es ist ein völlig anderes Managementverständnis gefordert«, sagt Gilbert Anderer. »Die Arbeitsqualität kann nicht mehr kontrolliert werden, auch die Anwesenheit nicht.«
Teams, in denen einige Mitglieder an manchen Tagen abwesend sind, werden sich daher nicht mehr an der Leistung des einzelnen, sondern am erzielten Ergebnis orientieren. Und dies nicht nur bei der Beurteilung von Arbeit, sondern auch bei deren Organisation. »Die erzielten Resultate werden wichtiger. Manager müssen unbedingt weg von der Präsenzkultur hin zur Ergebniskultur«, beschreibt Dr. Barbara Klein, Mitarbeiterin des Instituts für Arbeitswirtschaft und Organisation in Stuttgart, den neuen Führungsstil, der auch Management by Objectives genannt wird. Führungskräfte müssen dafür ihre Aufgaben neu definieren: Statt Leistung durch Vorschriften zu kanalisieren und Abläufe zu überprüfen, wird jetzt von ihnen verlangt,

- ein Team aus sporadisch abwesenden Mitarbeitern zu koordinieren und zu organisieren,

- zwischen ab- und anwesenden Mitarbeitern zu vermitteln und zu moderieren,
- für einen möglichst reibungslosen Informationsfluß zwischen allen Beteiligten zu sorgen,
- technische Kommunikationsmedien bereitzustellen und zu nutzen sowie
- die erzielten Ergebnisse zu bewerten und die Leistung der Mitarbeiter zu beurteilen.

Ersichtlich wird, daß Manager, die Telearbeiter zu ihrer Gruppe zählen, zumindest anfangs mit einem höheren Planungs- und Organisationsaufwand zu rechnen haben. Überdies werden sie sich mit ihrem Team vor allem über technische Kommunikationsmedien (E-Mail, Telefon, Fax) auseinandersetzen müssen. Doch das ist für viele Führungskräfte, die an ein Sekretariat oder eine Assistenz gewöhnt sind, keine Selbstverständlichkeit. Der fehlende Umgang der Manager mit technischen Medien kann daher als weiteres Hindernis auf dem Weg zur Durchsetzung und Verbreitung von Telearbeit angesehen werden. Und umgekehrt geben Telearbeiter an, daß die beste Kooperation mit jenen Managern möglich ist, die selbst regelmäßig mit Kommunikationstechnologie arbeiten, also Telefon, E-Mail und Fax selbst bedienen. Diese sind beispielsweise auf Geschäftsreisen in der Lage, eine Telefon- oder Videokonferenz zu organisieren, aber auch ihre elektronische Post abzurufen und zu verschicken.
Kommunikation über elektronische Medien beinhaltet eine gleichberechtigte Verteilung des Wissens und die Orientierung an gewünschten Ergebnissen. Dies führt zu einem neuen Verhältnis zwischen Vorgesetzten und Mitarbeitern. Sie agieren eher als Partner, nicht als Chef, moderieren Gruppen und leiten Leistungen an, verhalten sich also eher wie ein Trainer oder Coach. Dabei sind soziale Fähigkeiten gefragt, die in der Ausbildung oder dem Studium in dieser Form so noch nicht vermittelt werden. Es finden jedoch bereits Seminare und Fortbildungsveranstaltungen statt, in denen sie erlernt und trainiert werden können.

Statt die Anwesenheit und Leistung der Mitarbeiter zu kontrollieren, wird es die Aufgabe von Managern sein, diese dazu zu motivieren, ein gemeinsames Ziel erreichen zu wollen. »Manager müssen die Mitarbeiter wie ein Coach unterstützen«, fordert Gilbert Anderer von einem Telemanager. »Sie müssen natürlich auch delegieren, vor allem aber von Macht und Autorität zurücktreten können.«

Das Management by Objectives geht schon bei der Planung und Organisation der Arbeit vom gewünschten Ergebnis aus. Denn für Telearbeiter müssen die notwendigen Aufgaben gründlicher und genauer überdacht und aufgeteilt werden, als es für ständig anwesende Angestellte erforderlich ist. Diese längerfristige Planung zählt zu den Aufgaben des Teamleiters. Eine ständige Überprüfung der laufenden Leistungen ist für ihn nicht möglich, daher sollte jeder Mitarbeiter genau wissen, was er zu tun hat, wieviel Zeit ihm dafür zur Verfügung steht und mit wem er kooperieren muß. Wie er schließlich seine Aufgaben löst und erledigt, das plant und organisiert er eigenständig.

Arbeit wird daher in Form von abgeschlossenen Projekten definiert und organisiert. Was dafür in den nächsten Wochen zu tun ist, besprechen alle Beteiligten zu Beginn jeder Arbeitsphase in einer Sitzung: Hier werden die Aufgaben vergeben und verteilt sowie ein Zeitplan erstellt, der die regelmäßigen Treffen aller, aber auch die notwendigen Konferenzen zwischen eng kooperierenden Kollegen festlegt. Zudem gilt es, Ansprechpartner für Not- und Problemfälle zu bestimmen.

Der Vorteil einer solchen Organisation liegt auf der Hand: Aufgaben werden vorab geplant, eventuelle Schwierigkeiten kommen schon zu Beginn einer Arbeitsphase zur Sprache und können dann besprochen werden. Ebenso lassen sich Ideen sammeln, wie Prozesse eventuell zu verkürzen oder zu optimieren sind. Arbeit kann von vornherein effizienter angegangen, die gewünschten Ergebnisse dementsprechend auch schneller erreicht werden. Und das liegt nicht nur an der höheren Motivation, die sich aus der größeren Selbstbestimmung bei der Arbeit ergibt. Psychologen und Arbeitsforscher bestätigen: Sind mehr Köpfe

an der Organisation beteiligt, können Lösungswege konsequenter und nachhaltiger optimiert und Ergebnisse infolgedessen schneller erreicht werden.
Es ist die Aufgabe des Managers, in solchen Arbeitsbesprechungen die Ideen seiner Mitarbeiter zu sammeln und auszuwerten, bei Kritik und Einwänden zu vermitteln oder Entscheidungen zu treffen, aber auch Diskussionen, die ins Endlose abzuschweifen drohen, wieder zum roten Faden zurückzubringen. Diese Moderatorenrolle wird auch während des laufenden Projekts immer wieder gefragt sein, und nicht nur in den gelegentlichen Sitzungen, in denen die Zwischenergebnisse zu besprechen und beurteilen sind. Schwierigkeiten bei der Kommunikation und damit auch der Kooperation werden zwangsläufig dort auftreten, wo es Neid und Eifersüchteleien gibt. Das kommt in jedem Team und bei jeder Aufgabe vor, sowohl bei Telearbeit als auch bei einer Zusammenarbeit zwischen Telearbeitern und Nicht-Telearbeitern. »Es war jedoch anfänglich zu beobachten«, schreibt Siemens-Mitarbeiter Günter Förster in einem Erfahrungsbericht über die Einführung von Telearbeit, »daß die Nicht-Teleworker bei Fragen der Arbeits- und Zeitplanung nicht immer bereit waren, auf die Terminwünsche der Teleworker große Rücksicht zu nehmen. Dort, wo ganze Gruppen am Feldversuch teilnahmen, trat dieses Problem seltener auf.«
Das ist verständlich, denn Telearbeiter, vor allem wenn sie auch zu Hause arbeiten, haben aus der Sicht desjenigen, der täglich ins Unternehmen kommt, größere Freiheiten. Sie können später aufstehen, Pausen länger und freier planen, lockerer, eigenständiger arbeiten und werden – das wird von allen Angestellten als größter Vorteil angesehen – kaum bis gar nicht durch unnötige Fragen von Kollegen oder persönliche Gespräche von der Erfüllung der Aufgaben abgehalten. In den Hintergrund rückt dabei allerdings, daß die Arbeit im Heimbüro für den jeweiligen Mitarbeiter auch Nachteile mit sich bringt: etwa ein größerer Aufwand, um Freizeit mit der Familie und Arbeitszeiten zu planen und durchzusetzen, oder die Gefahr, daß sich private und berufliche Angelegenheiten vermischen.

In derartigen Auseinandersetzungen, die die eigentliche Arbeit, aber auch das Team nachhaltig negativ beeinflussen, hilft ein Perspektivenwechsel, den die Führungskraft anregen kann: Das Hineinversetzen in den jeweils anderen fördert das Verständnis, damit steigen auch Kooperationsbereitschaft und Rücksichtnahme. Ein weiteres Hilfsmittel, um den Zusammenhalt eines Teams zu stärken, ist die ständige Rotation bei den Aufgaben: Protokollieren, Treffen planen und einberufen, Terminpläne abgleichen oder andere Mehrarbeiten, die durch die Koordinierung anfallen, können in das Team selbst delegiert und wechselweise von allen Beteiligten einmal ausgeführt werden.

Neben der Organisation von Telearbeit ist auch die Beurteilung der erbrachten Leistungen von den gewünschten Zielen geprägt. Gewöhnlich wird sie anhand von Kriterien bewertet, die sich durch die Anwesenheit ergeben: dazu zählen das gezeigte Engagement, die Bereitschaft, über die reguläre Arbeitszeit hinaus zu bleiben, Aktivität oder auch Werte wie Pünktlichkeit, Gründlichkeit oder Kollegialität. Wer hingegen seine Aufgaben daheim löst, dessen Können und Leistungen sind anhand von Merkmalen zu beurteilen, die sich am erzielten Ergebnis seiner Arbeit orientieren.

Hierfür gibt es mehrere Ansatzpunkte: Teleheimarbeiter werden sicher an der quantitativen Erfüllung der Aufgaben, die man ihnen stellt, gemessen. Schaffen sie beispielsweise die vorgegebene Anzahl der Datensätze oder Telefonservices nicht im festgelegten Zeitraum, müssen sie sich dafür verantworten. Dabei bleiben die Vorgaben für die Aufgaben und auch die Kontrolle fremdbestimmt – der Telearbeiter hat also wenig Chancen, die verfügbare Arbeitszeit und das vorgegebene Pensum selbst einzuteilen und zu organisieren.

Alternierende, qualifizierte oder mobile Telearbeit jedoch wird durch die Vorgabe konkreter Ziele und Zeiträume bestimmt. Wie die Ergebnisse zustande kommen, entzieht sich dabei weitgehend der Kontrolle durch den Vorgesetzten. Er kann, um Engagement und Aufwand während der Heimarbeitsphasen zu überprüfen, eine Berichtspflicht einführen. Der Telearbeiter muß dann ein

Tagesprotokoll führen, in dem die abgeleisteten Stunden und erledigten Aufgaben festgehalten werden. Darüber hinaus kann der Arbeitgeber die Arbeitszeit eines Telearbeiters auch mit Hilfe technischer Hilfsmittel – z. B. über die Dauer des Zugriffs auf den internen Server, die Erreichbarkeit etc. – überprüfen. In der Regel wird jedoch auf solche Kontrollmechanismen verzichtet. Sie sind leicht zu manipulieren, die Ergebnisse infolgedessen fragwürdig.

Daher beruht die Beurteilung eines Telearbeiters weitgehend darauf, wie viele Aufgaben er beim Kunden und/oder zu Hause löst. Dies wiederum läßt sich durch unterschiedliche Kriterien bewerten, z. B. durch den Vergleich der Arbeitsergebnisse, die Kollegen, die täglich im Unternehmen beschäftigt sind, erbringen oder durch die Gegenüberstellung der formulierten Ziele und des tatsächlich abgelieferten Ergebnisses beziehungsweise durch die Kundenzufriedenheit.

Letztere läßt sich noch am einfachsten durch gelegentliches Nachfragen oder die Sammlung aller Reklamationen nachvollziehen. Sie gibt überdies auch objektive Informationen über die erbrachte Leistung, die direkt an den erwünschten Zielen eines Unternehmens gemessen werden kann. Doch auch der Vergleich mit Kollegen oder zwischen Zielvorgabe und Umsetzung läßt sich bewerkstelligen. Auf diesem Wege läßt sich eine realistische Einschätzung der Leistung eines Telearbeiters vornehmen.

Die Kontrolle von Tele- und Mitarbeitern erübrigt sich, wenn die Aufgabenstellung allein oder aber die Identifizierung mit den Unternehmenszielen zu einer starken Motivation und entsprechend zu hohen Leistungen führen. Teilzuhaben an der Herstellung eines innovativen, beliebten Produkts, dies kann der Antrieb sein, sich anzustrengen und Verantwortung für Abläufe und Prozesse zu übernehmen. Auch Telearbeit selbst wird von vielen als eine Art Auszeichnung oder als Beweis für Vertrauen interpretiert, so daß sie alles daran setzen, die damit verbundenen Erwartungen zu erfüllen. Schließlich können auch monetäre oder andere materielle Anreize angeboten werden, um Telearbeiter besonders zu motivieren.

Das partnerschaftliche Verhältnis zwischen Vorgesetztem und Telearbeiter führt – wie schon erklärt – auf Dauer zu flacheren Hierarchien in einem Unternehmen. Führungsstrukturen lösen sich auch dort auf, wo Informationen unmittelbar verteilt werden und direkte Kommunikation zwischen Mitarbeitern und Unternehmensleitung oder Vorgesetzten möglich ist. Daraus ergeben sich Folgen für die Gestaltung von Karrieren, sowohl für die Telearbeiter als auch für ihre Kollegen, die ständig im Betrieb arbeiten. Eine Karriere in hierarchiearmen Unternehmen bedeutet nicht mehr das Erreichen stets höherer Positionen, sondern ist verbunden mit der Teilnahme an reizvollen, interessanten Projekten und Aufgaben.

Checkliste: Ziele richtig setzen

Schwammige Ziele können nicht verstanden werden – und sind kaum zu realisieren. Damit jeder Beteiligte weiß, worum es geht, sind folgende Aspekte festzulegen:

- Was erreicht wird – der Inhalt,
- in welchen Schritten das Ergebnis erzielt wird – der Ablauf,
- wann das Ziel erreicht werden soll – der Zeitrahmen,
- mit wem das Ziel erreicht werden soll – die Arbeitsgruppe,
- wer für welche Abläufe verantwortlich ist – die Verantwortlichkeiten.

Checkliste: Ziele statt Vorschriften

Manager von Telearbeitern werden anleiten statt kontrollieren. Folgende Faktoren beschreiben das Management by Objectives:

- Kontakte und Austausch im Team werden gefördert.
- Technik sorgt für einen effektiven Informationsfluß.

- Jeder Teilnehmer eines Teams kennt die Aufgaben und den Zeitrahmen. Telearbeiter werden bei der Terminplanung unterstützt, die Anzahl der Heimarbeitstage pro Woche festgelegt.
- Das Team trifft sich regelmäßig zu Arbeitssitzungen.
- Telearbeiter und ihre Kollegen erhalten ständig ein Feedback bezüglich ihrer Arbeit und deren Qualität. Ergebnisse werden beurteilt und Vorgehensweisen diskutiert. Dazu gehören viertel- oder halbjährlich stattfindende Einzelgespräche, in denen die Perspektiven und Aufgaben eines Mitarbeiters zur Sprache kommen.
- Bei strittigen Punkten werden Mitarbeiter veranlaßt, die Sichtweise zu wechseln, indem sie sich in den Telearbeiter, den Kollegen im Unternehmen oder den Teamleiter hineinversetzen. Das führt zu mehr Verständnis für Notwendigkeiten und Kontrolle.

8.3 Mehr Aktivität, bitte! – Die Kommunikation

Früher, als er noch in einer Redaktion als Angestellter arbeitete, fühlte sich Jens Hiller ständig von seiner Arbeit abgelenkt: Da kam die Kollegin, die die Adresse für eine Recherche brauchte, oder der Ressortleiter, der eine Aussage im Text nicht richtig verstand, oder der Kollege, der vom Wochenende erzählen wollte. So manche Überstunde war durch Erzählen oder Zuhören verursacht worden. Vor allem montags stellte sich für den Journalisten oft die Frage, was er eigentlich den ganzen Tag getan hatte – die Antwort fiel meistens nicht zufriedenstellend aus.
Wie Jens Hiller geht es vielen Berufstätigen. Angestellte fühlen sich vor allem durch die persönlichen Kontakte mit Kollegen gestört und von der Arbeit abgelenkt. Der kleine Plausch am Kopierer oder an der Kaffeemaschine wird noch am positivsten ge-

sehen. Ärgerlich ist es aber, wenn Kollegen – bevor sie selbst einmal nachdenken – durch Zwischenfragen den Arbeitsfluß eines anderen unterbrechen.
Telearbeiter im Heimbüro genießen es daher, daß diese Störungen nicht mehr auftreten und sie konzentriert bei der Arbeit bleiben können. Sie stellen einfach das Telefon leiser oder schalten den Anrufbeantworter ein, wenn sie absolute Ruhe brauchen. Die fehlende Ablenkung durch Kollegen begründet auch, warum die Effizienz von Telearbeitern steigt und sie meist weniger Zeit brauchen, um ihre Aufgaben zu erledigen, als die Mitarbeiter, die im Betrieb sitzen.
Doch das hat – wie alles – natürlich zwei Seiten. Informelle Gespräche oder der Klatsch zwischen Kollegen sind überaus wichtig für den reibungslosen Ablauf in einem Unternehmen: Manchmal werden Karrierechancen angesprochen oder auch Lösungsmöglichkeiten für Probleme, auf die man alleine nicht gekommen wäre. Dies schafft Vertrauen, verstärkt Verbindungen und ermöglicht einen Hilferuf sowie die Regelung von Problemen »auf dem kleinen Dienstweg«. Wichtige Informationen, die Arbeiten überflüssig oder im Gegenteil notwendig machen können, werden weitergegeben oder zeigen, daß mehr Abstimmung untereinander nötig ist. Auch die informellen Gespräche tragen also ihren Teil zu Erfolg und Effizienz bei.
Telearbeiter dagegen, die beim Kunden oder zu Hause tätig sind, bleiben von diesem informellen Nachrichtenfluß oder »Flurfunk« zwischen Kollegen ausgeschlossen. Das führt einerseits zu mehr Eigenständigkeit, weil nicht gleich bei jeder aufkommenden Frage zum Telefonhörer gegriffen wird, um einen Kollegen zu Rate zu ziehen. Andererseits entgehen ihnen dadurch aber auch Informationen und Nachrichten, die wichtig für die Lösung von Aufgaben sein können. Tatsache ist – und das bleibt zu beachten –, daß kein technisches Kommunikationsmedium das unmittelbare, zufällige Gespräch unter Kollegen ersetzen kann.
Diese beiden Faktoren – verminderte zufällige Kommunikation und die Grenzen der Technik – sind bei der Einführung von

Telearbeit zu bedenken: Telearbeiter, ihre Kollegen und die Vorgesetzten müssen deutlich aktiver werden, damit Information nach wie vor fließen kann. So entsteht eine neue Forderung an alle Beteiligten, da sie dies nicht mehr wie gewohnt dem Zufall überlassen können.

Regelmäßige Telefonate mit den Kollegen, bei denen über persönliche Dinge gesprochen wird, aber auch das Schreiben elektronischer Briefe muß daher in Fleisch und Blut übergehen, wenn die Verbindung zum Unternehmen nicht abreißen soll. Das bedeutet darüber hinaus, den Anrufbeantworter nach kurzer Abwesenheit abzuhören oder mehrmals täglich die eingegangenen E-Mails abzurufen und – wenn notwendig – sofort darauf zu reagieren. Es ist ganz klar, daß von einem abwesenden Telearbeiter gerade in dieser Hinsicht mehr verlangt wird als von seinen Kollegen, die ihren gesamten Arbeitstag in ihrem Unternehmen verbringen.

Eine Tatsache, die Jens Hiller erst begreifen mußte, obwohl er mit einem festen Auftrag aus der Redaktion und aus seinem Angestelltendasein ausgeschieden war: »Aus den Augen, aus dem Sinn – ich mußte begreifen, daß das keinen persönlichen Affront darstellt, sondern eine ganz normale Reaktion auf Abwesenheit ist«, sagt er heute. Eine Situation, die nicht nur den Selbständigen, sondern auch den Angestellten treffen kann. Statt auf Anrufe und Aufträge zu warten, ruft der Journalist sich heute durch Telefonate oder kurze Briefe immer wieder in Erinnerung. Ebenfalls zeigen seine kurzen, vorher angekündigten Besuche in den Redaktionen, für die er inzwischen regelmäßig schreibt, positive Wirkung.

Das Kommunikationsverhalten ist zu vergleichen mit dem eines alternierend zu Hause Arbeitenden: Zwar verbringt auch er regelmäßig Arbeitstage im Betrieb, der Austausch mit den Kollegen ist dann gesichert. Doch an den Tagen, an denen er zu Hause arbeitet, muß er häufiger selbst zum Telefon greifen oder durch E-Mails Kontakt aufnehmen, zumal, wenn er nur noch einen Tag pro Woche oder noch weniger Zeit im Unternehmen verbringt.

Den Kommunikationsfluß zwischen ab- und anwesenden Mitarbeitern aufrechtzuerhalten ist eine weitere Aufgabe des Managements. Auch für die Führungskräfte bringt der aktive Austausch von Informationen Vorteile. Sie erfahren, was der Telearbeiter am Heimarbeitsplatz oder beim Kunden erlebt und getan hat, wodurch der verbleibende Rest von Ungewißheit, wie dieser seine Zeit nutzt, vollends ausgeräumt werden kann.
Das Gefühl, trotz der Abwesenheit von Mitarbeitern alle Fäden in der Hand zu halten, schafft die Basis für eine vertrauensvolle Kooperation. Es wird von regelmäßigen, jedes Viertel- oder Halbjahr stattfindenden Einzelgesprächen mit den Telearbeitern verstärkt. Dabei sollte von möglichen Perspektiven, fälligen Umstrukturierungen oder Veränderungen die Rede sein, aber auch von den langfristigen individuellen Zielen. Nicht zuletzt bieten diese Mitarbeitergespräche die Möglichkeit, Kritik und Anerkennung auszusprechen oder die Kooperation zu verbessern.
Die Kunst bei Telearbeit besteht darin, die optimale Häufigkeit von Kommunikation zwischen Teams und Kollegen zu finden. Ganz sicher helfen zunächst regelmäßige, anfangs noch relativ häufig stattfindende Treffen, in denen die laufenden Aufgaben und der Stand der Dinge besprochen werden. Ein regelmäßiger Jour fixe – z. B. einmal im Monat – dient weiterhin der Auseinandersetzung über die Arbeit in der Gruppe, über die beobachteten Schwierigkeiten oder dem persönlichen Austausch zwischen allen Beteiligten. Um einem unnötig hohen Zeitaufwand vorzubeugen, werden ein klarer Rahmen festgelegt sowie die wichtigsten inhaltlichen Gesprächspunkte bekanntgemacht. So wissen alle Teilnehmer, worauf sie sich vorbereiten müssen und welche Unterlagen mitzubringen sind.
Laut Walter Zorn nimmt mit zunehmender Erfahrung die Zahl der Arbeitsbesprechungen ab. Die Kommunikation der Telearbeiter verlagert sich demnach tatsächlich mehr und mehr auf die technischen Medien und wird Schritt für Schritt effizienter. Telearbeiter, so seine Beobachtung, beginnen, den Grund für

Meetings und Treffen zu hinterfragen, sind interessiert daran, Besprechungen in einem überschaubaren Zeitrahmen zu führen oder gar durch Verknüpfungen von technischen Medien zu ersetzen. Denn das erspart ihnen unnötige Wege oder Zeit.
Eine gut funktionierende Kommunikation zeigt sich in den Details: Wer auf einen Anrufbeantworter spricht, nennt nicht nur den Grund eines Telefonats, sondern auch die Uhrzeit und einen Zeitrahmen für den Rückruf. E-Mails sind inhaltlich klar strukturiert, enthalten ebenfalls Angaben zur Dringlichkeit einer Reaktion und klare Termine. Manche Telefonate wiederum können protokolliert und ihr Inhalt per Fax oder E-Mail für weitere Mitglieder einer Arbeitsgruppe zugänglich gemacht werden. Selbständigen Telearbeitern ist es auf diese Art und Weise möglich, Aufträge oder Abmachungen schriftlich festzuhalten.
Ebenfalls ist es hilfreich, auch mit einem Telearbeiter Zeiten abzusprechen, in denen er sicher für Kunden und Kollegen erreichbar ist – vergleichbar mit den Kernzeiten in einem Betrieb. Das verringert zudem Eifersüchteleien oder Neidreaktionen, die in dem Verhältnis zwischen Kollegen im Betrieb und Telearbeitern, die teilweise zu Hause arbeiten, entstehen können. Ansonsten bleibt der Telearbeiter, auch wenn er einmal nicht an seinem Schreibtisch sitzt, durch eine Rufumleitung auf sein Mobiltelefon oder einen anderen Anschluß ansprechbar.
Die Kontrolle der Telearbeit ist Vertrauenssache. Eine gut organisierte, immer wieder an die praktischen Verhältnisse angepaßte Kommunikation hilft dabei, dies aufzubauen und zu erhalten. Wenn der Nachrichtenaustausch gut funktionieren soll, ist jedoch mehr Aktivität von allen Beteiligten nötig: Jeder muß sich selbst um die Informationen kümmern, die er vom anderen braucht, um seine Aufgaben zu erledigen. Telearbeiter müssen sich und ihre Bedürfnisse ständig in Erinnerung bringen. Nachrichten sind so weiterzugeben, daß sie klar, verständlich und strukturiert sind. Diese Ansprüche müssen erfüllt werden, erfordern aber praktische Übung – und eine intensive Auseinandersetzung aller Mitarbeiter untereinander.

Checkliste: Gekonnt telefonieren

Trotz E-Mail und Groupware – das Telefon wird das wichtigste Kommunikationsmedium von Telearbeitern bleiben: gerade dann, wenn sich Kollegen untereinander verständigen. Das Telefon ist unmittelbar und ermöglicht die wechselseitige Kommunikation, also die sofortige Klärung von Fragen. Trotzdem wird am Telefon viel Zeit und Energie verschwendet. Dagegen helfen diese Strategien:

- Umgehen Sie bestimmte Telefonzeiten: Laut Deutscher Telekom wird in der Zeit zwischen 9.15 und 10.45 Uhr sowie zwischen 14.30 und 15.45 Uhr am häufigsten telefoniert.
- Bündeln Sie Telefonate: So wird effizienter, sachlicher gesprochen und für jedes einzelne Telefonat weniger Zeit gebraucht.
- Bereiten Sie Gespräche vor: Alle Fragen, Argumente, Informationen werden vorab gesammelt, eventuell notiert und beim Telefonieren abgehakt. Protokollieren Sie wichtige Dinge – Änderungen von Aufträgen, Zeitrahmen etc. – schriftlich. Anrufnotizen können vor Gericht verwertet werden.
- Sammeln Sie vor Erstkontakten zu Kunden alle Informationen, um diese richtig einschätzen und im Gespräch gut reagieren zu können.
- Sprechen Sie bei kritischen Diskussionen möglichst ruhig und langsam.
- Stehen Sie bei wichtigen Telefonaten auf, das verleiht Ihren Standpunkten ein höheres Gewicht.
- Führen Sie auch Ihre Verhandlungen am Telefon in Geschäftskleidung, dann wirkt Ihre Stimme offizieller.
- Ein Lächeln verleiht der Stimme einen freundlich-sympathischen Klang. Das kommt beim Gesprächspartner gut an.

- Gehen Sie auf Stimmungen des Gesprächspartners ein: Sie können eine hörbar gute Laune ansprechen und Aggressivität durch Fragen nach Fakten und Ruhe Ihrerseits dämpfen.
- Stellen Sie gezielte Fragen, und präzisieren Sie ungenaue Formulierungen. Es ist hilfreich, das Ergebnis eines Arbeitsgesprächs am Telefon kurz zusammenzufassen.
- Nehmen Sie Anrufe richtig an: Die ersten Silben werden nicht wahrgenommen und sollten deshalb einen allgemeinen Gruß beinhalten.
- Wimmeln Sie Störungen ab: Gegen Kunden und Kollegen, die nie zum Ende kommen, gibt es einige Taktiken. Decken Sie die Hörmuschel unzureichend ab, und rufen Sie z. B. »Der Kaffee steht da drüben!« in das Zimmer. Verweisen Sie auf einen wichtigen Gast, den Sie erwarten oder der bereits eingetroffen ist. Sie können auch ein Weckerklingeln als Läuten an der Tür ausgeben oder so tun, als wären Sie auf dem Sprung.
- Reagieren Sie auf Reklamationen mit Fragen nach Fakten und Vorgängen, nicht mit Schuldzuweisungen. Können Sie Umstände nicht sofort klären oder haben Sie Informationen nicht gleich zur Hand, bieten Sie einen Rückruf an, den Sie auch bald erledigen.
- Geben Sie bei Sekretariaten und auf Anrufbeantwortern einen Zeitrahmen für Rückrufe und Ihr Anliegen an.
- Nehmen Sie störende Telefonate nicht an: Während Besprechungen und Konferenzen werden Handys aus- und Anrufsammler eingeschaltet. Unterbrechen Sie niemals wichtige Telefonate, auch wenn ISDN die Rückfrage bei einem zusätzlich ankommenden Anruf erlaubt.
- Nutzen Sie Anrufbeantworter und Mailbox richtig: Die Ansage enthält einen Gruß, Ihren Namen und die Nummer des Anschlusses, einen Dank für den Anruf und – eventuell – einen Zeitrahmen für die Meldung.

Diese wiederum sollte den Namen des Anrufers, seine Telefon-nummer und das Anliegen sowie ein Zeitlimit für den Rückruf beinhalten. Wenn Sie in den Urlaub fahren, schalten Sie den Anrufbeantworter aus.

Checkliste: Effiziente E-Mails

Bei elektronischer Post kommt kein unmittelbarer Kontakt zustande. Fragen können nicht direkt geklärt werden. Inzwischen finden weit über 80 Prozent der E-Mail-Nutzer die meisten Botschaften unnötig und fühlen sich überfordert. Daraus ergeben sich neue Anforderungen, die ein elektronischer Brief erfüllen sollte:

- Auf der anderen Seite sitzt ein Mensch, der auch angesprochen werden will. Vergessen Sie also nicht die Anrede.
- Schreiben Sie niemals etwas, das Sie dem Adressaten nicht auch ins Gesicht sagen würden.
- Vorsicht bei Ironie und Witz – beides wird nicht unbedingt verstanden. Der Smiley hilft: :) = Lächeln; :)) = breites Grinsen; :(= Ärger, Schmollen; ;) = mit Augenzwinkern.
- Schreiben Sie Gedanken und Inhalte strukturiert und überlegt auf.
- E-Mails sollten kurz, prägnant und verständlich sein. Verfassen Sie also keine unnötig langen Briefe.
- Die Subjektzeile enthält das Anliegen in Kurzform, so daß der Empfänger weiß, ob die E-Mail für ihn wichtig ist.
- Ohne Nachfrage beim Schreiber werden persönliche E-Mails oder Ausschnitte daraus nicht veröffentlicht oder an Dritte weitergegeben.
- Verschicken Sie Werbung nur dann, wenn es der Empfänger auch wünscht.

8.4 Zu Hause und doch im Büro

Die amerikanische Autorin Nancy Struck empfiehlt in ihrem Buch »Arbeiten von zu Hause« drei Dinge: Telearbeiter sollten

- ihre Arbeiten nicht auf der Couch oder im Bett erledigen,
- nicht den ganzen Tag im Schlaf- oder Trainingsanzug verbringen und
- dem Kühlschrank nicht allzu oft einen Besuch abstatten.

»Ist doch selbstverständlich«, brummelt der Leser und faßt sich an den Kopf. Achtung: Was auf den ersten Blick wie selbstverständlich klingt, ist für Menschen, die gerade wieder anfangen, zu Hause zu arbeiten, gar nicht so klar und kann sich schnell zur Zeitfalle entwickeln. Denn wer zu Hause seine Aufgaben erledigt, wird sicher nur dann ein Kostüm oder einen Anzug tragen, wenn ein offizieller Termin ansteht. Er wird – zumindest anfangs – auch nicht jeden Tag Jeans und T-Shirt anziehen, bevor er sich an den Schreibtisch setzt, denn eine Jogginghose und der Lieblingspulli sind doch viel bequemer. Dies ist ein Trugschluß: Zwar mag diese Kleidung angenehmer sein, doch sie fördert auch die Nachlässigkeit bei der Arbeit. Die Erledigung von Aufgaben dauert dann länger – nicht unbedingt der erwünschte Effekt.
Ganz ähnlich der ständige Gang zum Kühlschrank: Er wird immer dann in Erwägung gezogen, wenn es knifflige Probleme zu lösen oder schwierige Formulierungen zu finden gilt. Das ist echte Zeitverschwendung, denn auch nach der Schlemmerei ist das Problem noch nicht gelöst. Hinzu kommt, daß diese Art der Ablenkung von der Arbeit langfristig auf den Bauch und schließlich auf die Seele schlagen kann. Das gleiche gilt für die Lektüre von Akten und Unterlagen auf der Couch: Spätestens nach der dritten Seite fallen einem dort die Augen zu, weil berufliche Dinge eben meistens langweiliger zu lesen sind als ein spannender Krimi.
Kleidung, Kühlschrank, Kanapee zeigen: Telearbeit erfordert Disziplin. Aber Menschen sind nun einmal auch bequem, gerade

wenn es langweilig, schwierig oder kompliziert wird, reagieren sie mit Übersprungshandlungen. Dann tun sie genau das, was sie eigentlich nicht sollten. Doch gerade in solchen Fällen gilt: Aufgeschoben ist nicht aufgehoben. Das zeigt, daß vor allem Telearbeiter, die zu Hause tätig sind, viele und hohe persönliche Hürden zu überwinden haben, wenn sie ihre Arbeit erfolgreich durchführen wollen.

Denn zu Hause gibt es eine Menge mehr Möglichkeiten, sich abzulenken, als im Büro. Wenn nicht der Kühlschrank und die Couch verführen, dann ist es sicher das Kleinkind, das sich – trotz liebevoller Betreuung durch die Kinderfrau – sicher einsam fühlt, oder der Einkauf, den es noch zu erledigen gilt, oder der Haushalt, der geordnet werden will. Telearbeiter müssen ehrlich und selbstkritisch mit sich selbst umgehen. Arbeiten von zu Hause aus setzt eine größere Portion Selbstdisziplin voraus, als sie im Unternehmen erforderlich ist. Darüber hinaus übt daheim kein Kollege eine soziale Kontrolle aus. Niemand außer dem Telearbeiter selbst achtet bei dieser Arbeitsform darauf, wann und wieviel gearbeitet wird.

Auch wenn der eine oder andere in jüngeren Jahren und als Student durchaus effizient zu Hause lernte, das Berufsleben bringt gewöhnlich eine stärkere Trennung zwischen privaten und offiziellen Angelegenheiten mit sich – verbunden mit der Gewöhnung an die damit zusammenhängenden Riten und Äußerlichkeiten. Angestellte verlassen ihre Wohnung zum Arbeiten. Sie kleiden sich dafür anders und haben klare Umfelder für ihre unterschiedlichen Lebensbereiche.

Der Rat von Nancy Struck ist deshalb einzuhalten: Ziehen Sie auch am Schreibtisch keine zu bequemen Kleidungsstücke an, denn wer sich offiziell fühlt, wirkt auch im elektronischen Umgang mit anderen professioneller. Finger weg von Kühlschrank oder Haushalt während der Arbeitszeit. Auch die Couch wird zum absoluten Tabu. Telearbeiter sollten, bevor sie ihre berufliche Beschäftigung nach Hause verlagern, genau wissen, wovon sie sich gewöhnlich leicht ablenken lassen, und diese Faktoren möglichst bewußt ausschalten.

Diese Äußerlichkeiten weisen auf das grundsätzliche Problem hin, vor dem Telearbeiter – gerade dann, wenn sie teilweise auch zu Hause arbeiten – immer wieder stehen: die größere Nähe und stärkere Vermischung zwischen Berufs- und Privatleben. Sie müssen, um unnötigen zusätzlichen Streß zu vermeiden, zwischen diesen beiden Bereichen klare Grenzen ziehen.
Doch das fällt insbesondere den Müttern und Frauen unter den Telearbeitern schwer. Sie verzichten häufig auf klare Abgrenzungen und reiben sich an den persönlichen Ansprüchen auf, als Mutter und Partnerin, aber auch als Mitarbeiterin perfekt sein zu wollen. Sie müssen sich jedoch klarmachen, daß sie sich, wenn sie in einem Unternehmen arbeiten würden, auch nicht um ihre Kinder kümmern könnten und daher für eine Betreuung zu sorgen haben. Das gilt natürlich auch am Heimarbeitsplatz: Um Konzentration und Effizienz unter den gegebenen Umständen zu sichern, sollte für das Kind eine geeignete Aufsicht gefunden werden: etwa in einem Kindergarten, in der Krabbelgruppe oder durch ein Au-Pair-Mädchen bzw. eine Kinderfrau für den Nachmittag. Egal, ob Mann oder Frau zu Hause arbeiten: Es muß für jeden in der Familie klar sein, daß der Telearbeiter nicht zu stören ist, wenn er in seinem Büro sitzt.
Ähnlich der Haushalt: Wer tagsüber abwesend ist, kann sich gar nicht um Aufräumen, Einkaufen oder Saubermachen kümmern. Auch Telearbeiter sollten in dieser Hinsicht die eigenen Erwartungen wie auch die von Familienmitgliedern zurückschrauben und weiterhin die fälligen Hausarbeiten teilen oder delegieren. Möglicherweise finden sie in ihren Pausen eher Zeit, um Einkäufe zu erledigen oder aufzuräumen. Doch ist dies sicher nicht die Regel. Ein kompletter Haushalt läßt sich bestimmt nicht parallel zu einem Achtstundentag in Ordnung halten – auch wenn man sich größtenteils zu Hause aufhält. Gerade dann, wenn ein Telearbeiter die kleinen Freiheiten, die ihm ein Arbeitstag zu Hause bietet, genießen und nutzen will, sollte er sich gut organisieren und seine Zeiteinteilung einhalten. Daheim Arbeitende können ihre Beschäftigung eher – im Vergleich zu den Kollegen im Betrieb – nach der persönlichen Leistungskurve planen.

Walter Zorn beschreibt beispielsweise, daß er seinen Arbeitstag mittlerweile in vier Blöcke à zwei bis drei Stunden Arbeit einteilt. Dazwischen liegen längere Pausen, die er entweder nutzt, um sich mit einem Buch oder bei Musik zu entspannen, um Besuche zu machen oder Besorgungen zu erledigen.
Anders Karin Braun, deren Arbeitstag durch den Rhythmus bestimmt wird, den die Kinder vorgeben. Sie nutzt die Zeit, die die Kleinen in Schule und Kindergarten verbringen, für die Arbeiten, die starke Konzentration erfordern. Nachmittags beschäftigt sie sich eher mit nebensächlichen Tätigkeiten, um sich abends nochmals eine Stunde den wichtigen Dingen und vor allem der Planung des folgenden Tages zu widmen.
Der Journalist Jens Hiller wiederum hat sowohl die Familie als auch seinen persönlichen Arbeitsrhythmus in das Tagesprogramm integriert. Als eingeschworener Nachtmensch schreibt er viele seiner Geschichten und Beiträge erst dann, wenn seine Kinder bereits im Bett liegen. Er kümmert sich allerdings morgens und abends intensiv um die Kinder und um seine Frau. Ein Arrangement, das auch ihr Freiheiten gibt: Muß ihr Mann abends noch eine Geschichte zu Ende schreiben, kann sie sich ohne Gewissensbisse mit Freundinnen treffen.
Trotz dieser unterschiedlichen Zeitabläufe gibt es eine Gemeinsamkeit: Jeder der beschriebenen Telearbeiter plant seinen Tag sorgfältig. Meistens geschieht das am Vorabend, und das hat seinen guten Grund: Das Resümee, wie ein Arbeitstag gelaufen ist, welche Dinge erledigt wurden, welche liegengeblieben sind und welche neu anstehen, eignet sich hervorragend dazu, einen Schlußpunkt an das Ende der Arbeitszeit zu setzen. So wird die erforderliche Grenze gezogen, der Feierabend eingeläutet und anschließend der Arbeitsplatz auch psychisch verlassen.

Das ist notwendig, um sich nicht vom Streß vereinnahmen zu lassen. Mehr als andere müssen Telearbeiter lernen loszulassen. Zu Hause fällt dieser Schritt schwerer als im Büro, das man am Abend räumlich hinter sich läßt – zusammen mit allen Problemen, die an diesem Tag nicht gelöst werden konnten. Für Telearbeiter besteht eine größere Gefahr, daß sie berufliche Fragen mit in das Wochenende oder in den Feierabend nehmen. Für Regeneration und Entspannung bleibt dann aber zu wenig Zeit und Raum. Dies kann sich auf Dauer negativ auf die Leistungsfähigkeit im Beruf auswirken.

Die Planung des Arbeitstages zu Hause sei Übungssache, meint Jens Hiller. »Anfangs habe ich auf meinen Zettel viel zu viele Dinge, und die auch noch minutiös, aufgeschrieben. Die Folge war, daß vieles unerledigt blieb, daß ich mir kaum Freiheiten nehmen konnte und daß ich am Abend reichlich oft frustriert und enttäuscht von mir war.« Eine Planung, die zu viele und zu genaue Vorgaben beinhaltet, kann also einschränken und Erfolgserlebnisse verhindern. Jens Hiller überforderte sich anfangs selbst. Da er sich zu viele Aufgaben vornahm, blieb ein großer Teil unerledigt, was wiederum Frust bewirkte. Darüber hinaus türmte sich das Unerledigte nach und nach auf. Der Journalist mußte seine Zeitplanung, aber auch sein Selbstmanagement hinterfragen und an die eigenen Bedürfnisse anpassen. Er arbeitete zufriedener, als er sein Arbeitspensum schmälerte, stärker auf Pausen und Freiheiten achtete. Auch ein Wechsel zwischen Aufgaben, die seine volle Konzentration oder nur Routine erforderten, trug zu mehr Effektivität bei.

Ein Patentrezept für die Organisation gibt es nicht. Jeder Telearbeiter muß selbst ausprobieren, womit er auf seine Bedürfnisse eingehen und erfolgreich arbeiten kann. »Wenn klare Ziele und Planung fehlen, kann man nur etwa 40 Prozent seines eigentlichen Potentials entfalten«, schreibt Lothar J. Seiwert, Professor für Psychologie und Experte für Zeit- und Selbstmanagement. Die gelungene Eigenorganisation beginnt damit, Schwerpunkte und Prioritäten festzulegen. Dazu werden die anfallenden Aufgaben meist in die Kategorien A, B und C eingeteilt, wobei A die wichtigsten bezeichnet. Sie sind möglichst für jene Tageszeiten einzuplanen, in denen die persönliche Leistungskurve steigt. Auch das Verhältnis von wichtigen und nebensächlichen Aufgaben ist zu beachten: Das Tagespensum sollte, um es tatsächlich erledigen zu können, nur 20 Prozent wichtigste Aufgaben (A),

hingegen 80 Prozent Routinearbeiten und laufende Beschäftigungen (B, C) umfassen.
Nicht zuletzt sollte das gleichzeitige Ausführen unterschiedlicher Tätigkeiten vermieden werden: Daten aufnehmen und nebenbei telefonieren etwa führt zu Fehlern. Telearbeiter sollten fällige Anrufe und Briefe nacheinander und möglichst en bloc erledigen, denn auch das steigert die Effizienz und läßt letztlich mehr Zeit für die wesentlichen Aufgaben.
Es ist eine Sache von Erfahrung und Routine, einen optimalen Tagesplan aufzustellen. Anfangs werden Telearbeiter sicher dazu neigen, zu viele Arbeiten an einem Tag erledigen zu wollen. Das ist nicht schädlich, wenn selbstkritisch und ehrlich überprüft wird, warum man den Plan nicht erfüllen konnte. Dahinter stecken meist folgende Gründe:

- Das Tagesprogramm war zu umfassend und von vornherein nicht zu schaffen. In diesem Fall muß das Arbeitspensum deutlich geschmälert werden.
- Die liegengebliebenen Arbeiten zählen zu den unliebsamen Tätigkeiten. In diesem Fall hilft es, sich selbst zu überlisten und sich für das Angehen und Lösen dieser Aufgaben zu belohnen.
- Es gab zu viel Ablenkung. Ist dies der Fall, so läßt sich dahinter meist wieder einer der bereits genannten Gründe feststellen. Zu viele unliebsame Aufgaben waren zu erledigen, oder eine Überforderung lag vor.

Weiterhin besteht die Gefahr, daß sich Telearbeiter selbst ausbeuten. Um ihren Heimarbeitsplatz zu behalten und Vorgesetzten wie Kollegen, vor allem aber sich selbst Leistungsbereitschaft zu demonstrieren, übernehmen sie zu viele Aufgaben. Folge: Sie können die Ergebnisse nicht in der ihnen vorgegebenen Zeit vorlegen. Dann wächst die Bereitschaft, Überstunden zu machen oder auch an Wochenenden und Feiertagen zu arbeiten. Doch das kann nicht im Sinne von Vorgesetzten und Unternehmen sein. Auch an den herkömmlichen Arbeitsplätzen gehören Überstunden und Mehrarbeit zum Alltag. Auf Dauer sind sie jedoch nicht zu vertreten und sollten durch freie Tage oder Stunden ausgeglichen werden.

Wird die Arbeit in der Freizeit zur Regel, muß ein Telearbeiter das auferlegte Pensum hinterfragen: Ihnen fällt es zumindest in der ersten Zeit der Heimarbeit schwer, die tatsächliche Belastung einzuschätzen. Vorgesetzte müssen hier unterstützend und verständnisvoll reagieren. Doch auch die Telearbeiter selbst sollten, im Interesse ihrer Arbeitskraft und Leistungsfähigkeit, ihren Aufwand genau beobachten und notfalls die Bremse ziehen, indem sie Aufträge auch einmal ablehnen und auf ihre dauerhafte Überbelastung aufmerksam machen. Sicher stehen in einem solchen Fall keine einfachen Unterredungen bevor. Wer allerdings selbstbewußt seine Leistungen einschätzen kann und seine Arbeit selbstkritisch bewertet, findet die Fakten und Belege für Mehrarbeit und Überlastung, mit denen er seine Lage deutlich machen kann, ohne dadurch seine Qualitäten in Frage zu stellen.

Neben der Überlastung durch zu viele Aufträge führt auch die falsche Kombination von Tätigkeiten dazu, daß Dinge liegenbleiben. Jeder erledigt vorzugsweise zuerst das, was ihm Spaß macht und leicht von der Hand geht. Unliebsame Dinge – Reiseanträge ausfüllen, Tabellen erstellen, Rechnungen schreiben – werden hingegen gerne aufgeschoben. Hier können sich Telearbeiter durch einen Trick selbst überlisten: indem sie sich für jede unliebsame Arbeit, die sie abhaken, entweder mit einer Pause oder mit anderen Dingen belohnen. Auch ein häufiger Wechsel zwischen den unbeliebten Arbeiten und den Favoriten kann eine Strategie sein, um die Dinge nicht mehr aufzuschieben.

Jens Hiller beispielsweise hat herausgefunden, daß ein Spaziergang mit seiner Frau oder den Töchtern eine Belohnung darstellen kann, aber auch die Lektüre eines spannenden Buchs oder ein Telefonat mit einem Freund. Stehen unliebsame Dinge wie Aufträge akquirieren, Rechnungen schreiben oder die Steuererklärung auf seinem Tagesplan, verzeichnet er auch gleich seinen Ausgleich. Mittlerweile sagt der Journalist selbst: »Im Endeffekt

freue ich mich inzwischen sogar darauf, diese Arbeiten machen zu müssen« – eine erfreuliche Entwicklung.
Selbstkritik wiederum ist gefragt, wenn Zeitverschwendung bewirkt, daß die Arbeit nicht erledigt wird. Dann muß hinterfragt werden, ob nicht der Tratsch mit dem Nachbarn oder das private Telefonat mit dem Kollegen zu lange gedauert hat. Aber auch eine falsche Organisation kann dazu beitragen. Wenn z. B. die Vorgaben für eine Recherche im Internet nicht exakt formuliert sind, muß mehr Zeit (und Geld) für das Surfen aufgewendet werden. Wenn man ständig in Ablagen und Unterlagen kramen muß, um wichtige Dokumente zu finden, dann ist das Handarchiv unpraktisch eingerichtet und sollte umgestellt werden. Um die geplanten Tätigkeiten auch tatsächlich durchzuführen, ist außerdem zuweilen mehr Konsequenz bei Langatmigkeit von Kollegen und Kunden angezeigt. Anrufer oder Besucher sollten abgewimmelt werden, wenn sie den Ablauf der Arbeit stören. Warum sollten Telearbeiter Zeitdiebe zulassen, nur weil sie zu Hause arbeiten?
Nicht zuletzt verschwendet auch eine Überorganisation von Kleinigkeiten viel Arbeitszeit und Energie. Das Tagesprogramm muß frei und flexibel gestaltet sein sowie Pufferzeiten für Unvorhergesehenes enthalten. Es empfiehlt sich, große Aufgaben in überschaubare Arbeitsschritte aufzuteilen, um sie erfolgreich und ohne Frust zu bewältigen. Nicht zuletzt sind an jedem Arbeitstag – gerade wenn er zu Hause stattfindet – regelmäßige Pausen notwendig: Telearbeiter können hier ihre Freiheiten ausnutzen, indem sie das Büro verlassen und ihre Mittagspause auf der Couch oder im Park verbringen.

Checkliste: Gut geplant ist schnell erledigt

- Erstellen Sie eine Liste mit allen Aufgaben und Terminen des Tages, am besten schon am Vorabend.
- Unterteilen Sie die Aufgaben in wichtige und laufende Erledigungen: Das Verhältnis sollte 20 zu 80 Prozent betragen.

- Legen Sie die wichtigen Aufgaben in die Zeit, in der Sie zu Ihrer Bestform auflaufen.
- Kalkulieren Sie Pufferzeiten ein, falls Dinge einmal schieflaufen oder Kollegen nicht erreichbar sind.
- Legen Sie Telefon- und Organisationszeiten fest – am besten für die Phasen, wenn Ihre Konzentration schon nachläßt.
- Geben Sie sich Pausen und Arbeitszeiten vor, die Sie dann auch strikt einhalten.
- Organisieren Sie die Kinderbetreuung und den Haushalt. Bedingung: Während der Arbeit darf Sie niemand stören.
- Analysieren Sie, wodurch Sie sich ablenken lassen, und schalten Sie diese Störungen aus.
- Achten Sie auf Äußerlichkeiten. Tragen Sie Ihre Bürokleidung auch beim Arbeiten zu Hause.
- Kontrollieren Sie die Ergebnisse des Tages. Danach legen Sie die Planung für den nächsten fest. Prüfen Sie gründlich, warum Dinge liegengeblieben sind.
- Lassen Sie den Tag ohne Streß ausklingen: Schalten Sie ab, und vergessen Sie Unerledigtes.

9.

Die Zukunft: Arbeiten unabhängig von Ort und Zeit

150 Jahre nach der industriellen Revolution – jene Zeit, als in Deutschland Menschen durch den Einsatz von Maschinen Arbeit und Auskommen verloren – stehen wir erneut vor einem grundlegenden Wandel der Gesellschaft. Wieder wird eine radikale Umverteilung der Arbeit herbeigeführt, und wieder verlieren Millionen Menschen Arbeit und Einkommen, verschieben sich Arbeitsinhalte und -zwecke.

»Alles, was man wiederholen kann, wird in Zukunft von Maschinen gemacht. Die Arbeit erhebt sich von den Plätzen«, stellt der Hamburger Trendforscher Matthias Horx in Aussicht. Computer und Kommunikationstechnologie vernetzen Menschen und Unternehmen. Was bisher an bestimmte Standorte gebunden war, entwickelt Mobilität und verändert die Arbeit. Statt handfeste Dinge zu fertigen, produzieren und veredeln immer mehr Menschen Informationen. Das Zeitalter des Wissens bricht an. Die Herstellung von Produkten wird schon länger und zum größten Teil den Maschinen überlassen, die seit 150 Jahren jene Tätigkeiten übernommen haben, die sich im Fertigungsprozeß ständig wiederholen und daher auch programmieren lassen.

Informationen, Wissen in unterschiedlichster Form und die Ergebnisse moderner Arbeit lassen sich einfach, schnell und überallhin verschicken. Noch stehen wir am Anfang dieser Entwicklung, doch der Trend zu Telearbeit kann nicht mehr aufgehalten werden. In den nächsten Jahren wird sie sich immer stärker verbreiten: »Der Transport von Wissen und Ideen wird globaler, schneller, umfassender und zugleich kostengünstiger als je zuvor«, stellt auch der Stuttgarter Arbeitswissenschaftler Hans-Jörg Bullinger fest. »Weltweites Arbeiten rund um die Uhr am gleichen Projekt in Global Engineering Networks ist keine Utopie, sondern schon Alltag.«

Und das bringt den Unternehmen nicht nur Kostenvorteile. Längst auf den Weltmärkten zu Hause, stehen sie unter dem Druck, lokale Filialen zu gründen oder – das bringt dann weitere Spareffekte – Partnerschaften und Fusionen einzugehen. Telearbeit kann, wie hier beschrieben wurde, dazu beitragen, nicht nur räumliche Distanzen, sondern auch Zeitunterschiede zu überbrücken, unterschiedlichste Lebenserfahrungen und Erwartungen zu vernetzen und damit neue Ideen zu motivieren.

Diese veränderten Ansprüche wirken sich auf die Arbeitswelt aus, grundlegend und unaufhörlich: In den siebziger Jahren waren in Deutschland rund 80 Prozent der Menschen in großen Unternehmen beschäftigt, meist auf der Basis weitgehend einheitlicher Normverträge, die einen Achtstundentag regelten. Heute sind nur noch 65 Prozent der Menschen durch solche Verträge an ihren Arbeitgeber gebunden; und es werden immer weniger. In Zukunft, schätzen Wirtschaftsexperten und Arbeitsforscher, wird sich ihr Anteil sukzessive auf unter 50 Prozent reduziert haben.

Infolgedessen nimmt die Zahl der Arbeiter, die sich regelmäßig von morgens bis nachmittags im Büro aufhalten, kontinuierlich ab. In Großstädten wie London ist nur noch ein Drittel der Angestellten auf diese Weise beschäftigt. Die anderen arbeiten entweder früher oder später, stunden- oder tageweise. Oder aber sie erledigen ihre Arbeit – wie z. B. die Übersetzer größerer Konzerne mit Auslandstöchtern – in mehreren Etappen: Morgens übersetzen sie, es folgt eine lange Pause. Erst am Abend setzen sie sich mit ihren Kollegen in Übersee oder in anderen Zeitzonen in Verbindung. Manche beschäftigen sich über einige Monate hinweg mit großen Projekten und genießen nach deren Abschluß arbeitsfreie Tage oder Monate, bevor sie sich wieder engagieren

lassen. Andere werden für mehrere Unternehmen gleichzeitig tätig. »Arbeite mit wem, wo und wann du willst«, formuliert Bullinger seine Vision von der Arbeit im nächsten Jahrtausend.
Ein verführerisches Bild – aber auch eine erschreckende Vorstellung: Die in diesem Buch beschriebenen Erfahrungen unterschiedlicher Telearbeiter machen deutlich, daß diese Organisationsform Vorteile für die Familie und Kindererziehung bringt, zudem Hierarchien aufzulösen hilft. Darüber hinaus wird durch Telearbeit Beschäftigung gerechter verteilt: Behinderte Menschen sind durch die neue Arbeitsform leichter in herkömmliche Betriebsabläufe zu integrieren. Doch ist davon heute leider noch viel zu selten die Rede.
Ein weiterer Vorteil ergibt sich für strukturschwache Gebiete. Auch sie finden wieder Anschluß an den qualifizierten, zukunftsträchtigen Arbeitsmarkt, ohne daß dabei die Umwelt durch zusätzlichen Verkehr belastet werden muß. Darin liegt eine neue Chance, die allerdings noch nicht häufig genutzt und realisiert wurde.
Nicht zuletzt bringt Telearbeit neue Arbeitsplätze und Berufe mit sich: Die Dienstleistungsbranche wird durch die neuen technischen Möglichkeiten beflügelt. In Zukunft werden außerdem Koordinatoren von sporadisch genutzten Büros gefragt sein, Organisatoren virtueller Teams, Telematiker, die Informationen technisch aufbereiten und bestimmten Zielgruppen per Telefon oder Internet zur Verfügung stellen.
Erste Vorstellungen davon, wie diese Zukunft aussehen könnte, wurden in einem Bürokomplex am Berliner Checkpoint Charlie realisiert: Hier sind die Arbeitsplätze aller Mieter in den Büros durch ein eigenes Datennetz miteinander verknüpft. Ziel ist es, neue Kooperationen und Verbindungen zu fördern, entstanden sind schon erste neue Dienstleistungen. So können bei einem externen Einkaufsdienst nicht nur Arbeitsmaterialien bestellt, sondern auch private Einkaufswünsche abgegeben werden – die Lieferung erfolgt frei Haus. Ebenso lassen sich Geschäftsreisen, Versicherungen und anderes mehr auf diese Weise schnell und ohne Umstände organisieren. Vorteil für die Büromieter: Sobald

sich alle oder einige zusammentun, können sie Kostenvorteile aushandeln.

Dies sind die positiven Begleiterscheinungen von Telearbeit, doch stehen ihnen selbstverständlich negative Auswirkungen gegenüber. Auch über diese Aspekte wird viel zu selten gesprochen, wenn es um die Zukunft der Arbeit geht. »Arbeite mit wem du willst«, das kann z. B. auch als Forderung interpretiert werden, sich ständig auf neue Kollegen und Kooperationspartner einstellen zu müssen. Das ist nicht jedermanns Sache und führt langfristig auch zum Verlust traditioneller Bindungen und damit zu Isolation. Doch das kann sicher nicht im Interesse einer Gesellschaft liegen.

Die Aufforderung »Arbeite, wann du willst« wird möglicherweise aber auch als Umschreibung für Selbstausbeutung oder eine moderne Art von Schichtarbeit mißverstanden. Diese Gefahren bestehen bei Telearbeitern – wie schon zuvor ausgeführt – durchaus. In diesem Fall verstärkt die neue Arbeitsform genau die Nachteile, die mit ihrer Hilfe und im Hinblick auf Familie, Kindererziehung und Partnerschaft auf Dauer beseitigt werden sollten.

Nicht zuletzt zwingt die Unabhängigkeit der Arbeit von Standorten und die daraus resultierenden Anforderungen an Unternehmen, Angestellte und Mitarbeiter zu mehr Mobilität – auch das kann sich negativ auf familiäre Bindungen und die Umwelt auswirken.

Entwickeln sich durch Telearbeit also mehr Nachteile oder mehr Vorteile? Diese Frage läßt sich nicht allgemein beantworten. Jeder muß für sich selbst entscheiden. Doch sollte man sich durch die vielen, euphorisch in Aussicht gestellten Vorstellungen nicht blenden lassen. Außerdem hat das Institut für Arbeitsmarktforschung festgestellt, daß Telearbeit von Angestellten meist nur als Zwischenlösung angesehen wird, um Lebensphasen, in denen Kindererziehung oder Pflegezeiten einzuplanen sind, einfacher in die Karriere integrieren zu können.

Ganz sicher verändert der Einsatz dieser neuen Form massiv die menschlichste Seite der Arbeit: die Kommunikation und das Miteinander von Menschen. »Alles was bei konventionellen Teams schieflaufen kann, setzt auch virtuellen Teams zu, und oft noch stärker«, schreiben Jessica Lipnack und Jeffrey Stamps in ihrem Buch über Virtuelle Teams. »Überbordende Egos, Machtspiele, Intrigen, verletzte Gefühle, schwaches Selbstvertrauen, schlechtes Selbstwertgefühl, Führungslosigkeit und Vertrauensmangel sind alles Dinge, die ein virtuelles Team schwächen können. Wenn die Kommunikation deshalb zusammenbricht, müssen Maßnahmen ergriffen werden, um sie wiederherzustellen. Das Problem ist nur, daß es um vieles schwieriger ist, über Entfernungen und Organisationen hinweg zu kommunizieren als von Angesicht zu Angesicht.«

Dies zeigt auch, daß Telearbeit weniger neue Probleme mit sich bringt, sondern vielmehr die grundsätzlich vorhandenen verstärkt, die sich aus dem Umgehen miteinander, aus Mißverständnissen, aber auch durch unkontrollierte Gefühle und Emotionen ergeben. Gefragt ist daher vor allem soziale Kompetenz: Selbstbewußtsein und die Fähigkeit zur Selbstkritik, Eigenständigkeit, Kooperationsbereitschaft, die Lust zu kommunizieren, zu informieren, aber auch Wissen zu hinterfragen und – im positiven Sinne – auch zu streiten. Telearbeitsverhältnisse werden davon getragen, daß die Beteiligten erkennen, warum und wie sich jemand äußert – das sind die grundlegenden Voraussetzungen für Vertrauen und Offenheit.

Doch gerade diese Qualitäten traten in den hochtechnisierten Industriegesellschaften in den Hintergrund: Das Vermitteln der Bedeutung von sozialer Kompetenz wurde vernachlässigt. So gesehen stellt Telearbeit und ihre breite Einführung eine der größten Herausforderungen an die Menschen dar.

10.

ANHANG

Literaturverzeichnis

Broschüren

Bundesanstalt für Arbeitsschutz und Arbeitsmedizin: Telearbeit – gesund gestalten. Tips für gesundheitsverträgliche Telearbeit. Gesundheitsschutz 17. Berlin 1997[2].

Bundesministerium für Arbeit und Sozialordnung u. a. Ministerien: Telearbeit – Ein Leitfaden für die Praxis. Bonn 1998.

Bundesministerium für Wirtschaft und Technologie: Telearbeit – Chancen für neue Arbeitsformen, mehr Beschäftigung, flexible Arbeitszeiten. Bonn 1998.

Deutsches Zentrum für Luft- und Raumfahrt e. V. (Hrsg.): Telearbeit im Mittelstand. Konferenzdokumentation einer Veranstaltung am 4. Dezember 1997 in Bonn auf Initiative des Bundesministeriums für Bildung, Wissenschaft, Forschung und Technologie sowie der Deutschen Telekom. Bonn 1997.

Online Forum Telearbeit: Basisinformation Telearbeit. Bonn/Frankfurt 1998[2].

Reden, Vorträge, Artikel

Bullinger, Hans-Jörg: Arbeite mit wem, wo und wann du willst. Vortrag auf dem Kongreß »Lebens(t)räume« veranstaltet vom Verband der privaten Bausparkassen am 15. September 1998 in Bonn.

Denzel+Partner, Beratungsgruppe für Ganzheitliches Management und Marketing: Das Informationsverhalten von Managern. Motivstudie, Zusammenfassung. Ludwigsburg 1998.

Dietrich, Hans: Empirische Befunde zur »Scheinselbständigkeit«. IAV Werkstattbericht. Hrsg. Institut für Arbeitsmarkt- und Berufsforschung. 7/96, 25. November 1996.

Fischer, Gabriele: Die Freelance-Falle. Interview mit dem Kölner Arbeitsrechtler Ulrich Weber. Aus: Econy, 2/99, S. 112ff. Hamburg 1999.

Gareis, Karsten/Kordey, Norbert: Telearbeit in der Praxis – Schwierigkeiten bei der Umsetzung und wie man sie meistert. Vortrag. o. O., o. J.

Horx, Matthias: Wohnen, Arbeiten und Leben im 21. Jahrhundert. Vortrag anläßlich des Kongresses »Lebens(t)räume«, a. a. O. 1998.

Institut für Arbeitswirtschaft und Organisation: Office 21 – Zukunft der Arbeit. Effiziente Arbeitsorganisation durch Telearbeit und Call Center. Tagung am 20. April 1998, Sammlung aller Vorträge. Stuttgart 1998.

Kleinert, Jan/Schuster, Florian/Wölfer, Thomas: Datendieben keine Chance. Aus: Chip, das Computermagazin. 4/99. Würzburg 1999.

Kutter, Susanne: Geld für die Hand. Aus: Wirtschaftswoche, 11. März 1999. Düsseldorf 1999.

Liedtke, Patrick: Der globale Wirtschaftsumbruch und die Zukunft der Arbeit. Vortrag anläßlich des Kongresses »Lebens(t)räume«, a. a. O., 1998.

Prudent, Carsten/Rheker, Dirk: Viele Firmen verpassen den Anschluß. Aus: Impulse 3/99. Hamburg 1999.

Prochnow, Erik: Internet: Arbeiten ohne Betriebsrat und Tarifvertrag. Aus: Impulse 3/99. Hamburg 1999.

Telearbeit – Chancen und Risiken beim Wegfall der Grenze zwischen Beruf und Privatem. Aus: Informationen Deutscher Psychologen (Hrsg.): Bundesverband Deutscher Psychologinnen und Psychologen. Bonn 9. September 1997.

Bücher

Fischer, Peter: Arbeiten im virtuellen Zeitalter. Wiesbaden 1997.

Fraunhofer-Institut für integrierte Schaltungen (Hrsg.): Telearbeit – nicht nur reden, sondern handeln. Stuttgart 1998.

Godehardt, Birgit/Korte, Werner B. et al. (Hrsgg.): Management-Handbuch Telearbeit. Lose-Blatt-Sammlung. Heidelberg 1997.

Godehardt, Birgit/Worch, Andrea/Förster, Günter: Teleworking. So verwirklichen Unternehmen das Büro der Zukunft. Landsberg/Lech 1997.

Johanning, Detlef: Telearbeit. Einführung und Leitfaden für Unternehmer und Mitarbeiter. München 1997.

Kordey, Norbert/Korte, Werner B.: Telearbeit erfolgreich realisieren. Wiesbaden 1998.

Kreis-Engelhardt, Barbara/Oberholzner, Peter/Paus, Bernhard: Telearbeit – von zu Hause aus arbeiten. Planegg bei München 1999.

Lipnack, Jessica/Stamps, Jeffrey: Virtuelle Teams. Projekte ohne Grenzen. Wien/Frankfurt 1998.

Lucas, Manfred: Telearbeit. Strategien für die Zukunft Ihres Unternehmens. Düsseldorf 1997.

Nilles, Jack: Making Telecommuting Happen. A Guide for Telemanagers. New York 1994.

Pindl, Theodor: Bilder wie Blicke. Bausteine postmoderner Unternehmenskultur. Wien 1998.

Reichwald, Ralf/Möslein, Kathrin et al.: Telekooperation. Verteilte Arbeits- und Organisationsformen. Berlin 1998.

Rensmann, Jörg H./Gröpler, Klaus: Telearbeit. Ein praktischer Wegweiser. Berlin 1998.

Seimert, Winfried: Telearbeit. Was Chefs und Mitarbeiter wissen müssen. Wiesbaden 1997.

Seiwert, Lothar J.: 30 Minuten für optimales Zeitmanagement. Offenbach 1998.

Ders.: Effektives Selbstmanagement. Frankfurt 1997.

Ders.: Mehr Zeit für das Wesentliche. Landsberg/Lech 1997.

Spitzer-Nunner, Eva/Spitzer, Harry: Gutes Sehen am Computer. Düsseldorf 1994.

Tapscott, Don: Die digitale Revolution. Verheißungen einer vernetzten Welt – die Folgen für Wirtschaft, Management und Gesellschaft. Wiesbaden 1996.

Voß, Werner: Telearbeit. Erfahrungen – praktischer Einsatz – Entwicklungen. München 1998.

Wank, Rolf: Telearbeit. Heidelberg 1997.

Internetadressen-verzeichnis

Arbeitsrecht: *www.arbeitsrecht.de*
Arbeits- und Unternehmensfragen (auch Versicherung und Recht): *www.infoquelle.de*
Baden-Württemberg: *www.initiative-telearbeit.de*
Bayern Online: *www.bayern.de*
Bayerische Motoren Werke (BMW), Telearbeitsprojekt Twist: *www.twist.bmw.de*
Beratung Telearbeit: *www.bpu.de*
Dto.: *www.empirica.de*
Dto. (USA): *www.gilgordon.com*
Dto.: *www.office21.de*
Dto.: *www.iao.de*
Berichte, Kontakte, Medien und Technik rund um Telearbeit: *www.telearbeit.net*
BHV – Anbieter von Verschlüsselungsprogrammen: *www.bhv.net*
Bundesministerium für Wirtschaft: *www.bmwi.de*
Deutschland auf dem Weg in die Informationsgesellschaft: *www.bmwi-info2000.de*
Bundesministerium für Arbeit und Sozialordnung: *www.bma.de*
Bundesministerium für Bildung, Wissenschaft, Forschung und Technologie: *www.bmbf.de*
Centre for Urban and Regional Development Studies (CURDS) – Telearbeitsprojekte: *www.newcastle.ac.uk*
Chaos Computer Club – Informationen zur Datensicherheit: *www.ccc.de*
Connect – Testzeitschrift für Telekommunikationsgeräte und Ratgeber, Anbieter von Unify Messaging Services: *www.connect-online.de*
Cure Network – Telearbeit und Behinderte: *www.cure.org*
Deutsche Telekom – Erfahrungen mit Telearbeit, erster Telearbeitsvertrag: *www.dtag.de*

Europäische Kommission – Förderung von Telearbeit:
www.europa.eu.int
European Telework Development – Förderung von Telearbeit:
www.eto.org.uk
Forum für Arbeitsrecht: *foren.recht.de*
Forum für Telearbeit und Telekooperation: *www.ta-telearbeit.de*
Forum für Telekooperation: *www.telekooperation.de*
Gewerkschaften: *www.telewisa.de*
G DATA – Anbieter von Verschlüsselungsprogrammen: *www.gdata.de*
Global Inventory: *www.gip.int/en/noframes.htm*
(Telework der G-7-Staaten)
Global Message Exchange (GMX) – Anbieter von
E-Mail-Service und UMS: *www.gmx.de*
IG Metall: *www.igmetall.de*
Infos über den Multimedia-Markt, Jobbörse und Statistiken:
www.hightext.de
Initiative Info-Gesellschaft Deutschland: *www.iid.de*
Internationale Arbeitsorganisation: *www.ilo.org*
Koordinierungsstelle für Informationstechnik der Bundesregierung:
www.kbst.bund.de
Mobiles Büro, englischsprachige Lösungen und Informationen:
mobiledata.com.au
Mobiles Büro, englischsprachiges Online-Magazin zum
Thema:*www.goto.com*
Multimedia Baden-Württemberg: *www.mfg.de*
Multimedia Nordrhein-Westfalen: *www.media.nrw.de*
Network Assiociates – Anbieter von Verschlüsselungsprogrammen:
www.nai.com
Netzwerke und Dienstleistungen und Datensysteme:
www.netzwerker.de
Norman Data Defense – Anbieter von Sicherheitsprogrammen:
www.norman.de
Online Forum Telearbeit – rechtliche und soziale Beratung
von Telearbeitern: *www.onforte.de*
Papierloses Büro – praktische Tips zu Telearbeit und Büro:
www.uk.infowin.org (Wüstenrot Versicherung)
RSA – Amerikanische Experten für Sicherheitslösungen und
Datenschutz: *www.rsasecurity.com*
Smartmessage – Anbieter von UMS: *www.smartmessage.de*

Siemens – Telearbeitsprojekt Polivest: *www.siemens.de*
Technik, Telearbeit für Schwerstbehinderte: *//fit.gmd.de/hci*
Telearbeit, Aufträge, neue Jobs und Unternehmen: *newplan.compuserve.de*
Telearbeit, Aufträge, neue Jobs, virtuelle Unternehmen: *www.telearbeitsvermittlung.de*
Telecommuters Digest – Newsletter für Telearbeiter und Interessierte: *www.tdigest.com*
Telezentrum Retzstadt: *www.tzr.de*
Will Work 4 Food – Austausch von Telearbeitern und Arbeitnehmern: *www.2020tech.com/ww4f*

Glossar

ABAP: Abkürzung für außerbetrieblicher Arbeitsplatz.

ACTS: Abkürzung für Advanced Communications Technologies and Services. Das Programm der EU, das die Entwicklung und Anwendung moderner Kommunikationstechniken fördert. Es wurde mit rund 630 Millionen Euro ausgestattet.

ADSL: Abkürzung für Asymmetric Digital Subscriber Line. Neue, schnelle Übertragungstechnik, die im Gegensatz zu ISDN auch über analoge Leitungen laufen kann. ADSL ist schneller als ISDN – allerdings nur in eine Richtung. Die vom Nutzer empfangenen Daten überträgt ADSL mit bis zu neun Megabit pro Sekunde, in die Gegenrichtung nur mit 769 Kilobit pro Sekunde. Daher ist ADSL vor allem dazu geeignet, Daten aus dem Internet zu kopieren.

Applicant System: Auch Joint Editing genannt; hauptsächlich für Videokonferenzen genutzt, da durch sie die zeitgleiche Bearbeitung einer Datei durch mehrere Personen an unterschiedlichen Orten möglich ist.

Auflösung: Sie wird bei Bildschirmen durch die Anzahl der Bildpunkte (Pixel) in waagrechter und senkrechter Richtung angegeben (Beispiel: 640 × 480 bedeutet 640 Pixel in horizontaler und 480 Pixel in vertikaler Richtung); bei Druckern meist in Punkte pro Zoll (dots per inch, dpi). Die Qualität steigt mit zunehmender Pixel- oder Punktezahl.

Back-up: Anlegen einer Sicherheitskopie zum Schutz vor Datenverlust.

Betriebssystem: Software, die die Art des Dateisystems festlegt und grundlegende Funktionen zum Betrieb eines Computers zur Verfügung stellt, z.B. Unix, Linux, DOS, Windows 3.1/95/98/NT, OS/2, BeOS.

Bit: Abkürzung für binary digit; kleinste Informationseinheit. Acht Bit sind ein Byte.

Browser: Programme, die den Zugriff auf die Informationen im Internet ermöglichen, z.B. Netscape oder Internet Explorer.

CAPI: Abkürzung für Common Application Programming Interface; ein standardisiertes Treiberprogramm für den Computer, durch das die ISDN-Software auf unterschiedliche externe ISDN-Geräte zugreifen kann.

Client/Server-System: Als Client werden Programme oder Rechner bezeichnet, die Daten, Funktionen oder Dienste eines zentralen Servers zugänglich machen. Die Interaktion zwischen diesen beiden wird als Client/Server-System bezeichnet.

CPU: Abkürzung für Central Processing Unit; der Hauptprozessor stellt die zentrale Funktionseinheit eines Computers dar. Seine Leistungsfähigkeit hängt im wesentlichen von der Taktrate ab, die in Megahertz angegeben wird.

Desk Sharing: Mehrere Mitarbeiter, die sich jeweils nur zeitweise in der Firma aufhalten, teilen sich einen festen Büroarbeitsplatz.

DFÜ: Abkürzung für Datenfernübertragung; sie kann über Telefonleitungen, Funkstrecken oder Satellit erfolgen.

Digitaltechnik: Elektrische Schwingungen, Licht- sowie Schallwellen werden in den aus 1 und 0 bestehenden binären Code umgesetzt und dann erst übertragen. Die analoge Technik hingegen übersetzt die unterschiedlichen Signale in elektrische Schwingungen.

Docking Station: System, in das ein Notebook oder Laptop integriert werden kann und an das die üblichen Geräte wie Bildschirm, Tastatur und Maus angeschlossen sind.

E-Commerce: Engl. für elektronischer Handel; bezeichnet alle Handelsgeschäfte, die via Internet stattfinden, und die damit verbundenen Interaktionen zwischen Mitarbeitern, Lieferanten und Kunden.

Einloggen: Vorgang, durch den sich ein Computernutzer Zugriff auf ein Netzwerk verschafft. Dazu gibt man seinen Login-Namen und ein Paßwort ein.

E-Mail: Abkürzung für electronic mail (engl. für elektronische Post); Bezeichnung für Briefe und Nachrichten, die sich Computernutzer gegenseitig schicken können. Gemeinsam mit einer E-Mail können als Anlagen auch Dateien, Texte, Bilder oder Programme versendet werden.

File Sharing: Bezeichnet alle Verfahren, die den gleichzeitigen Zugriff mehrerer Benutzer auf eine Datei ermöglichen.

Firewall: Software, die meist auf einen eigenständigen Rechner installiert wird; sie schützt ein Netzwerk vor nicht autorisiertem Zugriff, da sie jeden Datenaustausch zwischen Netzwerken kontrolliert.

GEN: Abkürzung für Global Engineering Network; Basis für Kooperationen in der Fertigungsindustrie. In einem GEN arbeiten Organisationen, Unternehmen, Forschungsinstitute oder Selbständige zusammen. Das Netz stellt Technologie und Dienstleistungen zur Verfügung, die jeder Teilnehmer des Netzwerks nutzen und verbessern kann.

Groupware: Software, die die Organisation und Verwaltung von komplexen Geschäftsabläufen erleichtert. Sie wird meistens von einer bestimmten Gruppe genutzt und erlaubt die gemeinsame Sammlung, Speicherung und Auswertung von Daten.

GSM: Abkürzung für Global System for Mobile Communication; GSM ist der weltweit geltende, einheitliche Standard zur Datenübertragung im Mobilfunk. Er stellt die Basis für die D- und E-Netze Deutschlands und die darin gebotenen Möglichkeiten des Datenaustauschs dar. Bis zum Jahr 2002 soll dieser durch das *Universal Mobile Telecommunication System* (UTMS) abgelöst werden, mit dem eine schnellere Datenübertragung angestrebt wird.

HTML: Abkürzung für Hyper Text Markup Language; Programmiersprache, in der die Struktur (Links, Position der Grafiken usw.) eines Dokuments zur Präsentation im Internet beschrieben wird. Um diese

HTML-Codierung zu übersetzten und die Daten auf dem eigenen Bildschirm darstellen zu können, benötigt man Browser.

Internet: Aus dem ARPAnet hervorgegangenes weltweites öffentliches Netz (WWW, World Wide Web), in das schon über zehn Millionen Rechner eingebunden sind. Provider (AOL, T-Online) stellen Informationen und Dienste bereit.

Intranet: Firmeninterne Netze, die dieselben Techniken und Präsentationsmethoden verwenden wie das Internet. Sie sind nicht öffentlich zugänglich, sondern durch Firewalls vor unerlaubtem Zugriff geschützt.

ISDN: Abkürzung für Integrated Services Digital Network; das dienstintegrierende digitale Netz der Telekom, das die Übertragung von Daten, Text, Sprache und Bildern über Telefonleitungen ermöglicht. Darüber hinaus werden die unterschiedlichsten Leistungsmerkmale angeboten.

KMU: Abkürzung für kleinere und mittlere Unternehmen.

Kryptographie: Werden sensible Daten, etwa die Nummer einer Kreditkarte oder andere persönliche Angaben, weitergegeben, sollten sie aus Sicherheitsgründen verschlüsselt sein. Sie werden dabei nach einem festgelegten Schlüssel chiffriert, der Empfänger kann sie mit Hilfe des Schlüssels wieder dechiffrieren.

LAN: Abkürzung für Local Area Network; ein räumlich begrenztes Netzwerk. In einem LAN können mehrere hundert Rechner zusammengefaßt werden. Mehrere LANs lassen sich zu einem WAN zusammenschließen.

LCD: Abkürzung für Liquid Crystal Display, Flüssigkristallanzeige; Monitore mit LCD-Anzeigen sind flach und sparen Platz sowie Energie.

Mailbox: Dient zur Speicherung von Nachrichten, Faxen, Telefonaten oder E-Mails.

Modem: Kurz für Modulator-Demodulator; es wandelt digitale Signale in analoge um und umgekehrt.

Multimedia: Vereinigung von Bild, Ton, Text und/oder Video in einer Datei.

Netzwerk: Kurzfristiger oder dauerhafter Verbund von Knoten (Nodes) oder Rechnern, die über beliebige Leitungen miteinander verbunden sind. Ist der Verbund räumlich begrenzt, spricht man von einem LAN.

Newsgroup: Öffentlich zugängliche Diskussionsrunde im Internet; im Gegensatz zur E-Mail werden die einzelnen Beiträge nicht an einen Empfänger geschickt, sondern können von allen Nutzern abgerufen und ergänzt werden. Newsgroups funktionieren also ähnlich wie ein Schwarzes Brett. Inzwischen sind diese Foren zu allen möglichen Themen entstanden. Sie bieten eine gute Informationsquelle für Recherchen aller Art.

Paßwort: Vom Nutzer festgelegte Zeichenfolge, mit der er sich eindeutig identifizieren kann, wenn er auf Daten zugreifen bzw. sich einloggen will. Sie schützt die gespeicherten Informationen vor unbefugtem Zugriff.

Peripherie: Alle an den Computer angeschlossenen Geräte, z.B. Drucker, Tastatur oder externe Laufwerke.

Protokoll: Der Ablauf einer Datenübertragung wird durch ein Protokoll gesteuert. Dieses enthält allgemeingültige Regeln, in welcher Form und zeitlichen Abfolge Daten transferiert werden. Für den erfolgreichen Ablauf müssen die gleichen oder kompatible Protokolle die Grundlage sein.

Provider: Anbieter von Dienstleistungen im Internet und für den Internetzugang.

Remote Access: Zugriff auf ein Netzwerk (LAN, Internet) oder einen Computer über die Einwahl per ISDN-Karte oder Modem.

Schnittstelle: Anschlußstelle eines Computers für externe Geräte wie Tastatur, Monitor und Maus.

Server: Ein Rechner, der den angeschlossenen Clients beispielsweise Speicherplatz, Daten oder Drucker zur Verfügung stellt und diese mit der entsprechenden Software verwaltet.

SMS: Abkürzung für Short Messaging Service; ein Dienst im Mobilfunk, über den kurze Textmeldungen verschickt werden können.

Soho: Kurz für Small Office/Home office.

Steckkarte: Baugruppen, die in freie Steckplätze eines Computers eingesteckt werden und bestimmte Funktionen ermöglichen bzw. unterstützen (z.B. Grafik- oder Soundkarte).

TAE-Buchse: Telefon-Anschluß-Einheit nennt sich die Anschlußdose, in die analoge Telefon- und Faxgeräte eingesteckt werden. Sie hält drei Anschlüsse für Telefon, Anrufbeantworter und Fax bereit.

UMS: Abkürzung für Unify Messaging Service; die Nutzer bekommen von entsprechenden Anbietern gegen eine Monatspauschale eine Telefonnummer und eine E-Mail-Adresse zugewiesen. Faxbriefe, Anrufe oder elektronische Post kommen hier an und können von überall über unterschiedliche Kommunikationskanäle abgerufen werden.

Unix: Ein leistungsfähiges Betriebssystem, das für Netzwerke ausgelegt und von den Bell Laboratories entwickelt wurde. Es gilt im Gegensatz zu den Betriebssystemen Windows und MS/DOS als sehr absturzsicher und ermöglicht das gleichzeitige Ausführen unterschiedlicher Prozesse. Ein Ableger von Unix ist Linux, ein kostenlos beziehbares Betriebssystem für PCs.

Videokonferenz: Übermittlung von Sprache und bewegten Bildern über Telefonleitungen; mit Hilfe geeigneter Software und dem Computer können Menschen, die sich an unterschiedlichen Orten befinden, konferieren.

Viren: Unterschiedliche kleine Programme (z.B. auch Trojanische Pferde), die den Datenbestand eines Computers zerstören oder manipulieren können.

WAN: Abkürzung für Wide Area Network; ein Netzwerk, das räumlich nicht beschränkt ist. Das bisher größte WAN ist das WWW.

Workstation: Ein Netzwerkrechner, der keine übergeordneten Funktionen übernimmt, sondern für die Erledigung der eigentlichen Aufgaben gedacht ist. Workstations können über Server oder Großrechner miteinander verbunden werden.

Register